憲法学の基礎理論

新井　　　誠
高作　正博　著
玉蟲　由樹
真鶴　俊喜

不磨書房

はしがき

「憲法学の基礎理論」とは、憲法を対象とする学問がほぼ共通して関心の対象とする基礎的な概念や問題を、各国家やそれぞれの時代の個別的要素から演繹される一般理論を含めて検討しようとするものである。本書の特徴は、以下の点にある。

第1に、本書の目的は、憲法学の基本的知識を提供することを通じて、現実政治で生起する個別具体的な問題状況を検討する「道標」たることを目指している。このことは、国家体制が変動している昨今の政治状況をながめる場合には、とりわけ必要な作業のように思える。

第2に、基本的視点は、個別具体的な問題点を導入として利用しつつ、問題を解明するために一般理論へと遡るよう構成されている。日本のみならず、アメリカ、ドイツ、フランス、イギリスなど、憲法が依拠する価値を共通のものとする諸国家の事例を適宜採り上げつつ、一般的なものの検討を行っている。

第3に、副次的目的として、今日の憲法学における最大の関心事は、改憲論であるといえるが、その検討の際に必要なのは、一般理論における日本国憲法の位置と改憲論が目指す位置を明確にするということである。憲法理論の科学的な探求を目指すと同時に改憲論に対する批判的視点の提供をも目的とするものといってよい。

本書は、大学の講義で使用する教科書として執筆し、特に初学者にとっても分かりやすい書物とするため、以下の工夫を盛り込んでいる。

　　――具体的な設例をもとに考える。
　　――設例に答えるという形式をとりつつ、一般理論へと読者を誘う。
　　――憲法学の知見を優しく読み解く。
　　――学習の用に供するため、参考文献を挙げる。

このような意図が少しでも読み手に伝わることができるとすれば幸いである。

　　2006年2月

　　　　　　　　　　　　　　　　　　　　　　　　　　執筆者一同

目　次

はしがき

序　章　憲法をどのように扱うか ………………………………………3

1　「規範」としての憲法 ……………………………………………3
(1) 規範の意味　3　(2) 規範と事実の違い　4　(3) 規範の妥当性　5　(4) 憲法規範の妥当性　5

2　「科学」としての憲法 ……………………………………………6
(1) 自然法論と法実証主義　6　(2) 憲法学と政治学　8　(3) 科学における批判の可能性　9

3　「解釈」の対象としての憲法 …………………………………12
(1) 解釈の必要性　12　(2) 法解釈の理論の歴史　13　(3) 法解釈の方法と技術　15　(4) 解釈の性質　17

第1章　憲法の概念 ………………………………………………………20

1　憲法とは ……………………………………………………………20
2　形式的意味の憲法と実質的意味の憲法 ……………………21
(1) 形式的意味の憲法　21　(2) 実質的意味の憲法　23

3　立憲主義と「あたらしい」憲法 ………………………………27
(1) 最近の憲法改正論議と「あたらしい」憲法　27　(2) 立憲主義と民主主義　30

4　憲法の「法源」 ……………………………………………………32
5　憲法と「憲法裁判制」——憲法保障の類型 ………………34
(1) 狭義の「憲法保障」と広義の「憲法保障」　34　(2) 憲法保障の類型　35

第2章　国家の概念 ………………………………………………………39

1　国家の概念 …………………………………………………………39
(1) さまざまな国家概念　39　(2) 国家三要素説　40

目 次

  2　国家の発生 …………………………………………………………42
   (1)　近代国家の形成　42　　(2)　国家の正当性　43
  3　国家と法 ……………………………………………………………45
   (1)　2つの二元論　45　　(2)　ケルゼンの一元論　46　　(3)　法治国家論　46
  4　国家の「組織形態」 ………………………………………………47
   (1)　単一国家　48　　(2)　複合国家　48
  5　国家と「公共性」 …………………………………………………51
   (1)　私的領域と国家権力の限界　51　　(2)　公的領域と国家権力の発動　52

第3章　権力の理論 …………………………………………………………55

  1　権力の「形態」 ……………………………………………………55
   (1)　国家統治の形態　55　　(2)　権力分立の原理　56　　(3)　権力分立の諸類型　58
  2　権力の「行使技法」 ………………………………………………59
   (1)　国家の権限　59　　(2)　治者の選任　62　　(3)　政党制　64
  3　権力の「正当化」 …………………………………………………66
   (1)　主権　66　　(2)　民主制と代表制　68

第4章　日本で憲法とは？──大日本帝国憲法から日本国憲法へ ………72

  1　大日本帝国憲法 ……………………………………………………72
   (1)　成立　73　　(2)　大日本帝国憲法の特徴　75　　(3)　大日本帝国憲法の運用と展開　76　　(4)　大日本帝国憲法とは　77
  2　日本国憲法の制定 …………………………………………………78
   (1)　日本国憲法の制定過程　78　　(2)　「押しつけ」憲法論　81
   (3)　日本国憲法制定の法理　84

第5章　平 和 主 義 …………………………………………………………86

  1　日本国憲法の平和主義とは ………………………………………86
   (1)　日本国憲法の平和主義とは　86　　(2)　第9条の解釈　88
   (3)　平和的生存権　94

2　日本の平和主義をめぐる問題状況 …………………………………97
　　　　(1)　日米安保体制と日本の再軍備　97　　(2)　まとめ——解釈改憲論から第9条改正論へ　103

第6章　国会と「立法権」………………………………………………106

　　1　国会の地位と性格 ……………………………………………………106
　　　　(1)　国民の代表機関　106　　(2)　国権の最高機関　106　　(3)　唯一の立法機関　107
　　2　国会の構成・活動・権限 ……………………………………………108
　　　　(1)　二院制　108　　(2)　国会の権能　111
　　3　議院の構成・活動・権限 ……………………………………………114
　　　　(1)　議院自律権　114　　(2)　国政調査権　116
　　4　国会議員の地位と特権 ………………………………………………117
　　　　(1)　国会議員の地位　117　　(2)　国会議員の権能　118　　(3)　国会議員の特権　118

第7章　内閣と「行政権」………………………………………………122

　　1　内閣の地位と性格 ……………………………………………………122
　　　　(1)　「行政権」の概念——控除説と積極説　122　　(2)　内閣に帰属する「行政権」　123　　(3)　内閣と「行政権」とをめぐる新たな理解　124
　　2　内閣の構成・活動・権限 ……………………………………………124
　　　　(1)　内閣の構成　125　　(2)　内閣と内閣総理大臣との関係　126　　(3)　内閣の権能　129

第8章　国会と内閣の関係 ………………………………………………132

　　1　議院内閣制 ……………………………………………………………132
　　　　(1)　議院内閣制の歴史と類型　132　　(2)　議院内閣制の本質　133　　(3)　日本国憲法と議院内閣制　134
　　2　国会による民主的統制 ………………………………………………134
　　　　(1)　国会の行政統制権　134　　(2)　内閣総理大臣の指名権　135　　(3)　条約の締結権と条約締結の承認権　137

3　対立関係の解消方法 ………………………………………………140
　　　　(1) 内閣の責任と総辞職　140　　(2) 衆議院の解散　141

第9章　裁判所と「司法権」………………………………………………145

　　1　裁判所の地位と性格 ………………………………………………145
　　　　(1) 司法の意義　145　　(2) 司法権の範囲および対象　146　　(3) 司法権の限界　149
　　2　裁判所の構成・活動・権限 ………………………………………152
　　　　(1) 裁判所の構成　152　　(2) 最高裁判所　152　　(3) 下級裁判所　153
　　3　司法権の独立 ………………………………………………………154
　　　　(1) 司法権の独立の意義　154　　(2) 広義の司法権の独立　154　　(3) 裁判官の職権の独立　155　　(4) 司法の自律　157　　(5) 裁判官の身分保障　158
　　4　司法の民主的統制 …………………………………………………159
　　　　(1) 最高裁判所裁判官の国民審査　159　　(2) 裁判の公開　160　　(3) 裁判員制度　161

第10章　違憲審査権 ………………………………………………………165

　　1　付随的違憲審査制 …………………………………………………165
　　　　(1) 日本国憲法81条の解釈　165　　(2) 付随的審査制の機能——司法消極主義と司法積極主義——　167
　　2　憲法訴訟の主体と対象 ……………………………………………169
　　　　(1) 憲法訴訟の主体　169　　(2) 憲法訴訟の対象　170
　　3　憲法判断の方法 ……………………………………………………173
　　　　(1) 基本的ルール　173　　(2) 憲法判断回避の準則　175　　(3) 合憲限定解釈　176　　(4) 「統治行為」の法理　177
　　4　違憲判断の方法 ……………………………………………………178
　　　　(1) 違憲審査の流れ　178　　(2) 違憲判断の方法　179
　　5　違憲判決の効力 ……………………………………………………181
　　　　(1) 個別的効力と一般的効力　181　　(2) 遡及効と将来効　182

第11章 地方自治 …………………………………………………………184

1 憲法と地方自治 ………………………………………………………184
   (1) 歴史的背景 184　(2) 地方自治の本旨 186　(3) 地方自治権の性質 186
2 地方公共団体の組織 …………………………………………………187
   (1) 地方公共団体の種類 187　(2) 特別区に関する問題 188
3 （普通）地方公共団体の権限 ………………………………………190
   (1) 地方公共団体の事務 190　(2) 条例の制定 191　(3) 行政監視と市民救済 193
4 住民投票 ………………………………………………………………195

第12章 人権の思想と源流 ……………………………………………197

1 人権の歴史 ……………………………………………………………197
   (1) 自然権思想 197　(2) 社会権の保障 198　(3) 人権の国際的保障 198
2 人権の概念と「人権批判」…………………………………………199
   (1) 「人」一般の権利としての人権 199　(2) 人権概念の「限定」と「拡張」 200　(3) 「人権批判」の問題 201
3 人権の性質と分類 ……………………………………………………203
   (1) 基本的人権の分類 203　(2) 人権と法律との関係 203　(3) 人権と「制度」との関係 205

第13章 人権の理論 ……………………………………………………208

1 人権の主体 ……………………………………………………………208
   (1) 国民 208　(2) 天皇・皇族 208　(3) 法人 210　(4) 外国人 212　(5) 未成年者 217
2 人権の限界 ……………………………………………………………218
   (1) 「公共の福祉」 218　(2) 利益衡量論（比較衡量論）と二重の基準論 219
3 人権と法関係 …………………………………………………………221
   (1) 特別権力関係の理論とその問題点 221　(2) 公務員の人権

　　　　──判例・学説　222　　⑶　在監者の人権──判例・学説　225
　　　　⑷　私人間における人権保障　227

第14章　「人間の尊厳」──人権の「源」……………………………230

1　「人間の尊厳」と「個人の尊重」……………………………………230
　　⑴　人間の尊厳　230　　⑵　個人の尊重　231　　⑶　人間の尊厳と個人の尊重　234
2　人格権の生成と発展 ……………………………………………235
　　⑴　生命・自由および幸福追求権　235　　⑵　人格権の概念　236
　　⑶　人格権の展開　237
3　自己決定権と倫理・科学技術・家族………………………………239
　　⑴　自己決定権の意義・内容　240　　⑵　自己決定権と倫理・科学技術・家族　241

第15章　自由・平等・財産①──平等と精神的自由 ………………243

1　法の下の平等……………………………………………………243
　　⑴　平等の意味　243　　⑵　憲法14条１項における平等　245
　　⑶　14条１項違反の違憲審査基準　247　　⑷　平等をめぐる問題　248
2　思想・良心の自由 ………………………………………………251
　　⑴　思想・良心の自由の意義　251　　⑵　思想と良心　251　　⑶　思想・良心の自由の保障内容　252　　⑷　思想・良心の自由の限界　253
3　学問の自由………………………………………………………255
　　⑴　学問の自由の意義と内容　255　　⑵　大学の自治　256
4　信教の自由………………………………………………………257
　　⑴　信教の自由の意義　257　　⑵　信教の自由の内容　257　　⑶　信教の自由の限界　258　　⑷　政教分離原則　259
5　表現の自由………………………………………………………262
　　⑴　表現の自由の保障意義　263　　⑵　表現の自由の歴史的展開　263　　⑶　表現の自由の内容　264　　⑷　表現の自由の制約　268

第16章　自由・平等・財産②——財産とデュープロセス………273

1　経済的自由権………273
(1) 居住・移転の自由　273　(2) 職業選択の自由　274　(3) 財産権　278

2　人身の自由・刑事手続上の権利………283
(1) 人身の自由の意義と内容　283　(2) 適正手続の保障内容　284　(3) 行政手続との関係　284

第17章　参政権・国務請求権——人権確保のための権利………287

1　参　政　権………287
(1) 参政権の内容　287　(2) 選挙制度　289　(3) 選挙をめぐる諸原則　293

2　国務請求権………297
(1) 請願権　297　(2) 裁判を受ける権利　298　(3) 国家賠償・刑事補償請求権　298

第18章　社　会　権………300

1　総　　論………300

2　生　存　権………304
(1) 日本の生存保障　304　(2) 第1項と第2項の関係　305　(3) 生存権の法的性格　306

3　教　育　権………310
(1) 教育権の内容と国の責務、義務教育の無償　310　(2) 教育の自由と教育権の所在　311

4　労　働　権………313
(1) 勤労の権利　313　(2) 労働基本権　314　(3) 公務員の労働基本権　315

事項索引………317

凡　　例

1　文献略語一覧

芦部・憲法学Ⅰ	芦部信喜『憲法学Ⅰ』（有斐閣、1992）
芦部・憲法学Ⅱ	芦部信喜『憲法学Ⅱ』（有斐閣、1994）
芦部・憲法学Ⅲ	芦部信喜『憲法学Ⅲ［増補版］』（有斐閣、2000）
芦部・宗教	芦部信喜『宗教・人権・憲法学』（有斐閣、1999）
芦部・憲法	芦部信喜（高橋和之補訂）『憲法（第3版）』（岩波書店、2002）
市川・ケースメソッド	市川正人『ケースメソッド憲法』（日本評論社、1998）
岩波・現代の法①～⑮	岩波講座『現代の法第1巻～第15巻』（岩波書店、1997～1998）
浦部・全訂	浦部法穂『全訂憲法学教室』（日本評論社、2000）
大石・講義Ⅰ	大石眞『憲法講義Ⅰ』（有斐閣、2004）
奥平・憲法Ⅲ	奥平康弘『憲法Ⅲ』（有斐閣、1993）
栗城・戸波	栗城壽夫・戸波江二編『憲法』（青林書院、1995）
清宮・憲法Ⅰ	清宮四郎『憲法Ⅰ［第3版］』（有斐閣、1979）
憲法の争点(新版)	小嶋和司編『憲法の争点（新版）』（有斐閣、1985）
佐藤(功)・概説	佐藤功『日本国憲法概説［全訂第5版］』（学陽書房、1996）
佐藤(幸)・憲法	佐藤幸治『憲法［第3版］』（青林書院、1995）
佐藤(幸)他・ファンダメンタル	佐藤幸治・中村睦男・野中俊彦『ファンダメンタル憲法』（有斐閣、1994）
杉原・憲法Ⅰ	杉原泰雄『憲法Ⅰ』（有斐閣、1987）
杉原・憲法Ⅱ	杉原泰雄『憲法Ⅱ』（有斐閣、1989）
憲法の争点	高橋和之・大石眞編『憲法の争点［第3版］』（有斐閣、1999）
辻村・憲法	辻村みよ子『憲法（第2版）』（日本評論社、2004）
戸波・憲法	戸波江二『憲法［新版］』（ぎょうせい、1998）
野中他・憲法Ⅰ	野中俊彦・中村睦男・高橋和之・高見勝利『憲法Ⅰ［第3版］』（有斐閣、2001）
野中他・憲法Ⅱ	野中俊彦・中村睦男・高橋和之・高見勝利『憲法Ⅱ［第3版］』（有斐閣、2001）
長谷部・憲法	長谷部恭男『憲法［第3版］』（新世社、2004）
長谷部編・リーディングズ	長谷部恭男編『リーディングズ現代の憲法』（日本評論社、1995）
針生他・国民主権と天皇制	針生誠吉・横田耕一『国民主権と天皇制』（法律文化社、

凡　例

	1983)
樋口・憲法	樋口陽一『憲法 [第3版]』(創文社、2004)
樋口・憲法 I	樋口陽一『憲法 I』(青林書院、1998)
樋口編・講座憲法学①～⑥・別巻	樋口陽一編『講座・憲法学第1巻～第6巻・別巻』(日本評論社、1994～1995)
松井・日本国憲法	松井茂記『日本国憲法 [第2版]』(有斐閣、2004)
宮澤・憲法 II	宮澤俊義『憲法 II [新版]』(有斐閣、1974)

2　判例集・法令集・辞典

大須賀他・辞典	大須賀明(他)『憲法辞典』(三省堂、2001)
高木他・宣言集	高木八尺・末延三次・宮沢俊義編『人権宣言集』(岩波文庫、1957)
樋口他・憲法集	樋口陽一・吉田善明編『解説・世界憲法集 [第4版]』(三省堂、2001)
宮澤・憲法集	宮澤俊義編『世界憲法集 [第4版]』(岩波文庫、1983)

3　その他

最大	最高裁判所大法廷
最	最高裁判所第1～第3小法廷
高	高等裁判所
地	地方裁判所
判	判決
決	決定
民集	最高裁判所民事判例集
刑集	最高裁判所刑事判例集
集民	最高裁判所民事裁判集
高民集	高等裁判所民事判例集
高刑集	高等裁判所刑事判例集
下民集	下級裁判所民事裁判例集
下刑集	下級裁判所刑事裁判例集
労民集	労働関係民事裁判例集
判時	判例時報
判タ	判例タイムズ
公法	公法研究
法時	法律時報
法教	法学教室
法セミ	法学セミナー

● 憲法学の基礎理論 ●

序章　憲法をどのように扱うか

　「憲法」という言葉は、さまざまな意味で用いられる。その詳細は後述に委ね、ここでは、憲法を学ぶということはどのようなことかという点について整理しておきたい。

　まず、第1に、憲法は、「刑法」や「民法」等という場合と同様に、特定の特徴を有する「規範」の総体だということができる。憲法を規範の側面から検討することが必要となる。第2に、憲法という言葉は、当該規範を研究する「科学」と関係する。基本的な規範を理解し、それを個別の状況に適用する方法論を身につけるのが、法律学の役割である。憲法と科学との結びつきについて検討する視点も重要であろう。第3に、例えば裁判において、憲法は実際の事件で「解釈」され適用されていく。法の運用において不可欠と考えられる解釈の側面から、憲法を理解することが必要である。以下では、これら3つの側面から憲法を捉えていくこととする。

1　「規範」としての憲法

　憲法は、「法律」ではないが「法」の1つではある。この場合の「法」とは何か、いかなる特徴を有するのかが明らかにされなければならない。この問題について、「規範」や「妥当性」の概念から説明していく。

(1)　規範の意味

　一般的に、「べし」で表される文の意味を「規範」と呼ぶ。例えば、表現の自由を侵害してはならないとか、人の財産を奪ってはならないなどという場合である。これは、「ある」で表わされる文の意味と区別される。「嘘をつくべきではない」は規範であるのに対し、「嘘をついている」は規範ではない。この区別は、言語の2つの機能に対応している。一方は、現実を述べることにより、情

報を伝達するものである。他方は、人の行為に影響を及ぼし、何かをなさしめようとするものである。第1の機能は、「事実記述的」な文と呼ばれ、第2の機能は、「規範記述的」な文と呼ばれる。

ただし、表面上は規範記述的な文であっても、実際には事実記述的なものである場合があり得る（例えば、「水を沸騰させるためには、100度まで熱しなければならない」という文の場合）。また、逆に、表面上は事実記述的な文であっても、実際には規範記述的なものである場合があり得る（例えば、路上での「スピードが出ています」という電光掲示板の場合。これは、スピードを落とさなければならないことを意味している）。これが、冒頭での規範の定義において、「文」ではなく「文の意味」とした理由である。

(2) 規範と事実の違い

規範記述的な文の意味と事実記述的な文の意味の区別、すなわち、規範と事実の区別は重要である。第1に、精神的機能における違いである。事実は、知識を表わすために述べられるのに対し、規範は、「意思」を表わすために述べられる。

第2に、特性における違いである。まず、事実は真か偽かであり得るが、規範は真でも偽でもあり得ない。「地方自治体は裁判所を有する」という文（事実記述的な文）に対し、「それは偽である」と答えることができるが、しかし、「地方自治体は裁判所を持つべきではない」という文（規範記述的な文）には、同様の返答はできない。

他方、規範は、「妥当」すると言われる。ハンス・ケルゼンは、規範の特性を「妥当性」と「実効性」の区別から次のように説明した。すなわち、現実に人がある規範を遵守しているかどうかは、「実効性」の問題であるが、仮に規範が遵守されていないとしても（「実効性」を欠く場合であっても）、当該規範が規範でなくなるわけではない。依然として規範は、有効のものとして存続する。それを「妥当性」と呼ぶ。「飲酒運転をしてはならない」という規範は、仮に守られていないとしても、その「妥当性」には影響しないのである。以上から、ある文の意味が、①意思を述べるものであり、②真でも偽でもあり得ず、③破られても有効であり続けるとすれば、それは規範であるということになろう。

第3に、規範と事実との間には、いかなる論理的関連性も存在しないという

点である（自然主義ファラシー）。「ある」ということから、「あるべき」ということを、導き出すことはできない。例えば、すべての人が嘘をつくとしても、そこから人は嘘をつくべきということも嘘をつくべきではないということも導き出すことはできない（もちろん、このように述べたからといって、規範と事実とが全く無関係であるというわけではない）。

(3) 規範の妥当性

　法規範をさらに理解するために、次の問題を考えることとする。すなわち、規範が意思だとしても、いかなる意思も規範となりうるか、また、規範が妥当性を有するためには何が必要であるのかという問題である。この問題については、強盗の脅迫と税務署の課税処分との違いがヒントを与えてくれる。どちらも「金をよこせ」という意思であるが、同様の規範であるとは思われないであろう。その違いはどこにあるのか。

　それは妥当性の有無にある。強盗の命令は、妥当性の基礎を持たない単なる意思の表れである。それに対し、税務署職員による処分は、法律に基づいてなされる。したがって、職員は、処分の妥当性の根拠を法律に見出すということになる。また、その法律も、それ自体で妥当する規範である。なぜならば、他の規範（憲法）が議会に法律の制定を命じているからである。このように、規範が妥当し有効と見なされるためには、上位の規範によって基礎づけられることを要し、その上位の規範も、他のより上位の規範と適合することにより、妥当する。結局、上位下位の規範は、総体としてヒエラルキーを構成することとなり、ある文は、規範のヒエラルキーに組み込まれることによって、規範の意味を獲得するのである（さらに、法規範とは何か、宗教や道徳などの他の規範と違うのか等の点も重要であるが、ここでは触れない）。

　以上から、法規範の単純な定義が得られる。すなわち、法規範のヒエラルキー（法体系）に属するのが法規範であるというものである（F. アモンと M. トロペールによる説明）。憲法は、法規範のヒエラルキーに属するという意味で法規範である。しかも、憲法は、法体系の最高位に位置するものであり、それ故、「最高法規」とされる。

(4) 憲法規範の妥当性

　憲法が最高法規として法規範の最も上位に位置づけられるとすれば、憲法自

体の妥当性の基礎は、どこに求めることができるのであろうか。

　第1に、後で検討する「自然法」が考えられる。憲法などの「書かれた法」以外にも神や理性の命じる自然法が存在し、これがその妥当性の基礎であるとする説明である。第2に、仮説的基礎とされる「根本規範」である。ケルゼンは、規範の妥当性の基礎となる最終の、かつ、唯一の規範を根本規範と呼び、これを仮定のものとして設定することにより、法体系の妥当性を説明しようとする。第3に、H. L. A. ハートの「承認のルール」である。ハートは、個人がしなければならないあるいはしてはならない行動に関係する「第1次的ルール」と、その不確定性を修正するための「第2次的ルール」とからなるものとして法を理解する。その上で、後者の1つとされる「承認のルール」とは、社会的圧力を背景とする集団のルールを決定し確定するための基準をいう。この「承認のルール」が法体系の中にあって、法体系自体の妥当性の基礎となる究極のルールとされる。

　正義や道徳といった法外的な主観的価値を正面から容認する（自然法論）ことは難しいとしても、それらと法とが無関係であると断ずる（ケルゼン、ハート）ことはできないであろう。その意味で、正義は法の内在的要素と見るべきであって、その限りで一定の関連を持つものと考えるのが妥当ではなかろうか（例えば、井上達夫）。

2　「科学」としての憲法

　憲法という言葉は、「憲法」と呼ばれる規範の総体を研究対象とする学問分野を意味している。この科学の性質および方法については、様々な考え方が存する。以下では、法実証主義と自然法論との対立、また、法科学と政治科学との違いを説明する。

(1)　自然法論と法実証主義

(a)　自然法論

　これは、法には2つの法が存在すると考える立場の総称である。第1は、「実定法」と呼ばれる法である。これは、人間の意思の所産であり、それによって定められた法をいう。第2は、人間の意思ではなく、自然に内在する法、あ

るいは神の意思によって生み出された法である。自然法は、実定法に先だって存在し、それより上位に位置づけられる。したがって、自然法は、実定法にとって妥当性の基礎となる。

ただし、自然法論の主張内容は、論者によって異なる。第1に、自然法の法源に関する違いがある。神の意思とする見解（ウイリアム・オッカム等）、「事物の本性」とする見解、人間の本質ないし理性とする見解（フーゴー・グロチウスやトマス・ホッブス等の近世自然法論）等が見られる。第2に、自然法と実定法とが抵触した場合の法的帰結に関する違いである。自然法に反する実定法規範は義務を課すものではなく、それへの不服従も正当とする見解、自然法に反する実定法は法ではないとする見解、あるいはより控えめに、自然法に反する実定法も法であるが、しかし、自然法は実定法を評価し改善するための道具として機能するとする見解等が存する。第3に、自然法の内容についての違いである。

最後の内容に関する違いは重要である。神の存在を前提とする中世自然法論や、人間の本性・理性への信頼を背景とする近世自然法論でも、共通した正義観念を確立できなかった。とすれば、「神の死」以降の現代世界では、正義観念を確定することは不可能ではないのか。実際、18世紀の人権文書や近代憲法の成立、近代法の諸原理や法典の成立等を終えると、自然法論は役割を終えて法実証主義の時代を迎えることとなる。

(b) 法実証主義

法実証主義は、自然科学のモデルに基づいて法科学を構築しようとする。すなわち、真の命題によって世界を記述することである。価値判断は、真か偽かではあり得ないため、科学はそれを排除しなければならない。自然法論もまた、価値判断でしかなく、いかなる客観的実在とも一致しない。真の科学は、あらゆる価値判断から「純粋」なものであり、また、その対象の記述にとどまるものである。したがって、2つの法が存在するのではなく、1つのみ、すなわち、「実定法」のみが存在するのである。

しかし、法実証主義には、古典的な異論が存する。すなわち、いわゆる悪法など、いかなる法体系をも「法」と捉えることになるのではないか。そうだとすれば、実証主義は、いかなる法体系をも正当化することにつながってしまうのではないか。これに対し、法実証主義者は二種の反論をする。第1に、ある

体系が法であると述べることは、それが良き法であるということ、あるいは、それに従わなければならないということを意味するものではない。それは、単に、法科学にとっての対象に属するという事実の承認でしかない。第2に、実証主義は、あらゆる価値判断を禁ずるものではなく、ただ、科学の名で述べられる価値判断を禁ずるのである。したがって、ナチスの体系は法であるということを法科学の観点から認めることはできるし、同時に、道徳的観点からは、それは憎むべき法であると主張することは可能である。

(c) 自然法の再生と憲法

第2次大戦後、「自然法の再生」と呼ばれる状況が生まれ、新たな自然法論が展開されるようになる。とりわけ、ジョン・ロールズの『正義論』(A Theory of Justice, 1971) 以降、実質的な正義概念をめぐり、活発な議論が展開された。ロールズは、社会的正義や福祉国家に関する「戦後コンセンサス」を背景として、反功利主義的な平等主義的正義論の共通の基盤となった。他方で、70年代末から、ロバート・ノージック (Anarchy, State and Utopia, 1974) に代表されるリバタリアニズムの影響が強まり、自由や効率を重視し「小さな政府」論を説く新自由主義、また、福祉国家を批判する考え方が主張されている。さらに、80年代に入ってから、功利主義やリバタリアニズムを含めたリベラリズム全体に対する批判として、共同体主義やフェミニズムが主張されている。

憲法も学問の一分野である以上、法科学の客観性を保持しうるよう、法実証主義的な方法論に基づいて研究されるべきものといえるであろう。しかし、憲法自体が、近代法の諸原理（これ自体、自然法に基づいて確立されたものである）に従って制定され、かつ、それらを内在的要素として構成されていることを重視すれば、およそ正義論と無関係では成立し得ない。

(2) 憲法学と政治学

(a) 憲法学と政治学との一致

憲法学と政治学とは、現在では別々の学問分野を構成しているものの、20世紀初頭までは1つの同じ領域でしかなかった。この状況は、2つの主たる要因によって説明される。第1に、「記述的観点」と「評価的観点」との間の実証主義的な区別は、明確には確立していなかったことである。そのため、政治学は最善の統治体系を発見することを任務としていた。これは、今日の政治哲学あ

るいは政治理論と呼ばれるものに相当する。第2に、対象における明確な区分が存在しなかったことである。すなわち、権力の組織と運営を記述することは、効果的に適用される規範を記述することであり、また同時に、その規範を述べることによってこそ運用が記述・説明されうると考えられていたのである。

(b)　憲法学と政治学との区別

以上の要素が弱まったとき、2つの分野は切り離されることとなった。第1に、客観的に確認され得、真か偽か判断し得る命題を述べる学問と、あるべき価値・理念としての規範を述べる学問とを区別すべきであるとされた。したがって、最初の区別は、記述的な法科学・政治科学と規範的な政治理論との間でなされた。第2に、規範を研究する憲法学(法科学)と、現実を記述する政治科学とが区別された。すなわち、政治権力の現実の運用は、法規範の単純な適用だけでなく、それをとりまく様々な社会的現実をも考慮に入れなければ理解され得ないものであり、したがって、現実の権限分配を記述し説明することとは別に、社会的な関係を明らかにすることが必要とされた。

(c)　憲法学の衰退と再生

こうした状況は、第2次大戦後のフランスで憲法学の衰退をもたらした。というのは、憲法学は、現行の規範と偉大な学説を基に現実を説明する、という作業に閉じこもることとなったからである。もちろん、政治の知識には規範だけでなく、その運用の実態の知識も必要とするのであり、そこで、政治制度の規範と実態を説明するために、法律学のプログラムには、「憲法と政治制度」とされなければならなかった。このことはさらに、公法学者の憲法学離れを生み、行政法や政治科学に比べ、憲法学の衰退をさらに悪化させた。

この衰退は今日では解消され、憲法学の再生ないしは「憲法学の法律学化」と呼ばれる現象が生じている。これは、主として、憲法裁判ないし違憲審査の驚異的な発展によるものである。多くの国家では、憲法裁判所ないし司法裁判所による違憲審査が行われている。それらは、多くの射程をもちうる複雑な判例を生み出した。そのため、憲法学は、この判例を記述し注釈を付けるという点に、本質的な役割を見出しているのである。

(3)　科学における批判の可能性

仮に、認識と評価の区別を前提に法実証主義の立場をとるとして、また、そ

れが規範内容の表記（記述と説明）とその規範総合からの理解を任務とするとして、はたして政治という現実に対する批判は、学問の名の下では慎まなければならないものなのであろうか。

(a) マックス・ヴェーバーの方法論

まず、ヴェーバーの方法論に依拠しつつ、科学としての憲法学における可能な政治批判を整理する。ヴェーバーは、社会政策や経済政策などの理想や価値判断は、主観的な根源を持つものではあるが、科学的な討論・批判の対象にはならないわけではないとする。それを次の4点に整理する。

第1に、目的と手段との適合性、すなわち、「目的が与えられている場合には、いくつかの手段の〔その目的に対する〕適合性を問う問題」が、科学的な考察の対象になるという点である。これにより、「いくつかの諸手段のどれを用いたら、決められた1つの目的を一般に達成し得るかの可能性を比較秤量することができる。またそこから、かかる目的の設定自体を間接に、その設定されたときの歴史的な状況に照らし合わせて、〔したがってその状況を媒介として〕実際上意味をもつとか、それともしかし、与えられている諸事情の情勢いかんによっては意味をもたないとか、批判することができる」。

第2に、目的と別の手段との適合性、すなわち、別の手段を用いた場合に生じるであろう結果を突き止めるという点である。これにより、行為者が求め得る結果と求めない結果とを比較秤量する可能性を与えることができる。もちろん、比較秤量それ自体をどれか1つに決定するのは、科学の役割ではなく、意欲する人間の課題である。

第3に、意欲する人間が決断を下すに際して、「意欲されたこと自体がどんな意義をもっているか」を知らせることができるという点である。それにより、目的の基礎にある諸理念を明らかにし、それと目的との論理的な連関を指摘することができる。

第4に、目的や諸理想についての弁証法的な批判的評価、すなわち、形式論理を用いて意欲されたことの論理構成を見破るという点である。「意欲されたことが内的に矛盾を含んでおらず、首尾一貫しているべきだという要請に基づく諸理想の1つの吟味」である。

以上のように、「経験的な科学は、誰に対しても、彼が何をなすべきかを教

えることはできずに、ただ彼が何をなし得るか、また……何を欲しているかを教え得るに過ぎない」のである。しかし、それにもかかわらず、科学の観点からも一定の批判的な考察が可能であると説くヴェーバーの方法論は、憲法学においても有用であると思われる。

(b) 批判的峻別論とその意義

次に、批判的峻別論について検討する。これは、「法の解釈」と「法の科学」との質的差異を指摘し、現実に対する批判的検討を、科学とは異なる実務的・実践的提言として自覚しつつ行うことは許容されるとする立場である。厳密には科学における批判ではなく、科学の外からの批判を認めようとするものといえる。この批判論の方法論的前提には、「法の解釈」と「法の科学」との区別という視点（宮沢俊義）が存する。すなわち、「法の解釈」は、「実践的意欲」の作用であり、法の認識ではなく法の創造であるのに対し、「法の科学」は法の「理論的認識」に関するものであり、社会の現実において存在する法の記述と説明を内容とする、という主張である。

以上の立場を前提として提唱されたのが、批判的峻別論（樋口陽一）である。これは、第１に、「科学」と「思想」との関係について、「科学学説」と「解釈学説」、ないし「科学」と「思想」とは、峻別されるべきであり、その峻別の主張それ自体は、科学の名において行われうるものではなく、主張者自身の選択の結果であるという主張である。第２に、以上の峻別論をさらに２つの局面に分けて整理する。すなわち、①認識行為（認識すること自体と、認識結果の公表ないし伝達の両方を含む）に評価を混入させてはならないと説く局面、②認識の名において実践的主張ないし評価をしてはならず、その人自身の価値に基づいて主張・評価をしなければならないと説く局面である。

ここで、認識行為（その公表）により、自分が好ましくないと考える附随的効果（例えば、不正な立法も法である、と述べることにより、その法への承認を与えたかのように受け取られてしまう効果）が発生する場合があり、それに対しては、どのような対応をとるべきであろうか。第１は、いっさいの附随的効果を無視するとする単純峻別論である。第２に、好ましくないと思われる附随的効果が予想される場合に、認識に関する行為を差し控える（研究の中断や研究結果を公表しないこと等）とする自覚的結合論である。第３は、認識行為にはそれとして

徹するが、好ましくない附随的効果については、それを抑制するための評価ないし実践的態度の表明を行うとする批判的峻別論である。樋口教授の立場は第3のものである。これにより、「認識の客観性の確保」と「評価主体の責任性の明確化」を維持しつつ、「附随的効果」への対処も可能となるとされる。

(c) 憲法学と政治批判

およそ憲法学は、現実の政治を対象とせざるを得ない以上、常にそれと憲法との整合性という問いを突きつけられることとなる。その場合、可能な科学とは何であろうか。この点、与えられた立法や判決を記述し説明するという方法がある。これは、批判的言明を行わない純粋な法実証主義的方法といえるであろう。しかし、何らかの理由で立法や判決に問題が存すると思われる場合、科学の視点からそれを検討・指摘することはできないのか。批判的峻別論に頼る以前に、科学としてどこまでが可能であるかを見極める必要があろう。ヴェーバーの方法論やそれ以外の可能性も含めて、検討されなければならない課題である。

3 「解釈」の対象としての憲法

憲法や法律などの条文を適用するには、その前に意味を確定しなければならない。条文の意味は、条文による命令・禁止・許可・免除の内容であり、それが示している規範である。通常、規範を一般的な言語によって伝達するには限界があり、その意味内容を確定するのが「解釈」である。以下では、解釈という作業の特徴について検討する。

(1) 解釈の必要性

まず、条文解釈はなぜ必要となるのであろうか。通常それは、次の3つの要因に由来するものと考えられる。第1に、条文ないし文言の不明確性、すなわち、複数の意味を伝えうるという事実である。この不明確性は、立法者や憲法制定者が用いた自然言語の特性に関連する。第2の要因は、条文の意味と起草者の意思との不連続性である。条文の意味は、その起草者の意思によって認識可能とする見解もあるが、条文は、通常、1人の起草者によるものではない。また、すべての者が同じ意思を有していたということもおよそあり得ないこと

である。第3の要因は、政治的・社会的観念の発展に由来する。すなわち、条文制定時から一定の時間を経過することにより、社会状況の変化やものの見方・考え方の変化が生じ、条文の意味のとらえ方にも影響を与えるということがあり得る。

(2) 法解釈の理論の歴史

従来から、法解釈をどのように行うべきか、とりわけ、解釈に際して考慮されるべき要素、法律に対する態度、社会の変化に対応するための具体的解決等について、どのように考えるべきかが議論されてきた。ここでは、特にフランスとドイツにおける法思想の変遷について見ておこう。

(a) フランスの「法律実証主義」とその再検討

まず、フランスでは、近代法の形成期において、法の制定と適用とを厳密に区別し、裁判による法創造を厳しく禁止することが権力分立の論理的な帰結とされた。

モンテスキューの『法の精神』は、「裁判官は、法を語る口である」と述べることで、このような権力分立のあり方を説明しようとした。もともと、このような権力分立観は、当時の裁判官に対する根強い不信が原因とされている。そのため、裁判官による恣意的な権力行使を抑制し、市民的自由と法的安定性を確保するためには、裁判官を一般的な法律の適用者に留めておくことが必要と考えられたのである。現に、フランス民法典 (Code civil) 第5条は、「裁判官は、自らが担当する訴訟事件について、一般的かつ法規的な規定によって判決を下すことは禁止される」と規定する。これは、「法規的判決」の禁止と呼ばれる規定であり、裁判官が一般的な法を述べることは、法の適用者たる地位とは相容れないとする理解の表われであった。

こうして、近代的統一法典を19世紀初頭に制定したフランスでは、法律の条文を絶対視し、一切の法的問題がすべて法律によって規律されていると考える立場が登場する。これが、「註釈学派」である。この立場の主張は次の三点に要約される。①条文を絶対視する。②法源の中でも成文法、特に議会による法律のみを排他的に強調し、それ以外の法源（慣習法、判例法、条理、法の一般原則等）を認めない。③法解釈とは、条文の厳格な形式論理的操作により「立法者意思」を矛盾のないように認識するという作業を任務とする。

しかし、こうした態度は、資本主義の高度化とそれに伴う社会・経済状況の変化に適切に対応できなくなり、法律実証主義に対する反省の運動が起こるようになる。とりわけ、民法典の基本原則である「所有権の絶対性」や不法行為における「過失責任の原則」に対し、「権利濫用の法理」や「無過失責任」を認める判例が出るようになった。こうした判例の動向をとらえ、註釈学派とは異なり、裁判官が一定の範囲で法創造的活動を行うことを認めようとする立場が登場する。それが、「科学学派」である（R. サレイユと F. ジェニー）。その立場は、①法は柔軟かつ弾力的な存在であり、社会的事実関係の中に生きて機能する実在として理解すべきである、②制定法の形式的な論理操作ではなく、社会的事実関係の「自由な科学的探求」を通じてこそ、生ける法に到達しうると主張した。

(b)　ドイツの「法律実証主義」とその再検討

フランスにおける法典編纂の影響を受け、ドイツでも各諸邦に共通の民法典の編纂を求める声が高まった。この動きに反対し、歴史的方法により法の統一を目指したのが、フリードリッヒ・カール・フォン・サヴィニーである。「歴史法学派」で知られる彼の理論は以下の特徴を有する。

まず、「法」の理解につき、次のように捉える。法は言語と同様、民族共通の確信（「民族精神」）によって自然に発生し、有機的統一を形成している。法には、どの部分においても、それさえ与えられれば他のすべてが与えられるような要素（「指導原理」）がある。ところが、「指導原理」の認識が不十分なまま法典編纂が行われると、法典と実生活の中にある法との乖離、また、過去と現在との断絶をもたらすこととなり、法の統一を実現することはできなくなる。その理由から、法典編纂に反対したのである。

また、法律学の任務につき、①「指導原理」の発見、②これを通じてあらゆる法的な概念・命題の内的連関を見出すことと規定する。結局、サヴィニーは、実定法が本来目に見えない「民族精神」に基礎を有する民族法であること、法律の解釈は、立法者の立場に身を置いて、法律に内在する思想を再構成することを指摘する。その主張は、既存の法律を前提としそれを尊重する実証主義的対応を強調するものであった。

その後、サヴィニーの主張は、ローマ法（6世紀に東ローマ帝国のユスチニア

ヌスが法典編纂を行った中世ローマ法を指す)の中にドイツ民族の統一的な精神を見出そうとする動きを強めることとなった。というのは、当時のドイツでは、ローマ法が諸邦を通じて妥当する普通法としての性格をもっていたためである。結局、その立場は、ローマ法を基にした法概念ピラミッドの体系的論理的構成を重視する方向性を生み出した。これが「概念法学」である。すなわち、①実定法秩序は、それ自体で論理的に自己完結したものである、②いかなる事案も、所与の実定法規(ローマ法)の純論理的操作によって解決可能である、③裁判官は、事案をこの概念体系によって包摂すべきであり、自ら法創造してはならない、等の特徴を持つ、法実証主義の立場であった。

　概念法学や法律実証主義の立場、また、形式のみにこだわる裁判官の態度は、フランスにおけると同様、社会状況の変化に対応できず批判にさらされることとなる。その反対運動が「自由法運動」である(オイゲン・エールリッヒ、ヘルマン・カントロヴィッツ、フィリップ・ヘック等)。それは、裁判官を国家法による厳格な拘束から解放して、判決における自由裁量の余地、また、特に法の欠缺の場合における自由な法発見・法創造の余地を認めようとした。但し、裁判官が制定法に反する裁判を行うことまで容認したわけではない。自由な法発見・法創造であっても何からの客観的尺度を不可欠の要素とする。

(3)　法解釈の方法と技術

　ここで、法解釈の方法とは、法規範の意味内容を明らかにするプロセスにおいて、使用される解釈手段ないし方法をいい、法解釈の技術とは、そのような解釈手段を用いて遂行されたプロセスの結果生じる産物をいう。

(a)　法解釈の方法

　これには、文言解釈(文理解釈)、論理解釈(体系解釈)、歴史的解釈、目的論的解釈がある。

　第1に、「文言解釈(文理解釈)」とは、文法的または語源学的手法を借りて明らかにする方法である。すべての法解釈の出発点であり、最も説得力のある権威的論拠とされている(憲法14条の「人種」、「性別」、憲法22条2項の「国籍」、皇室典範1条の「男系の男子」等)。もっとも、法規範の中には、抽象的な文言が多いため、文言解釈では明らかにならないものも多い。この場合には、文言解釈以外の方法によって、その意味内容を明らかにする必要がある。

第2に、「論理解釈（体系解釈）」とは、ある法規と他の諸法規との関係や、当該法例あるいは法体系全体の中でその法規が占める地位など、総合的視点から把握しようとするものである（例えば、衆議院の解散権の主体・根拠に関する解釈）。

第3に、「歴史的解釈」とは、法規の立法者の意図を探求して法の意味を探る手法である。法案の成立過程、とりわけ、法案・その理由書・立案者の見解・政府委員の説明・議事録などの立法資料を参考にして、法の具体的意味を探る。立法者意思説とも呼ばれる。しかし、この方法には、①そもそも立法者意思がはっきりしないものがある、②立法者意思が明らかにされたとしても、具体的問題の解決についての意思がはっきりしない場合もある、③立法後、長い年月の経った場合に、なぜ立法者の見解に拘束されなければならないのかが疑問である等の問題も指摘されている。

第4に、「目的論的解釈」とは、法に内在する目的・価値を探求し、それを指導理念として行う解釈方法をいう。この目的論的解釈の具体的手法を提示したものとしては、「社会学的解釈」がある。これは、関連する社会的事実に十分検討を加え、これに第1次的重要性をおいて政治的良識に合致する解釈を選ぶ方法である。

(b) 　法解釈の技術

これは、法解釈の方法を用いて検討された解釈作業の結果である。また、法の欠缺に際して比較的よく用いられる手法であるため、「法欠缺の補充技法」（田中成明）と呼ばれることもある。

第1に、「拡張解釈」とは、法規範の言葉や文章について、本来予定されているよりも広い意味を与える解釈をいう。立法後に生じた利益を保護するために用いられることが多い（例えば、「表現の自由」に「知る権利」が含まれるとする解釈）。

第2に、「限定解釈」とは、法の文言を日常用いられる意味よりも縮小して解釈する方法である。憲法解釈の場で見られるものとして、「合憲限定解釈」と呼ばれる手法がある。

第3に、「反対解釈」とは、ある法文がある場合、その規定の趣旨は法文の規定外の事項には及ばないと解する方法である。

第4に、「類推」・「勿論解釈」とは、ある事案を直接に規定した法規がない場合に、それと類似の性質・関係をもった事案について規定した法規を間接的に適用することである。これは、法の欠缺の存在を前提として、それを補充する作業である。勿論解釈は、類推の許容性がはっきりしている場合にとられる方法とされる。

(4) 解釈の性質
(a) 解釈の性質に関する見解

こうした様々な方法と技術を駆使して行われる解釈とは、いかなる性質を有するのであろうか。主な議論を以下に略述しよう。

第1に、解釈は、認識行為か意思行為か、という議論がある。まず、条文にはあらかじめ意味が与えられており、その意味が明確であれば解釈の必要性はなく、明確でなければそれを発見しなければならないとする見解が存する。これを「認識行為説」と呼んでおく。すでに見た、フランスとドイツにおける法律実証主義は、この立場の典型であろう。他方、あらゆる条文にはあらかじめ与えられた意味は存在せず、したがって、解釈とは条文に意味を与える作業を意味するとする見解が存する。これは、解釈が、法秩序によって解釈権を与えられている一定の機関から発する場合に、それを「有権的解釈」と呼び、有権的解釈は様々な意見の中の1つの表明ではなく、解釈者によって発せられた意思行為だと主張する。そのため、この立場は「意思行為説」、あるいは、解釈に関する現実の機能に即した理解という趣旨で「現実主義的解釈理論」と呼ばれうる。

第2に、上の立場の違いは、法解釈を客観的な作用と見るか主観的な作用と見るかに関わる。前者の立場に立てば、法解釈には「正解」が存するということになり、ある解釈が真か偽かを問われうるということになる。それに対し、後者の立場を前提とすれば、解釈が主観的価値判断の産物であるが故にそこには客観的な正解が存在するはずはなく、ただ、妥当性の問題が残るのみということになる。この場合、解釈の妥当性は、解釈が行われる条件にのみ依存する。即ち、高次の規範が明確にある機関に解釈権を付与している場合、あるいは、ある機関による解釈にはいかなる統制も存在しないという不文法で、この権限が付与される場合、それによる解釈は有権的解釈であり最終的な判断となる。

日本国憲法の場合、「違憲審査権」が裁判所に付与されている（81条）ため、裁判所が有権的解釈者ということになる。しかし、「統治行為論」等を用いることにより、最終的判断を他の機関に移譲することもあり得る。

　第3に、法解釈に規範創造性を認めるかどうか、という点も関連した議論である。上の立場のうち、どちらにおいても前者の立場をとる場合には、およそ法解釈者による法創造は認められず、むしろそれは禁止されているものと捉えられる。反対に、法解釈が条文に意味を与える作用であるとして、また、それが解釈者の価値判断が現れる主観的な作用であるとすれば、法解釈作用は、それ自体規範を創造する作用だということになる。これを最も極端に推し進めたのが、解釈者は、条文を制定した機関と同レベルの権限を有し、したがって、法律の解釈者は立法権を有し、憲法の解釈者は憲法制定権力を有するとする見解である（ミッシェル・トロペール）。

(b)　法解釈の正当性

　それぞれの議論のうち前者の立場はあまりにも現実とかけ離れており、一般的に妥当ではないといえる。また、後者の極端な見解が受容されているともいえない。法解釈につき、意思行為性、主観性、規範創造性を容認しつつ、しかし、解釈の正当を問いうるのではないかとする視点からの提言が必要であろう。問題は、その正当性をどのようにして判断するのかという点である。

　主観的な法解釈には、内容の正当性に関する基準を認めることはできない。そのため、内容の正しさに依存するのではない何らかの基準を設定しなければならない。こうした観点から、学説の中には、特に裁判官の解釈につき、それ自体の論理一貫性と法体系全体に対する関係での無矛盾性を指摘する見解（樋口・憲法411頁）、また、①国家権力を制限して個人の人権を尊重するという憲法の目的を踏まえた解釈が要求されること、②憲法規範に対応する社会的実態に十分に配慮すること、③憲法の各規定の特徴を踏まえた解釈をとること、④原理・原則的な規定や抽象的な規定の解釈では、論理的・体系的解釈、歴史的解釈、ないし原理や思想を踏まえた解釈を行うことを挙げる見解（戸波・憲法55頁以下）、さらには、論理的に首尾一貫していること、誤った事実認識に基づくものでないこと、正当とされる過去の法令や判例を適切に説明しうると同時に、今後おこりうる同種の事件をも適切に解決しうる解釈であること、多くの人の

納得を得られるような解釈であることを挙げる見解（長谷部・憲法35頁以下）等が主張されている。

【参考文献】
　井上達夫『法という企て』（東京大学出版会、2003）
　長谷部恭男『権力への懐疑』（日本評論社、1991）第7章
　樋口陽一『近代憲法学にとっての論理と価値［戦後憲法学を考える］』（日本評論社、1994）
　マックス・ヴェーバー、祇園寺信彦・祇園寺則夫訳『社会科学の方法』（講談社学術文庫、1994）
　F. Hamon et M. Troper, Droit constitutionnel, 28e éd., L.G.D.J., 2003.

第1章　憲法の概念

　憲法とは何かということ、すなわち憲法の概念はどのようなものであるかということを確認することは、憲法というものがわれわれの社会でどのように位置づけられるべきか、いかなる働きをなすべきかということを知ることでもある。いままでの憲法観を根本から再構成しようという動きが目立つようになってきた状況をふまえ、憲法という言葉について一般に説明されているところを整理し、憲法という概念がこれまで表してきた内容を押さえたうえで、最近の憲法改正論の想定している「あたらしい」憲法を検討しなくてはならない。

1　憲　法　と　は

　「『憲法』とは何か？」という問いは、まずは憲法という言葉を人々がどのような意味で用いてきているかということを問うものである。この問いには歴史的・法制史的研究や法社会学的研究を中心とした客観的実証研究で答えられるであろう。ここでは「憲法」がどのような理由、背景、意図や期待を背負って用いられてきたかということが明らかにされる。これらのことが明らかになると、人間社会が何を憲法に期待しているのか、どのような役割を果たすことを求めているのかということも同時に見えてくる。
　われわれにとっての憲法像がどのようなものであるかということは、憲法が個人と国家の関係に関する規範である以上、われわれ個人と国家の関係をわれわれ自身がどのようなものと考えているかということを示す。たとえば、個人と国家を異質の対立するものととらえるか、そうではなく、個人と国家を同質の一体のものとしてとらえるのかといったようなことである。
　憲法の役割への期待は、その安定性・恒常性への要求とも関係する。個人と

国家の同一性を前提とする憲法観と両者の対立を前提とする憲法観では、憲法の安定性や恒常性に対する要求の度合いも異なるが、とりわけ後者の憲法観ではそのような要求は強い。この要求に対応した制度や組織などの手だて（「憲法保障」）は、やはりわれわれの憲法観と深く関係している。

憲法観における立場の違いが、最近のわが国の憲法改正論議の中で顕わになってきた。近代立憲主義的価値のもとで制定、解釈されてきたこれまでの通説的な憲法の概念とは異なった「あたらしい」憲法観が、最近の憲法改正論の中で押し出されつつあるという状況である。それが果たしてわれわれが真に求めるべき憲法観であるかどうか吟味する必要がある。

2　形式的意味の憲法と実質的意味の憲法

何をもって「憲法」たるものとみなすか、すなわち、ある対象が憲法であるかどうかを判別する標識は何であるか、ということを考える場合、一般に、まずは一定の「形式」を標識とする判別の仕方と、一定の「内容」を標識とする判別の仕方の2つが挙げられる。前者の標識によって説明される憲法を「形式的意味の憲法」、後者の標識によって説明される憲法を「実質的意味の憲法」という。

形式、内容（実質）のそれぞれの標識による説明においても、どのような形式に着目するか、あるいはどのような内容をもって憲法たるにふさわしいものとみなすかに応じて、それぞれの認める憲法の姿は異なってくる。

(1) 形式的意味の憲法

形式的意味の憲法とは、「何らかの形式上の標識をそなえているかどうかを基準として」その存否が議論されるものとされる（樋口・憲法6頁）。この定義についてはほとんど一致しているといってよいが、その基準となる標識の立て方は、論者によってさまざまである。

形式的意味の憲法の標識として通常あげられているのは、①「憲法」という名称を付された成文の法規範であること、②ひとまとまりの法典という形式をそなえていること、③普通の法律よりも厳格な改正手続をもとめられる法規範であること、すなわち普通の法律よりも高い形式的効力をもつ法規範であるこ

と、といったものである。これらを、各論者がいずれか1つ、ないしは2つ以上を複合させて、各自の形式的意味の憲法についての説明を行っている。

①を形式的意味の憲法の標識として用いた場合、聖徳太子が作ったとされる一七条憲法も憲法であるし、江戸時代の憲法部類、憲法類纂や明治期の憲法志料なども、大日本帝国憲法や日本国憲法と変わらず、形式的意味の憲法であるということになる。この際、ドイツ連邦共和国基本法（ボン基本法）には憲法という用語は付されていないので、とりあえず、ここでの意味での憲法ではないということになる。また、成文ではないという意味で、少なくとも「憲法」という名称をもった目に見える存在ではないという点で、イギリス憲法もここには含まれないということになる。

②の標識を用いる者は、例えば、「形式的意味の憲法とは成文憲法典のことを指」す、などと説明する（松井・20頁）。「法典」、すなわちこれ自体、成文を前提とする用語であるが、要するにひとまとまりの表題の下に統一された成文の法規範をもっているかどうかということを標識とするものである。ここで、表題、つまり名称が何でもよいということになると、極端な場合「……民法」であっても憲法に含ませうるということになってしまうので、不都合である。おそらく、「憲法典」という場合、①の標識もあわせて念頭においているのであろう。したがって、この②の標識によっても、①の標識にもとづいて憲法とみなされるとして挙げられた例は、同じく憲法とみなされる。

なお、イギリス憲法は、不文の慣習法だけでなく、マグナ・カルタや権利章典、国会法、王位継承法などの成文法などからも構成されているので、全くの不文法ではない。一方、成典か不成典かという点に関していえば、憲法という表題をつけられたひとまとまりの「法典」という形では存在していないので、この②の標識からしても憲法には含ませられないということになる。

③の標識は、改正に関して普通の法律に比して相対的に厳しい手続上の条件を付けられているものを憲法とみなす、というもので、いわゆる硬性憲法のみを憲法とみなすという考え方であるといえる。例えば、わが国の現行憲法に関していえば、その第96条で、通常の法律の制定・改廃（第56条）に比して厳しい手続きが規定されている。したがって、現行の日本国憲法はここでは憲法とみなしうるということである。また、①や②の標識では憲法に含ませられな

かったドイツ連邦共和国基本法も、改正手続に関しては普通の法律に比して厳格な要件が定められている（基本法79条）ので、同様にここでの意味での憲法とみなしてよいことになる。イギリス憲法に関しては、普通の法律と慣習法からなっているので、改正手続について普通の法律に比して厳格なものが求められるということはない。よってここでも、イギリスの憲法は憲法とはみなされないということになる。

(2) 実質的意味の憲法

実質的意味の憲法とは、どのような内容（実質）をもったものを憲法とみなすかといった観点から、一定の実質を標識として説明される憲法をいう。ここでも、なにを標識とするかによって憲法の範囲は異なるが、一般に次の2つが挙げられる。すなわち、①固有の意味の憲法と、②近代的・立憲的意味の憲法である。

(a) 固有の意味の憲法

固有の意味の憲法とは、「基本的な統治制度の構造と作用を定めた法規範」（樋口・憲法2頁）、ないしは「国家の政治を運営していくうえでの基本的ルール」（栗城・戸波・後掲書5頁）、「実質的な国家の基本法すべて」（松井・前掲書20頁）、「およそ国家の構造・組織および作用の基本に関する規範一般」（佐藤（幸）・憲法16頁）、「国家の構成・統治に関する基本法」（田代他・後掲書24頁）、などと説明される。以上はいずれも、憲法を国家の統治組織と作用に関する、基本的な、法規範と考えている点で異なるところはない。このことからすれば、固有の意味での憲法は、およそどのような時代、どのような社会においても存在するものである。したがって、法規範の名称や、不文か成文か、成典か不成典かに拘らず、基本的な統治制度の構造と作用を定めた基本的な法であれば、それは憲法であるということができる（なお、「憲法」(constitution) という観念自体は、近代という一定の歴史的背景のもとで一定の国において登場したものであるから、あらゆる時代、社会に存在するとすることは正しくないという見解がある（松井・後掲書21頁、浦部・憲法19頁）。このような見解の論拠としては、たとえば、フランス人権宣言がその16条で「権利の保障が確保されず、権力の分立が定められていない社会は、憲法を有するものではない」とし、シェイエスが、国民こそが「憲法」制定権力を有しており、これを行使することによって

制定されたものこそが「憲法」であるとしているということがある。すなわち、近代という時代背景において、立憲主義原理を内容とするもののみが「憲法」と呼ばれるにふさわしいのであって、「憲法」という観念もここを出発点としており、これがオリジナルであり、「固有」の意味の憲法なのである、ということである。このような見解は、近代ヨーロッパという時代の産物としての憲法を強調し、憲法という観念自体と近代立憲主義の原理の結びつきを強く意識させるという意味で理解できなくはない。

(b) 近代的・立憲的意味の憲法

近代的・立憲的意味の憲法とは、国民の権利保障と国家権力の分立を内容とする国家の基本法をいう。これもまた国家権力のあり方、作用について定めた基本法の1つであるので、先の固有の意味の憲法を内容的に限定したものであるといえる。

先述したフランス人権宣言16条によれば、そのような内容でもって限定された法規範のみが、「憲法」の名に値することになる。

なぜそのような内容をもった憲法を近代的・立憲的という言葉で表すのかといえば、まさしく近代ヨーロッパの政治思想やその時代背景と密接に関わっているからであり、また、その当時の立憲主義という立場を反映するものであるからである。立憲的意味の憲法という場合、多くは近代的意味の憲法と言い換えて説明される。ここでは、立憲的という言葉と近代的という言葉が互換性をもつものと考えられている。しかし、立憲的憲法および立憲主義は、必ずしも近代固有のものとはいえない。

立憲主義という言葉の最もシンプルな説明は、国家の政治を憲法に基づいて行うことであるというものであるが、なぜ憲法に基づいた政治が求められるのであろうか。憲法に政治ないし統治を基づかしめる理由としては、治者の側からすれば統治権の安定化や統治の合理化といった利点があるからであろうし、治者の側からすれば、社会生活において予測可能性を得ることができるようになるということもあろう。しかし、国家の政治を憲法に基づかしめることのもっとも大きな理由は、治者すなわち権力保持者による権力の濫用を抑制し、被治者すなわち権力の名宛人の利益を守ろうとするというところにある。このような目的をもった立憲主義的試みは、すでに古代ギリシアやローマにおいて

もなされ、また、中世およびルネッサンス期のイタリアにおいても見られるといわれている。1215年イギリスのマグナ・カルタなども、身分的自由と身分制議会という形ではあるが、権利保障と権力分立を保障していた。以上のことから、近代立憲主義とは別の、古代の立憲主義、中世の立憲主義も存在するということがいえる。

　立憲主義が必ずしも近代固有のものでなく、したがって「近代」と「立憲」が互換的ではないのであれば、なおさら近代的・立憲的意味という言葉が重要になってくる。そして近代的・立憲的意味の憲法、すなわち近代立憲主義の憲法という場合、ここでは近代市民革命の成果としての立憲主義が内容とされなければならない。それは、中世立憲主義の身分的自由や身分制議会を前提とした権利保障、権力分立ではなく、身分から解放された個人を前提とした権利保障と権力分立である。以上のような意味で、近代的・立憲的意味の憲法という言葉は、「国民の」権利保障と国家権力の分立を内容とする憲法を表すということになるのである。さらに付け加えれば、この近代的・立憲的意味の憲法では、権力に対して自己の権利を保障される個人としての国民と、その保障のために権力を分立させられ抑制されるべき国家が直接対面することになる。

　以上のような近代的・立憲的意味の憲法としては、18世紀市民革命の理念の系譜を受け継いでいる現代の多くの憲法を挙げることができるだろう。アメリカ合衆国憲法、フランス憲法、そしてわが国の日本国憲法もそこに含まれる。ドイツ基本法も、名称という形式においてはそれらと異なるが、その実質をみると近代的・立憲的意味の憲法であるといえる。イギリス憲法も、憲法典の形式は備えていないが、実質はここでの意味で憲法であるといえる。

　それらと同様に、権力分立と国民の権利保障を備えているようにみえながら、必ずしも近代市民革命によらず、上からの近代化の中で制定された憲法がある。これらの憲法は、国民の側から、すなわち下からの近代化とこれに伴う権利保障に対応して制定されるのではなく、君主制を基礎として、主としてその体制を維持するために作り出される。先に挙げたように、憲法を制定する目的はいくつか考えられるが、ここでは国家権力の制限ではなく、国家権力の強化、すなわち君権の強調や安定という目的のために憲法が制定されるのである。このようなところでは、制定された憲法の内容も、一見、権力分立と国民の権利の

目録を掲げているようでありながらも、実際にはそれが実効的になされることはない。このような憲法を外見的立憲主義の憲法という。これに該当するものとして、19世紀ドイツのプロイセン憲法とこれを参考として作成された大日本帝国憲法が挙げられる。

　外見的立憲主義の憲法は近代西欧の下からの近代化の流れにのることができなかった国々で制定されたものであるから、国民個人の権利保障を基礎とし、そのための国家権力の制限を内容とした近代的・立憲的意味の憲法とは異なる。ともに近代に登場した憲法でありながら、内容的に真に近代的・立憲的意味の憲法であるか否かという観点からすると、憲法といえるもといえないものに分けられるということになるのである。結局、「外見的」と評価されずにすむか否かは、国民の権利保障のため、真に国家権力の制限が実効的に企てられているかどうかにかかっている。

(c)　憲法を制定することの意味——形式的意味の憲法の実質的意味

　以上で説明したように、形式的意味の憲法とは内容の如何に拘わらず、一定の形式を標識として把握されるものをいい、実質的意味の憲法は、逆に形式にとらわれず、一定の内容をもって定められるものであった。形式的意味の憲法は、特定の意味内容とは直接には関係を持たないが、成文化した法文を憲法という名をつけて法典化し、これに他の法律にまさる形式的効力を認めて改正を困難にするというやり方は、非常に重大な実質的意味を持っているのである（例えば、近代的・立憲的意味の憲法を成文化した最初のものとされるアメリカ合衆国憲法は、成文の憲法典を制定するということには、旧本国であるイギリスとの断絶を強調するものであったと同時に、各州（State）の合意に基づくものとしての合衆国連邦（United States）の性格を示すものとしての重要な意味があったとされる（樋口・憲法7頁以下）。

　憲法を成文化するということは、それまで人間意思を越えた「事物の必然」として所与の存在として統治のあり方を受け入れてきた考え方を、人間意思の所産としての統治のあり方をどのように創るのかという考え方に転換することを意味した（樋口・憲法9頁参照）。すなわち、統治のあり方は所与として当然に与えられるものではなく、国民の意思の所産として「創られ」なければならないという意味が、憲法の成文化に込められているということである。

憲法を社会契約の理論でとらえる考え方などは、社会契約や統治契約によって結ばれた国家という社会やそのなかの統治権を裏付ける契約書として、成文憲法典が位置づけられうるであろう。このような契約書は、これに国家が違反した場合、理論的には国民の抵抗権の基礎となるであろうし、また、実際の制度については、そのような国家の行為をチェックし、糺すという作用である違憲審査にとっての前提となるのであり、それ自体が憲法保障の役割を果たすものでもある。

3　立憲主義と「あたらしい」憲法

以上、憲法という言葉、概念について、憲法学において一般的に説明されてきたアプローチに従って整理してきた。憲法の概念という論点は根本的な問題でありながら、それゆえ概念的・抽象的問題であるから、日本では現実社会の問題と直接結びつけて論じられることは少なかったと思われる。しかし、このところ活発化してきた憲法改正論議において、国会では「近代立憲主義」という言葉が議論の中で普通に使われるようになり、このような状況との関係で俄然、憲法の概念や役割をめぐる問題が実践性を帯びてきた。巷においては必ずしもこの「近代立憲主義」という言葉の重要性が理解されているとは思われないが、実はこの言葉がどのように理解されるべきか、そのうえでそれを維持するかどうかが、憲法改正の可能性の現実化という状況に至って、大きく重要度を増してくるのである。

(1)　最近の憲法改正論議と「あたらしい」憲法

憲法改正論議の歴史は、日本国憲法制定、講和条約締結と流れていった戦後間もない時期から既に始まっており、その当時からいわゆる「押しつけ憲法論」と「自主憲法論」といわれる論理を中心として憲法改正が主張されてきた。60年代、70年代と、改憲論はやや沈滞したが、中曽根内閣が登場した80年代には再び政府与党を中心とした憲法改正論議が活発化した。その後東西冷戦の終結を経て、90年代から現在にかけて、湾岸戦争における自衛隊の海外派兵、周辺事態法、テロ特措法、有事法制の制定といった一連の軍事的拡大路線をとる政府の対応にあわせて改憲論議は進行している。

第 1 章　憲法の概念

　現在の憲法改正論議の背景には、90年代以降の国際・国内情勢の変化という事情があげられる。このことは多くの識者が指摘していることであるから詳細には立ち入らないが、簡単にいえば以下のとおりである。すなわち、冷戦終結後の世界において、アメリカの多国籍企業のニーズを駆動因として起こる経済のグローバル化と世界規模の大競争の状況と、アメリカの先制攻撃論、単独行動主義に基づく軍事的一局支配構造が出現した。日本としては、そのよう事態に対応するため、まずは経済的生き残りのための国際競争力の強化をなし、一方では日米の同盟を主軸とする軍事大国化、戦時国家体制の整備という国家戦略を前面に押し出すことになる。具体的には、構造改革の名の下で進められる規制緩和であり、他方ではそのような規制緩和の流れの中で行われる自由競争から脱落、落伍する者の不安や不満を吸収するために国家主義的、保守主義的なイデオロギーを前面に押し出すことが行われる。この際、テロリズムや大規模災害、少年犯罪や異常犯罪、あるいは共同体不在のゆえに生ずるとされる昨今の風潮に対する現在の社会の不安や不満が活用される（成島隆「21世紀型改正論の特徴」日本教育学会編『教育基本法改正批判』（法律時報増刊、2004）2頁参照）。

　そのような背景をもつ改憲の動きのなかで、1999年7月に憲法調査会が国会の両院に設置され、2005年4月に一応の活動を終了し報告書が提出された。また、同年10月28日、自民党の新憲法起草委員会が憲法改正案を公開した。これらの報告書ないし改正案は、ある程度妥協的産物であるから、改憲論者が指向している憲法改正の動きがそのまま反映されたものでは必ずしもないが、それらが腹蔵している基本的な意図は、少なからず表されている。

　この憲法改正の背景要因の1つに日米同盟を機軸とした軍事協力や海外派兵を可能にしようとする意図があったのであるから、9条の改正が眼目であったことは間違いない。ここでは、テロやその他国際的な不安定要因に起因する対外的な国民の不安や、他方で国際貢献のための日本の役割の強調を梃子（テコ）に、自衛隊の憲法的認知（軍として制式化することも含む）、積極的活動の許容、集団的自衛権の保持などが謳われる。このように自衛隊を対外的に活発に活動できるようにするといういわば対外的な面での9条改正は、同時に対内的な面、すなわち軍事体制を維持するため、および有事に対処するための一定の義務づけを国民に課すことを要求する。9条改正は、たとえば軍事機密の保護であるとか、

有事においての協力とかいったかたちでこれを国民に義務づける根拠を与えるものであり、また同時に、国民を義務づけることを許すような憲法体制を必要とするのである。

そのため、憲法改正を進めるにあたっては「近代立憲主義から一歩を踏み出し、憲法を再構築」する必要性あるいはそのような「あたらしい」憲法の必要性が唱えられる。この憲法の基礎には、「国家と国民の二項対立関係を克服し、新しい時代における権利関係、人間関係を考える果敢な試みを行う時期が来たこと」についての確信がある。すなわち、国家と国民を「ともに働く協働」関係の下にとらえようという基本姿勢に基づく憲法の構築である。

このような憲法を前提とすれば、たとえば国民の国防の義務も、マスメディアに対する軍事機密に関わる報道の禁止や有事体制への協力義務を課すことほとんど問題のないものになる。さらに、憲法に日本古来の伝統や文化の尊重、敬愛とかいったものや、家族愛や公徳心、愛国心などといった固有の価値を盛り込んで、これらに関連づけられた国民の義務を具体的な条文として明記することも違和感のないものとなる。

他方、かねてから保守的な層からなされてきた現行憲法の個人主義的価値観に対する批判が、憲法による国民の義務づけの動きに拍車をかける。自分の属している社会共同体を省みない、利己的で自己中心的な行動様式がはびこったのは、そのような戦後の個人主義を中心理念とする憲法の影響によるところ大である、という理屈である。それに対して、最近の少年犯罪や異常な、ときとして衝動的に行われる犯罪に対する一般の人々の印象や、個人主義に負うところが大きいとされる晩婚化、少子化などに代表される社会不安、これに突き動かされる人々の日常的感覚が呼応する。ハイテク技術のめまぐるしい発達にともなって生じた個人情報に関する不安、犯罪被害者の保護の要求、地球規模の環境問題に関する不安など、新たに生じた人権調整のニーズも、対応する国家の保護を求めるという文脈で、国民の義務づけを引き出す論理に結びつく。

憲法を国民に対する行為規範として位置づけようという考え方は、裏返せば権力者に対する制限規範としての憲法という考え方を捨て、権力者が自分に向けられた規範としての憲法を180度方向転換させて、逆に自分が国民に突きつけるための道具にしようという発想である。このような指向は、政府や保守的

な政治家の間には既に早くからあったのであり、決して最近に特徴的なことではない。ただ、そのような指向を正当化するためには、単に国民の義務づけを要求するような対外的・対内的な社会状況だけでは足りず、戦後から現在まで歴史を経てきた日本において、一定の支持を得られるような原理の助けが必要である。この際に持ち出されるのが、「主権者意思」や「国民主権」、「民主国家」であり、すなわち民主主義原理である。

(2) 立憲主義と民主主義

先に示した憲法調査会における自民党議員の発言の中に「国家と国民の二項対立関係」の克服や国民と国家が「共に働く協働」の関係にあるという言葉があったが、これがある程度説得力を持つのは、国家はもはや国民と対立するものではなく、ともに現在ある危機に対処できる関係にあることを証明しうるときである。戦後、国民主権原理の思想は広く日本の国家、社会に浸透し、国家はもはや国民の敵対物ではなく、国民意思の延長に国家の意思があるという状況が実現したということを信用するとき、上記のような言葉はわれわれの警戒感を弱め、関心をなびかせる。

ちなみに、立憲主義と民主主義は、ともに近代の憲法を支える基本原理であり、したがって日本国憲法の支柱でもある。この2つを関連づけて理解し、「民主主義は個人尊重を基本原理とするので、全ての個人の基本的人権が保障されなければ真の民主主義ではなく、したがって、人権保障を眼目とする立憲主義は民主主義と不可分である」（芦部・憲法17頁）という説明がなされることがある。また、立憲主義的憲法と同旨のものを指す言葉として用いられる近代的意味の憲法の構成要素として、人権の保障、権力分立と並んで、国民主権原理を挙げる例もある（田代他・前掲書24頁）。たしかに、近代立憲主義にとっては、これが目的とする人権の成立のために国民主権＝集権的国家の登場による個人の共同体からの解放が必要であったという意味で、国民主権原理が重要な働きをしていることは確かであるし（樋口・憲法11頁以下）、立憲主義のもとで保障される精神的諸自由が民主主義を機能させるために不可欠であるという関係があることもいうまでもない。ただし、人民主権の系譜にある社会主義国家の憲法が国家権力の制限にあまり関心を払わず、それどころかむしろ権力集中の原則を採用し、実際の運用においても必ずしも権力の制限と国民の自由の保障

がされていないという実例をみなくても、民主主義原理がある意味で徹底すると権力の制限の契機は薄まり、権力が個人の人権に対立するという事態が起こりうることも既に理解されているところである。こういった関係には注意が必要であり、権力を制限する原理としての立憲主義と、権力への国民の参加を確保する原理としての民主主義は別の問題であり、場合によっては相容れないこともあることを確認しておく必要がある。

　この点、最近の「あたらしい憲法」の構築論者は正面から立憲主義的憲法の克服を言っているのであり、その際に民主主義原理の浸透を前提としているわけであるから、両原理の緊張関係についはある程度正確に理解しているものといえる。そのうえで、もはやわが国では国会・政府が国民の利益に反する決定を下す心配はなくなった、日本では「治者と被治者の同一性」が実現しているとの前提に立つのである。

　しかし、治者と被治者の同一性が現実に実現しうるかどうかは別として、立憲主義は、そのように国家権力と国民を同質のものとみて「協働」をいう論法とは真っ向から対立して、国家権力を国民の永遠の他者とみなし、権力への懐疑を放棄することを許さない。立憲主義の前提とするところは、多様で一律に評価することのできない価値観や理想、ライフスタイルをもった諸個人であり、たとえ民主的決定をとおしてなされたものであっても、そのような国家の行為が個人の尊厳を侵すようなものであるときにはこれを認めることはない。仮に民主主義的手続の結果であっても、それを客観的、相対的に評価することを保障するのが、立憲主義の立場であるともいえる。

　多数決主義的民主主義をとる以上、多数者による少数者支配は必ず起こるのであり、そのような民主主義原理は、少数者の個性を侵害しうるという意味で、個人の尊重を基本価値とする日本国憲法の立憲主義とは少なからず緊張関係にある。

　このような立憲主義と融和しうるのは、多元的民主主義のほうであろう。憲法に特定の価値観（この場合、多様な価値を認めるべきという価値＝個人主義的価値は除く）を注入することは、この価値の押しつけを契機にして国家権力による個人の自由侵害が正当化されることになるという意味で立憲主義に反することになるし、個人の思想の多様性と少数者の権利保護を前提とした多元的民主

主義の解放性にも反することになる。

　「権力の座にある者はその権力を濫用しがちである」というモンテスキューの言葉を引くまでもなく権力濫用の危険は常に存在するし、意図的な濫用がなされなくとも、実際には国家権力担当者と一般国民の間には必ず意見の違いや異質な部分はありうるのであり、その部分には目をつむるということはできないであろう。また、繰り返しになるが、多数決主義的民主主義のもとでは、必ず多数者による少数者の支配という状況が生ずるのであるから、この点についても無視することはできない。

　以上のような意味からすれば、最終的に、憲法改正には立憲主義という限界があると考えてよいであろう。そう考えれば、憲法を国民に対する行為規範として再構成し、国民に憲法尊重擁護義務を課したり、そのほかの具体的な憲法上の義務を課すことは、現在の憲法とは全く逆の方向性をもった、別のものであるという意味で、まさしく「あたらしい」憲法の制定であるということになろう。しかし、見方を変えれば、この「あたらしさ」は、権力者としての君主・天皇の権力を強化し、統治権を合理化しようとした外見的立憲主義の憲法であったかつての憲法に立ち戻る「ふるさ」でもある。国民の名の下でそのような権力の強化・合理化がなされるか、神権天皇の名の下でなされるかの違いである。このような憲法を選択して新たな「一歩」を踏み出すかどうかを決める前に、個人の尊重や少数者の権利保護などの観点をふまえて構成されてきた現行憲法が果たしてきた役割を再確認しておく必要がある。そのうえで、現行日本国憲法が維持し、築き上げてきた財産を犠牲にすることにならないか、犠牲にしてもよいかということを慎重に考えておく必要があろう。

　今必要なのは、日本国憲法が想定している人間像を深く追求するとともに、形式的意味の憲法に込められた実質的意味を思い返し、また、固有の意味の憲法の中で歴史的な経験と見識でもってその実質を深められた立憲的意味の憲法の現代的意義をはっきりと認識し、再確認するということであろう。

4　憲法の「法源」

　「法源」とは、通常、法の存在形式を表す言葉であるとされている。憲法の

法源という場合、憲法という法がどのような法形式（形式的意味の法律であるとか、行政立法である命令、裁判所の定める規則、条例、あるいは条約などの成文法、不文法たる慣習法や判例など）をとって存在しているかということと関わる。たとえば国の統治の基本を定めた法が憲法であるとする場合、憲法は形式的意味の憲法すなわち「憲法典」が法源となるが、これだけでなく、国の最高統治機関の権能を規定した国会法や内閣法、裁判所法の基本的な規定も法源となるのであり、このようなときにはこれら形式的な意味での法律も憲法の法源であるということになる。

　憲法にどのような役割を期待するかということから離れて、客観的・学問的見地から憲法という存在をクローズアップしようという立場においては、憲法に期待する役割が有効に果たされるように憲法の範囲を画定する必要はなく、それぞれの客観的標識にしたがって憲法の特性を定め、このような特性を持つものを憲法の法源とすればよい。他方、憲法に公権力の制限とこのことによる国民の人権保障という役割を期待する立場（実践的な解釈学説の１つの立場）においては、国家権力の行為を憲法との適合性の審査において判断することが重要なのであり、その際には違憲審査の基準として用いられうる憲法とは何なのかといったことが問題となる。ここでの法源の範囲は、それぞれの解釈学説ごとの公権力の制限と人権保障の程度やあり方などに関する考え方によって異なってくる。

　つづけて立憲主義的立場と法源の関係でいえば、個人が自らの自由の保障とこのための公権力の制限を権力担当者との間で約束し、このことを明示的な契約書の形で残すことによってそのような内容を実質的に確保しようとしたという意図が形式的意味の憲法に反映していると考えるならば、憲法の法源を形式的意味の憲法、すなわち「憲法典」に限定するという立場も理解できる。ただし、そのような厳格な憲法典主義は実際には困難であろう。

　そのような実際の困難をおくとしても、違憲審査の際の解釈基準は「憲法典」以外にも求められることは避けられず、また、そのようにすることが望ましい場合もある。たとえば、現在の日本の法にはいわゆる「基本法」と呼ばれる（国会が制定するという意味での）形式的意味の法律がある（たとえば、原子力基本法、農業基本法、中小企業基本法など）。これらのなかで教育基本法は憲法の

教育権に理念を具体化・詳細化し、このことによって憲法の規範内容を充足する働きをしている。このような法律はほかにもあろうし、また、生活保護法は、抽象的権利説を前提とすれば、この法律によって既に達せられた生存権保障の基準を後退させることは許されず、また同法が憲法25条と一体となって生存権的請求権の根拠となるとされているのであるから、このように考えると、「憲法典」のみ、とこだわることは不都合であると思われる。

　ただ、憲法典以外に憲法の法源を求めうるとしても、無定見にそれを求めることは、立憲主義の立場からすれば憲法に期待される演ぜられるべき役割を阻害することもありうる。たとえば、政府等の国家機関による憲法の運用が不文法たる憲法習律や憲法慣習として法源に加えられるときには、公権力を制限すべき憲法のまさに公権力へのコントロールが弱められることになる。現在の日本では、国家固有の権利としての自衛権の保持であるとか国家の本質論であるとかの不文法が憲法解釈の際に明文の憲法規定にときには優越するものとして持ち出されている。このような不文の「法源」が憲法の権力コントロール機能や人権保障機能を弱めていることは自明であり、違憲審査に際して裁判所が援用するときには、これがさらに判例という不文「法源」となる。なおさら権力コントロール機能を減退させることになる。こうなると裁判所に期待される憲法保障機能は不全の状態に陥ることになる。

　以上のような「法源」の拡張ではなく、憲法の拠って立つ普遍的原理や価値が憲法法源として認められるときには、公権力へのコントロールと人権保障機能は高められることになる。国際条約のうち、人類普遍の原理としての人権保障を促進しようとする法を「法源」とすることも、同様の効果をもたらすとおもわれる。

5　憲法と「憲法裁判制」——憲法保障の類型

(1)　狭義の「憲法保障」と広義の「憲法保障」

　憲法保障は多くの概説書では違憲審査の類型論の中であつかわれる。いわゆる英米型の違憲審査性（私権保障型）と大陸型違憲審査性（憲法保障型）の対比の中で、前者は主観的権利を侵害された個人の人権（私権）の保障を第一義的に

遂行することを特徴としているのに対し、後者の類型は憲法秩序の保障を第一義的な関心事としているとして、両者のコントラストの中で後者の類型を強調する際に「憲法保障」型という言葉が用いられる。この際「憲法保障」という用語は狭義で用いられている。

　私権保障型の違憲審査制と憲法保障型の違憲審査制は、直接の目的は異なってはいるが、ともに最終的には憲法秩序の維持に資するわけであるから、両者ともに広い意味での憲法保障の機能を果たす制度であることは間違いない。個人主義的な立憲主義の憲法は究極的には個人の尊重を目的としており、そのための個人の人権保障が主要な機能である以上、そのような憲法のための違憲審査制は、個人の人権の保障を目的としているはずである。個人とは離れて独自の憲法秩序の存在を認めてこれを保障するというのでない以上、大陸型の憲法保障型違憲審査制も、究極的には私権保障型の違憲審査制と共通の目的を有しており、翻っていえば、憲法の機能である個人の人権保障を直接の目的とする英米型の私権保障型も、広い意味での憲法保障機能を果たすのである（なお実際には、両者の間には審査主体や手続の面で合一化の傾向があるといわれている。ドイツでは憲法裁判所の手続の中で個人を当事者とする憲法訴願制度の利用が割合を増しているし、一方アメリカでは、当事者の権利救済という直接の効果を越えた不特定多数の国民に対する違憲性の回復機能が裁判所によって果たされるようになってきたという事実がそのことを表している）。以下では違憲審査制を含めた、広い意味での憲法保障を見ることとする。

(2) 憲法保障の類型

　この章の冒頭で述べたように、憲法の存在意義を認めそれに何らかの役割を期待する以上は、どのような役割を期待するにしても多かれ少なかれ、憲法の安定性・恒常性が必要とされる。このことは、とりわけ憲法の存在目的を個人の尊重におく立憲主義的立場においてはより強く要求される。そもそもこのような立場においては、憲法の定めている内容が実現されている状態自体が自らの保障なのであり、この意味で憲法の規定のほとんどが憲法保障として機能するのであるが、以下では憲法の保障として一般にとりわけ指摘されているものを示す。

　① あらゆる国家機関やその構成委員すなわち公務員に対して憲法を遵守す

ることを誓わせ、憲法尊重擁護義務を課すこと　これは日本国憲法では、第99条に規定されている。日本国憲法上は、この義務は法的なものではなく、政治的義務にとどまるとするのが通説である。

　国会議員や閣僚が憲法の批判や改正を表明しても、このことをもって何らかの法的責任が追及されることはない。このような責任を追及する法的手続が規定されていないからである。むしろ憲法は民主的手続での政治的責任に委ねている。ただし、政治的責任であるがゆえに、重要な職責にある者についてはより厳しい責任追及がなされることとなろう。

　② 権力分立によって国家の諸機関相互の均衡抑制を図ること　三権の分立、国会については二院制、各国家機関内部での合議制の仕組み、地方と中央政府の分離（地方分権）などがここに含まれる。

　③ 国政運営過程の公開と表現の自由の保障　情報公開制度の整備、マスコミの報道の自由の保障は現代的な問題性の中で議論されているが、憲法保障の機能を果たすものとしてこれらの重要性を見落としてはならない。

　④ 憲法裁判制ないしは違憲審査制　国家の行為の憲法適合性の確保のため、これらを裁判手続でコントロールすること。憲法以下その他の法のみを根拠として、他の国家機関や勢力から独立して裁判を行うことのできる裁判所がこの役割を担う。私権保障型と憲法保障（狭義の憲法保障）型があるが、組織の権限や手続上の相違であり、究極的には国家機関の行為を監視し、もって憲法秩序や人権を確保するものである点で共通する。

　憲法保障という言葉は、憲法を僭脱や侵害、破壊から保護するというニュアンスがあり、消極的なものととらえられがちであるが、現代の憲法は少なからず国家機関に対する命令規定や義務規定を含んでいる。憲法の内容の実現も憲法保障の役割であるとするならば、そのような国家に対する憲法上の命令や義務規定の保障もここで考慮しなくてはならないであろう。憲法上の禁止規定の保障（防御的保障）と憲法上の命令規定の保障（積極的・創造的保障）が、ともに憲法保障の内容となる。防御的保障に関してはここで言及している違憲審査をとおして裁判所による保障が積極的になされるべきであるが、積極的・創造的保障に関しては、そこで問題となる憲法上の命令規定の名宛人が誰であるかを考慮して（この際には当該規定の文言、命令の性質などが考慮されなければならな

い)、場合によっては裁判所による憲法保障は二次的なものにならざるをえないことがある。

　⑤　憲法の破壊の危機に対処する仕組み　　ここには憲法秩序の破壊を企てるものに対する基本権行使の資格の停止措置の制度と、外敵や自然災害を原因とする憲法秩序の破壊の危機などの非常事態の際の国家緊急権が含まれる。前者の例はドイツの基本法（条文の根拠としては同法第18条・第21条2項がある）にある「闘う民主制」の制度で、自由の敵には自由を与えないという考え方に基づく。日本国憲法にはこのような制度はなく、憲法秩序に敵対的な意図を有する者であっても、その意図を実行に移さない限りは人権の剥奪は許されない。

　いわゆる「有事」や災害時の国家の緊急権に関しては、憲法上は予定されていない。日本国憲法の平和主義に鑑みて、むしろ憲法はこのような場合における国家の緊急権は認めない趣旨であると思われる。国民の自由を侵しがちであるという国家権力に対する警戒の姿勢をつらぬいていると思われる。

　⑥　硬性憲法の技術　　通常の法律に比較して相対的に改正手続のための要件を厳しくした96条の規定がこれに当たる。ただし、この「硬性」は相対的なものにとどまり、改正の可能性を小さくしたにすぎない。実質的に硬性とするためには、憲法改正に内容的な限界を設ける必要がある。実質的硬性といっても実力や破壊の事実に対しては無力であるが、憲法の拠って立つ個人主義的立憲主義の立場が普遍的であるということを信じ、これが憲法改正の限界を画するというのであれば、制度的な考え方として憲法改正手続に対する違憲審査も検討すべきであろう。

　⑦　抵抗権　　これは究極的には対公（＝制度）的権利であり、それゆえ憲法も含めた公的制度での実定化にはなじまないものとされている。制度化された公権力に対する抵抗権という意味では憲法の保障する人権がそれに当たり、これらは実定化された抵抗権ともいえる。超憲法的憲法保障としての抵抗権は、人権保障やその根本にある個人の尊重が憲法で維持されているときには必要ないが、究極目的に立脚しない憲法への改正や制定がなされた際、超憲法的な権利であるがゆえに、そのような改正・制定を否定することの根拠となりうるかもしれない。

第1章　憲法の概念

【参考文献】
　栗城壽夫・戸波江二編『憲法』(青林書院、1995)
　全国憲法研究会編『憲法改正問題』(法律時報増刊、2005)
　田代菊雄・松山忠造・葛生栄二郎・真鶴俊喜『平和と人権〔改訂版〕』(法律文化社、2004)
　松井茂記『日本国憲法〔第2版〕』(有斐閣、2004)
　水島朝穂編著『改憲論を診る』(法律文化社、2005)

第2章　国家の概念

　法の世界における国家の役割は希薄なものになったといわれることがある。国民国家の自明性の動揺である。対外的には、EU に見られるような国家をこえる国家統合の進展、ボーダレス・エコノミーや多国籍企業が意味している国境を越えた人的・経済的交流の発展、民間の非政府組織（NGO）や地方公共団体等による国際交流ないし外交活動等が見られ、他方で、国内的には、地方自治体による条例制定を通じた積極的な環境保護や情報公開への動きなどが見られるのである。しかし、こうした見方は一面的であり、重要な側面を見落としている。すなわち、国際的な場面にせよ、国内的な場面にせよ、最終的には、国家が環境保護や情報公開、経済政策等を推進し、私的・公的団体の活動を支援することによってはじめて、それらの超国家的団体や国内団体が国際的・国内的展開を行うことができるのである。したがって、現代においてもなお、国家の役割は依然として重要である。以下では、国家の概念を中心として、基本的な問題点を採り上げて検討することとする。

1　国家の概念

(1)　さまざまな国家概念

　国家とは何かという問いは、古くから論じられてきたテーマである。そこでは、事実上の実力として構成する見解、法によって限定された実力として構成する見解、一種の正当化を問題とする権威として構成する見解など、様々な側面からのアプローチがなされてきた（ダントレーヴ・後掲）。

　ドイツの国法理論・憲法理論においては、人間が理性に基づく自然法により、「契約」を通じて国家を設定したとする「自然法的憲法理論」、国家とは道徳国

家を法によって実現する存在であり、ここでいう道徳国家とは神から与えられた国王の権力に国民が従うことで実現されるとする「神学的国家論」（シュタール等）、国家と生物とを類似のものと見て、人間の意思や神から独立した合理的な統一体として理解する「国家有機体論」（ブルンチュリ等）がある。「自然法的憲法理論」は、自然法論や社会契約論の影響を受けて成立したが、その後、反動的な理論として主張されたのが後2者であった。このうち、保守的立場から主張されたのが「神学的国家論」であり、自由主義的立場から主張されたのが「国家有機体論」である。ただ、どちらも「国家や法の基礎を超個人的なものに求めるという点では共通」（小林・後掲128頁）していた。

　その後、19世紀70年代の半ば以降に主流となったのが、「実証主義的憲法理論」（ゲルバー、ラーバント）である。これは、憲法秩序を所与のものと見て、法学以外の政治的・哲学的・倫理的考察方法を排除し、法学的な方法によってのみ憲法理論を構築しようとする立場である。この立場は、国家を独自の人格と見て、国家そのものが国家権力・支配権力の主体であること、国家が完結した統一体として存在し、一方的な命令や強制を本質とするものであること等を主張する「実証主義的国家人格論」を生み出した（栗城・後掲［1997］13、14論文）。他方、イェリネックは、法体系を完結したものと見る「実証主義的憲法理論」を批判し、国家を法学的側面だけでなく社会学的側面からも考察しなければならないと主張した。イェリネックは、国家が、領土、国民、公権力（主権）の三条件が満たされた場合に存在するとする「国家三要素説」を主張した。以下では、この説が挙げる3つの要素について、立ち入って検討することとしたい。

(2)　国家三要素説

(a)　領　　土

　領土のない国家は存在しないという意味で、領土は国家の一要素となる。領土には、重要な政治的機能が存する。第1に、領土は、国民が具体的現実の存在となるための条件である。すなわち、それは、土地と国民概念との結合を実現させることとなる。国民の概念は、隣接の団体との区別によって自らを認識させうるものであるため、団体の統一体の要素となる。第2に、領土は、権力者にとって独立の条件でもある。権力者となるためには、自らの領土にいなければならず、そうなるための最も良い方法は、その領域の限界を線引きするこ

とである。この考え方を法的に表現すれば、領土は権限領域の確定という機能を果たすということになる。しかし、実際には、住民は領土外で生活することもあり、また、領土内の支配権力は、国際関係の良き調和にとって不都合な競争を誘発することもある。

(b) 住　　民

限定された人々の総体が、他の者を除外して決定された法秩序に従う場合に、国家について語ることができる。この人々の総体は、国家の住民とよばれる。通常、住民は、何らかの共通の特徴を有するものであるが、それが何であるかは、国家や時代によって異なりうる。例えば、住民の総体が一定の法秩序に従うという以外の共通の特徴を持たない、ということがありうる。そこでは、言語、民族、宗教等の点、また、住民への帰属意識や国家への忠誠の観点等において、きわめて重要な違いが存在しうる。しかし、それでもやはり、その人々は、国家の住民を構成しているといえる。他方、住民が他の共通の特徴、特に、基本価値や国家自体への同意、および同じ人民に帰属しているという意識、ならびにその統一体を守るという意思を示している場合にのみ、国家は十分に機能し得るものと考えることはできる。このような住民は、特に「国民」とよばれることがあるが、国家の条件は、国民の存在ではなくただ住民の存在だけと考えることができる。

(c) 公権力（主権）

以上の領土と住民は、政治権力に従わなければならない。国家の第3の存在条件は、一般に公権力ないし主権と呼ばれている。ここで、国家に固有の権力の特徴は何か、という法的問題と、国家権力への同意およびその正統性は必要か、という社会学的・政治学的問題とを区別しなければならない。

まず、社会学的観点からは、国家は、単なる実力の行使によってその権力を維持することはできない。それをするには、臣民、あるいは少なくとも一部の臣民の同意が恒久的に必要と考えられる。同様に、国家は正統性をも必要とする。すなわち、治者に対する権力の付与およびそれに従う義務を正統化する理由である。マックス・ヴェーバーは、正統性を3つのタイプに区別した。それによれば、権力の正統性として、伝統（君主制）、カリスマ（帝政）、合理性（官僚制）が挙げられる。

他方、法的観点からは、同意も正統性も国家の要素ではあり得ない。なぜならば、臣民の同意が欠け、また、正統性が疑問視される場合でも、やはり国家であるということはできるからである。したがって、国家を特徴づけるものは、それが特別な種類の権力、他のすべてのものに優位する権力、すなわち「主権」と呼ばれる権力を行使するということである。

2　国家の発生

国家の存在は永遠不滅のものではなく、国家内部で分裂したり、あるいは国家分裂へ向けての動きが見られることがある。反対に、国家は初めから存在したものではなく、始まりがあるはずである。ここでは、国家の始まりの問題、その発生の問題を検討しておきたい。この点に関しては、近代国家形成史と国家に関する理論とを区別する必要がある。

(1)　近代国家の形成

まず、現実の近代国家形成については、封建制度から近代国家の誕生のプロセスを追うことが重要である。

中世社会の特徴として、封建制度を挙げることができる。これは、人々が身分制秩序に基づいて分化され、主君が、特権的身分を有する家臣との間の契約関係を通じて、間接的に人々を支配・統治するものである。そのため、封建制度は、主君と家臣との間の契約関係、および、家臣と人々の間の支配関係という2つの構造を有していた。前者の関係では、①家臣が、主君に対する忠誠義務、軍事や経済面(主君が捕虜となった場合の賠償等)での援助義務、裁判その他で主君を助ける助言義務等を負い、②主君が、土地や官職、金銭、徴税権等の封を授与する義務を負っていた。他方、後者の関係では、荘園制(領主がその土地を耕作する農民を支配する制度)が特徴であったこと、農民は、農耕や伐木・土木工事等の賦役義務および地代の貢納義務を負っていたこと、領主は、土地所有権だけでなく、裁判権や警察権など公的権限をも有していたこと等が指摘できる。

ところが、封建制度は、中央集権化をめざす国王の努力によって解体されていく。その結果生まれたのが絶対君主制である。この絶対君主制の下では、も

はや国王以外には領域支配権を有する者は存在せず、ここにおいて、封建的支配から個々人が解放されていくことになる。国王の絶対的な権力を正当化するために発明されたのが「主権」であり、「主権」の理論化・正当化に貢献したのが、ジャン・ボダンであった。ボダンによれば、主権とは、「一国家における市民および被治者に対する、最高にして絶対的、かつ永久的な権力である」（ダントレーヴ・後掲123頁）。ここにいたり、近代国家が誕生するのである。主権者は、人権を有する個人を封建制度から解放する過程が近代化であった。そのため、主権と人権が近代憲法学の基本概念と考えられるのである。

(2) 国家の正当性

なぜ、国家の存在を正当化できるのか。この点については様々な説が存する。ここでは、近代憲法理論を築くきっかけとなった「社会契約論」を説明する。社会契約論は、国家の存在しない「自然状態」を想定し、ここにおいて存する危険を回避するために人々が相互に契約を結び、創造されたものが国家であるとする説である。この説の代表的な主唱者には、ホッブズ、ロック、ルソーがいる。彼らの共通点は、自然状態と社会状態とを区別する点、社会・国家は契約により創造されるとする点である。

しかし、彼らの相違点も存する。相違点に留意しつつ、三者の思想を検討したい。まず、イギリスの思想家トマス・ホッブズである。彼は、『リヴァイアサン』で国家論を展開した。ホッブズの時代は、ピューリタン革命や王政復古、名誉革命という、王党派と市民革命派との間の抗争が続く混乱の時期であったため、彼の中心的課題は、近代国家の内部で、いかにして平和と秩序を確立するかという点にあった。まず、自然状態における人間像について、ホッブズは、それを平等・自由な存在であり、「自然権」（自らの生命を維持するために欲するままにその力を用いる自由）の享有主体として描く。このような人間は、相互不信と恐怖を抱えるようになり、やがて「万人の万人に対する戦争状態」をもたらすとする。こうした状況から脱し、平和と秩序ある生活を確立するには、強大な権力を持った「コモン・ウェルス」（国家）が必要となる。かくして、人々は、自らの自然権を放棄し、各人との間で契約（社会契約）を結び、ある人（君主）またはある合議体（議会）に自らを代表して行為する権限を付与することが必要となる。成立した国家は、絶対・不可分・不可譲の主権を有する存在で

あり、主権者の命ずるところが法となる（法実証主義）。

　同様に、イギリスの市民革命期のジョン・ロックの思想も重要である。彼の『市民政府論』も、ホッブズ同様に自然状態から社会状態・国家を人々の契約によって作り上げる論理を展開する。しかし、ホッブズと異なる点も存する。第1に、自然状態の捉え方である。ロックは、自然状態においても自然法（理性の命令、他人の自然権の承認）が存在し、人々は、平和と善意と相互扶助の状態で生活することができる、とする。そのため、自然状態であっても、「万人の万人に対する戦争状態」とはならないとする。第2に、社会契約の目的である。ホッブズの場合、社会契約は人々が「戦争状態」から免れるために締結されるとされているが、ロックの場合は、自然状態では生命・自由・財産の保障が不確実であり、それらの保障を確実なものにするために社会契約が締結されることとなる。第3に、抵抗権・革命権（政府を作り替える権利）の承認である。ホッブズは、統治する者の絶対的な権力を承認することで自然状態に回帰することを阻止しようとした。他方、ロックの場合、自然状態が一定の秩序と平和が保たれた状態であるため、再び自然状態になることを拒否する必要がなくなる。そこで、人々から統治権力を「信託」された政府は、不当な国家権力の発動を理由に人々によって信託契約を解除されうるのである。ロックは、これを抵抗権・革命権として構成している。

　フランスにおいて、革命に多大な影響を与えたのがジャン・ジャック・ルソーである。ルソーは、『人間不平等起源論』および『社会契約論』において、独自の社会契約論を展開した。第1に、自然状態の理解である。ルソーによれば、人間は自然状態では孤立した存在とされる。そこでは元来、不平等状態は存在していなかったが、やがて、他者と交流するようになると、他者との比較、不平等、虚栄・軽蔑・恥辱・羨望、堕落が生じるとされる。第2に、社会契約の目的と内容である。自然状態におけるこのような状態から脱し、理想的な道徳的共同体の創設と各構成員の身体と財産の保護を図るために、社会契約は結ばれる。また、その内容は、身分およびその権利を放棄（全面的放棄）し、それを共同体（すべての人々の結合により形成される団体）に譲渡すること、その際、個々人は、他のすべての構成員と契約を締結すると同時に、自分自身とも契約を締結するという二重性を有すること、設立される共同体というのは、個人が

統治を委ねる「他者」というだけではなく、正にその統治を行う「自己」でもあるということ等の特徴を有する。第3に、創設された国家の政治原理についてである。国家の主権者は、かくして「自己」、即ち全体としての人民ということになる（人民主権）。人民は、共同体の共通の関心事・利益を実現する力＝「一般意思」＝主権を有することとなり、それが不可譲・不可分であることが強調されている。この思想の影響は、「法律は、一般意思の表明である」とする1789年の「人および市民の権利宣言」の規定（6条）にも見られる。

3　国家と法

　国家は、次のような本質的特徴を有している。即ち、国家と市民社会との区別である。国家は、その権力を市民社会に対して行使し一定の社会的職分を果たす。例えば、正義を確保し、経済政策を行い、教育や国防を担う（もっとも、民主主義の発展と福祉国家原理の普及により、国家と社会とは結合ないし融合していると言われる）。また、これらの職分は、法の形式によって行使される。国家は、様々な活動を対象とする法を発するのである。ここにおいて、国家は「法の生産者」となる。ただ、ここで問題が生じる。国家が法の生産者であるとすれば、国家自身が法に従うと考えることができるのかどうかという問題である。国家と法との関係をどのように考えるべきか。

(1)　2つの二元論

　この問題について考える際、一般に国家と法とが別々の存在であると前提されていることが多い。その際、2つの解決が可能である。第1に、自然法論の立場である。これは、実定法、即ち国家によって制定された法の上に、国家を拘束する自然法が存すると考える立場である（序章参照）。したがって、国家は、法に従わなければならず、この従属を保障するメカニズムを創設しなければならない。第2に、実証主義の立場によれば、国家によって制定された、国家意思の表明たる法以外には法は存在しないことになる。したがって、国家は、自らの意思にのみ従うこととなるため、法に従うことはできない。このような考え方を、「自己制限説」という。

　以上の2つの立場は、相容れないものであり、どちらかに与することによっ

て、法における数多くの理論的な議論に参加することができる。こうして、国家と法との関係について解決を提示した者は、自然法論か法実証主義かに属することとなる。

(2) ケルゼンの一元論

他方、ハンス・ケルゼンによれば、国家と法との関係の問題は、誤った問題設定であったとされる。国家と法とは、実際には2つの異なる名前で呼ばれる同一のものであるにもかかわらず、それらが別々の存在であるかのように語られてきた。この一元性の1つの証明は、国家の伝統的な定義に関わる。ケルゼンによれば、国家を定義する際に役立つ3つの要素、人民、領土、公権力は、国家自身によってしか定義され得ない。しかし、このことは、それらが法によってしか定義され得ないことを意味する。実際、人民は、一定の法秩序に属する規範に従う人間の総体であり、領土は、その規範が適用されうる地域である。また、公権力は、その規範によって授権された権力を意味する。即ち、国家を定義することは、法を定義することなのである。したがって、国家と法とは、同一の現象でしかないのであり、一方が他方に拘束されるということはあり得ない。

(3) 法治国家論

国家と法との関係に関する現代のイデオロギーに、「法治国家論」がある。これは、19世紀ドイツの法律家による研究から発展したものである。この理論は、今日では広く普及してはいるが、実は、異なる理念が含まれている。

第1に、国家は、専ら法の形式を通じて行動するということである。これは、国家機関が、より一般的かつ先在する規範を適用する以外には、行動することができないということを意味する。そのため、この理念は、恣意の危険に対する保障という意味を有する。これを「適法性の原則」と呼ぶ（形式的法治国家原理）。しかし、この第1の原理は、それ自体抑圧的な法律に対しては機能し得ない。そこで、第2に、法治国家論は、法律をより高次の原理に従わせることをも意味すると解するようになる（実質的法治国家原理）。これは、法律に対する違憲審査を認める見解となる。

この意味での法治国家論は、法による国家の拘束をうまく説明しうるものと考えられそうである。しかし、ここにも2つの異なる理解が存在する（Cf. F.

Hamon et M. Troper, Droit constitutionnel, p. 77 et 78.)。第 1 の理解によれば、法律を越える原理とは、「始源的憲法制定権力者」が憲法に記載したものをいうとされる。これによれば、立法者を法によって拘束することが可能となる。しかし、実は、この考え方では、国家を全体として制限することはできない。その理由として、①国家機関たる裁判所は、諸原理が侵害されたかどうかについて判断するための広範な裁量権を有していること、②国家は、自らが遵守しなければならない諸原理を、憲法改正手続を通じて修正できることが挙げられる。

第 2 の理解によれば、法律を越える原理は、単なる実定法の原理ではないとされる。それは自然法の原理であり、憲法前文や人権宣言での声明の対象となりうるものではあるが、しかし、それらの条文の規定から、効力や価値を引き出すことはできない。これは、先だって存在し、人間が本来的に有している権利を厳粛に確認するだけの「宣言」でしかないからである。この考え方は、2 つの重要な説示を含んでいる。1 つは、権利宣言がなかったとしても、また、諸原理が憲法前文で言及されていなかったとしても、それは、国家、とりわけ立法者を拘束するという点である。2 つは、それが宣言の対象であったとしても、裁判官が法律の統制に際して適用するものは、宣言の条文ではなく、自然法の原理なのである。裁判官はこの原理を、適切な方法によって発見することを任務とする。以上の第 2 の理解によれば、高次の法による国家の拘束が説明されうる。もちろん、その場合でも、自然法論固有の問題点を抱えることとなる。

4　国家の「組織形態」

国家の「組織形態」とは、国家の法秩序の形態、および、規範の空間的妥当性の範囲、ならびに、規範が定められる方式によって決定されるものをいう。ごく小さな国家の場合を除き、法秩序においては、すべての規範が、全く同じ空間的妥当性の範囲を有するわけではない。国家全域において妥当するものもあれば、この範囲の一部についてしか妥当しないものもある。前者を「国家規範」と呼び、後者を「地方規範」と呼ぶとすれば、国家の組織形態という問題は、第 1 に、国家規範が規律する領域と地方規範が規律する領域との間での事

項の配分、および、地方規範を定める方式に関わっている。このようにして、2つの組織形態、即ち単一国家と複合国家とを区別することができる（以下の説明については、F. Hamon et M. Troper, Droit constitutionnel, p. 78 et s. 参照）。

(1) 単一国家

単一国家とは、地方規範の制定が、国家規範によって承認された場合にしか認められない国家をいう。ここには中央権力しか存在せず、国家機関が、国家規範を直接的に制定し、地方規範を間接的に制定することとなる。

しかし、単一国家の中にも重要な違いが存する。第1に、「集権的単一国家」と「分権的単一国家」の区別である。前者においては、すべての規範が中央の国家機関によって制定されるのに対し、後者においては、地方規範は、地方規範の拘束を受ける機関によって、あるいはその機関が選任する者によって制定される。また、第2に、「地方分権（ディセントラリゼーション）」と「地方分散（ディコンセントレーション）」との区別である（岩崎・後掲4頁は、後者を「出先型分権」と呼ぶ）。地方分散国家においては、地方規範は、委任を通じて、中央機関が任命する担当官により制定される。この担当官は、ヒエラルキーの一部であり、上級機関の統制に服する。地方分散は、地方分権の一形態ではなく、中央集権の一部である。

地方分権が最も進むと、それは「地域圏国家（Etat régional）」と呼ばれる。そこにおいては、比較的広域の地域圏に編成された地方の規範事項は、その自治を法律ではなく国家の憲法から与えられる。その方式には2つあり、第1は、憲法が、国家法律でも改正し得ない事項のリストを地方規範に与える場合である。第2は、スペインのように、憲法が、一定の範囲内で地方機関の組織や運用形態を決定することを、地域圏に認めるところまで及ぶ場合である。それは、後述する連邦国家に限りなく近づくこととなる。

(2) 複合国家

複合国家は、各構成部分を結ぶ関係の厳格さによってさまざまな性質を持つ。「国家連合（confédération d'Etats）」と「連邦国家」とに分けて説明することとする。

(a) 国家連合

複数の国家が国際条約によって集合し、組織された共同体を構成する場合、

これを「国家連合」と呼ぶ（岩崎・後掲2頁は、これを「連合型分権」と呼ぶ）。この国家形態の特徴として、①条約に加盟した諸国家は、連合の構成国となること、②条約は、中央機関を創設することができ、この機関は、条約で列挙された一定の職務を実行するための権限を有すること、③一般的に、この機関を構成するのは、選挙された議員ではなく各政府が任命する国家代表であること、④多くの決定は全員一致でなされるが、重要ではないと判断された問題については、多数決で処理される場合もあること、⑤連合それ自体は国家ではないため、主権を持つものではなく、各構成国が主権を持ち続けること等が挙げられる。歴史上の例としては、1788年に合衆国憲法が発効する前の「アメリカ連合」、1815年のウィーン会議の結果生まれた「ドイツ同盟」等がある。

(b) 連邦国家

連邦国家は、他のすべての性質を示している。創設された共同体は、次の2点において真の国家である。第1に、国際法上の意味において、それ自身が唯一の国家である。構成国家を除いて、それのみが、通常国際関係を持つことができる。第2に、国内法上の意味において、連邦国家は憲法を有し、国家の3つの権限、すなわち立法権、執行権、裁判権を行使する。構成国家に関しては、それも同様に憲法を有し、3つの権限を有している。

連邦国家では、2つの原理が認められる。第1は、「参加の原理」である。これは、構成国家が、連邦国家の決定形成に参加することを意味する。特にすべての連邦国家においては、構成国家の代表から構成される第二院が存在する。第2は、「自律の原理」である。これは、構成国家がその固有の憲法を確立し、固有の法律を採決し、それを執行し、自らの治者を選任し、司法機関を有することを意味する。

しかし、構成国家と連邦国家との間の関係は、次の4点でヒエラルキーの構造となっている。第1に、連邦の機関、とりわけ立法機関の権限・管轄を決定するのは、連邦憲法であるという点である。そのことは、連邦憲法が構成国家の権限・管轄を決定することを意味する。したがって、構成国家は、連邦の規範から自らの権限・管轄を受け取る。これは、単一国家における地方機関が国家規範から自らの権限・管轄を受け取るのと同様である。第2に、構成国家は連邦国家とは異なり、その固有の管轄事項を決定する権限を有してはいないと

いう点である。この種の権限は、「権限－権限」と呼ばれることがあるが（シュミット・後掲475頁）、これを持たない構成国家は、したがって主権を持つものではない。第3に、連邦憲法は、構成国家の憲法よりも優位するという点である。構成国家は、憲法を持つことができる。しかし、連邦憲法は、構成国家の憲法制定権力を制限することができる。第4に、構成国家の法律は、その固有の憲法だけでなく、連邦国家の憲法にも適合していなければならないという点である。

(c) 欧州連合

欧州連合（EU）は、国家連合なのか、それとも連邦国家なのか。まず、これは連邦国家の特徴を示している。即ち、重要な事項における極めて広範な権限、「超国家的」機関の存在、直接普通選挙で選任される欧州議会の存在、国家領域における欧州規範の直接適用、欧州裁判所の判例、国内法に対する欧州法秩序の優位等である。

しかし、そこには連邦国家であるための重要な性質が欠けており、そのため欧州連合は1つの国家ではない。第1に、その権限の基礎は、憲法ではなく国際条約に存するという点である。欧州連合は、その条約を改正することはできず、それは批准国によってしか改正され得ない。第2に、欧州連合は、次の2つの意味で主権を持たないという点である。即ち、その固有の権限も諸国家の権限も、決定する権限を持たない。また、国家によって移譲された権限しか行使することができない。第3に、各国家は主権を維持しているという点である。各国家は欧州連合の権限を保持してはいないが、その固有の主権はなお有している。即ち、各国家は、主権を有するからこそ権限を欧州連合へ移譲できたのであり、他方で、条約を破棄することで、その権限を取り戻すこともできるのである。

他方、欧州連合は、国家連合の特徴を示している。即ち、条約に基づいて創設されていること、自らに移譲された権限しか有していないこと、各国家は国際法上はなお主権を維持していることである。

しかし、以下の事情を考慮する限り、欧州連合は国家連合ではない。即ち、各国家は、欧州連合に加盟するために、国民主権原理に反する条約を批准しなければならなかったという事情である。フランスの憲法院は、マーストリヒト

条約とアムステルダム条約に関し、それが「国民主権の行使の本質的条件」を侵害すると確認した。そのため、両条約は、憲法改正の後でしか批准され得なかったのである。憲法改正を経た後でなければ加盟できない国際組織は、国家連合ではない。

5　国家と「公共性」

国家がその権力を行使して一定の目的を達成すべき範囲はどこまでか。この問題は公共性の議論と重なる。即ち、私的領域から区別される公的領域が、政治の範囲であり、この問題については国家権力の発動が正当化されるという議論である。

> **設例**　国家が以下の政策決定を行うことは妥当か。
> ①　特定の価値観を国民に強制したり禁止したりすること。
> ②　警察や一般道路等のサービスを民営化すること。

(1)　私的領域と国家権力の限界

まず、公と私とをどのように区別することができるのか。リベラリズムの考え方を見ておきたい。

(a)　リベラリズムの考え方

リベラリズムとは、個人の主体性・自律性を最大限尊重し、各個人による自らの善の構想の実現を可能にすることを目指す立場である。したがって、その特徴として、①各個人は、固有の差異を奪い取られた普遍的な原子論的個人として認められるということ（個人主義・普遍主義）、②政府は、政治的決定において善の構想について中立性を保持し、市民に特定の価値観や善の構想を押しつけてはならないということ（政治的中立性）、③政治社会の基本的諸制度を規制する正義原理は、善の構想に依存することなく独立に正当化可能でなければならないということ（正義の基底性）等が指摘されうる。この思想は、近代国民国家が、中世の封建的・身分的諸団体の破壊を通じて身分から切り離された抽象的な「人一般」を発見し、それにより、人である以上当然に有する権利＝

「人権」が生み出されたという18世紀啓蒙思想の論理に由来する。以上の考え方によれば、善の構想は私的なものであって公権力によって強制されたり禁止されたりしてはならないとされる。

(b) 政治的中立性の根拠

では、なぜ、公権力は、善の構想に対して中立でなければならないのか。第1に、それは、善が価値判断に関わるものであるため、どれが正しいかを客観的に決定することができないからである。ラズは、「AとBのうち一方が他方より善いとは言えず、かといって、両者に同じ価値があるとも言えないようなとき」、AとBを「通約不可能」と呼んでいる。

また、第2に、通約不可能な価値観の衝突をもたらす議論は、妥協も寛容もない、血みどろの闘いに発展しうるからである。ポパーは、このような議論を「ユートピア的合理主義」と呼んで批判する。「ユートピア的合理主義」とは、政治的行為の合理性の判断には、「理想とする国家についての多少とも明確かつ詳細な叙述または青写真」という究極的な政治目的の決定が先行しなければならないとする考え方を意味する。これは、①目的についてのいかなる決定も、純粋に合理的または科学的な手段によって確証することはできず、ユートピア的青写真を作り上げるという問題は科学だけでは解決できないということ、②そのために、相異なったユートピア的諸宗教のあいだには、いかなる寛容もありえないのであり、このことが競合するすべての異端的見解の徹底的な排除と駆逐をもたらすということから、自滅的で、暴力に導く故に危険で有害なものとされるのである。

こうして、善の構想に含まれるために公権力が強制・禁止してはならないものとして、思想・信条に関わるもの、道徳に関わるもの、宗教に関わるもの等を挙げることができるであろう。また、これらの価値は、多数決原理にも馴染まないものであり、民主主義のプロセスでさえ、特定の善の採用を決定できないものと考えるべきであろう。

(2) 公的領域と国家権力の発動

国家がその権力を発動することによって行わなければならない任務とは何か。あるいは、国家が担当する任務でも、場合によっては民間に任せるということも可能なのか。

(a) 「政府の失敗」と「市場の失敗」

　もし、仮に、国家が引き受けなくても市場で供給されうるサービスがあるとしたら、国家は、当該サービスからの撤退をすることもありうる。もし、仮に、全ての任務について、市場での供給が可能だとしたら、国家の存在は不要となるかもしれない（現に、「無政府資本主義」を唱える見解もある）。概して、この種の立場は、政府に任せると効率的な運用ができないため（「政府の失敗」）、効率的なシステムである市場に任せるべきだと主張する。その原因として、官僚機構の非効率性、予算裁量の弊害、レント・シーキング（利益集団が、政府規制による独占的利潤を獲得するため、政府・政治家へ働きかけることをいう）等が挙げられる。

　しかし、市場が必ずしも効率の最適性をもたらすとは限らない。逆に、市場に任せることで問題が生じる場合がある（「市場の失敗」）。それは、現実の市場が完全競争市場ではなく、情報の不均衡や独占・寡占等の不公正競争、さらには「外部効果」（消費者や企業の活動に伴う波及効果）によって影響を受けることに基づく。また、より重要なのは、市場では「公共財」が十分に提供されるとは限らない、という問題である。

(b) 「純粋公共財」と「準公共財」

　治安や国防などのサービスは、費用を負担する人だけではなくそれを負担しない人にもその効果が及ぶ。そうなれば、誰も費用を負担しようとしなくなり、結果として、市場原理により当該サービスは消滅することとなる。このように、市場に委ねると十分に提供されなくなる財・サービスのことを「公共財」という。

　公共財には、次の2種がある。第1に、「純粋公共財」である。例として、国防、警察、裁判、灯台、一般の道路等が挙げられる。その特徴としては、①集団によって共同に消費される財・サービスであること（消費結合性）、②ある人がこれを等しく消費してもその財・サービスの量は減少せず、他の人もまたこれを等しく消費することのできるような性質のものであること（消費の非競合性）、③便益を享受しながらその対価を支払おうとしない人々を消費から排除することができないような性質であること（消費の非排除性）が挙げられる。このような財・サービスについては、便益を享受しながら対価を支払わないフ

リーライダーを抑止することができず、結果として、その事業は採算がとれないため、政府が国民から強制的に徴収した税金によって賄うという方式をとることとなる。

　第2に、「準公共財」である。純粋公共財と純粋私的財の中間にあるもので、教育や医療等が例として挙げられる。これは、市場においても提供可能ではあるが、消費者にとっての将来における便益が不確実であるため、消費者が市場で適切な選択をする保証は存しないというものである。この場合、政府自らが供給を補完することで、需要を誘発するということが必要とされる。

　もっとも、以上の分析は、国家はいかなる公共財を提供すべきか、という問題とは直接の関連をもたない。国家に対し、どの公共財の提供を認め、あるいは禁止するのかは、最高法規である憲法が決定することである。例えば、国防が純粋公共財であるとしても、憲法によってそれを禁止するということはあり得るのである。

【解説】　以上の説明から、①は妥当ではない。特定の宗教に対して、国家が特別の意味合いを認めたり、特定の宗教規範に基づいて政策決定をしたりすることは許されず、また、特定の道徳規範や宗教規範に基づいて、同性愛や堕胎などの一定の行為を規制したり、「国を愛する心」など特定の道徳を押しつけたりすることも許されないものと考えるべきである（なお、「他者加害」原理では正当化できない事柄に対する法規制の可能性については、平野仁彦ほか『法哲学』有斐閣、2002、68頁以下等参照）。

　また、②についても妥当ではない。警察業務も一般道路も、その提供・維持は純粋公共財であると考えられるため、国家が提供しなければならない。

【参考文献】
　岩崎美紀子『分権と連邦制』（ぎょうせい、1998）
　カール・シュミット、尾吹善人訳『憲法理論』（創文社、1972）
　栗城壽夫『一九世紀ドイツ憲法理論の研究』（信山社、1997）
　小林孝輔『ドイツ憲法小史［新訂版］』（学陽書房、1992）
　ダントレーヴ、石上良平訳『国家とは何か』（みすず書房、1972）

第 3 章　権力の理論

　憲法は、基本的人権を保障するための実定的根拠を与える法典であると同時に、権力を国家機関に付与する授権規範としての役割と、権力を制限するための「制限規範」としての役割とを持つ法典である。このようなことから憲法学においては、そのあり方や行使の方法など、あらゆる点で権力について考える場面が登場してくる。本章では、その権力について考えることとする。

1　権力の「形態」

(1)　国家統治の形態

　国家統治の形態の分類については、いくつかの方法が考えられるが、ここでは2つの重要な分類について見ておくこととする。

(a)　君主制と共和制

　まずは、君主制と共和制の分類である。これは国家統治において「君主」を置くか否かによる分類である。歴史的にみれば、多くの国家では君主の下で国家統治が行われてきた。その多くは、権力の担い手としての君主が絶対的権力を持つ絶対君主制であった。しかし、革命などを契機として君主を置かない共和制を選択する国家が増え、また君主制を採用する国家においても、君主のありようが絶対君主から制限君主となり、君主の権限が制限または形式化している場合も多く見られる。イギリスなどは立憲君主制の国として名高いものの、実質的な国家の運用は民主主義的なものであるといえよう。

　これに関連して、日本国憲法に定める天皇は君主か否かが問題となる。君主についてはこれまで通常、統治権の一部を持ち、対外的な代表権を持つことなどがその指標とされてきた。このことから学説では、日本国憲法を厳格に解釈

した場合に、天皇は憲法7条5号・8号で外交上の事項に関して認証行為をするだけであることを理由に、君主ではないとの見方もある。その一方で、権限の名目化した昨今の君主の地位については、世襲原則による独任機関であって国の象徴的な役割を担うといった、国家の統治権限とは異なる部分を重視することができるとして、天皇を現代型の君主と捉えることで、日本を立憲君主制国家と考える学説も見られる。

　(b)　単一国家と連邦国家

　次に、単一国家と連邦国家の分類である。単一国家は、法律の制定やその執行および司法の場での運用等を含めた政治権力を中央集権体制の下で行使するのに対し、連邦国家は、こうした政治権力を複数の政府に分散し、分散された権力を行使する各邦が集まってさらに大きな国家を形成している。日本やフランスなどは前者を採用する国と通常理解されている。また、連邦制の場合、その制度設計は各国により異なるものの、現在のアメリカは、各州の政治権力と連邦政府の政治権力からなる連邦制国家であるとされる。連邦制国家は、中央集権との対比で見れば、地方分権型の政治体制であり、またその根底には権力の分散を図ろうとする権力分立の考え方が見られる。なお、連邦国家と似て非なるものとして、国家連合があげられる。国家連合は、連邦国家よりも緩やかな国家結合であり、連邦国家成立の前段階と通常とらえられている。国家連合の特色は、「共通の目的の達成のために行使される共同体の権力が加盟国には及ぶが、加盟国の構成員には及ばず、加盟国の構成員に対しては加盟国自身の措置が必要になる」(大須賀他・辞典176頁) 点にあり、連邦政府の権力が直接、構成員にも及ぶことになる連邦国家と異なる。近年見られる欧州連合の形成は、基本的には国家連合と見ることができるが、既に実施されている貨幣の統一(ユーロ) や、現在進行中のEU憲法制定への動きなどから、EUの法的性格の揺らぎが見られるともいえ、注目される。

(2)　権力分立の原理

　近代立憲主義国家における統治機構は、権力分立をその旨とする。権力分立とは通常、立法、行政、司法の概ね三権に国家権力を区分し、それらが抑制と均衡 (チェック・アンド・バランス) を利かせて国家統治が行われていくシステムのことをいい、三権分立などとも呼ばれる。

こうした権力分立システムの考え方の根底には、権力に対するあくなき嫌疑の思想がある。つまり、国家権力が1つの機関に集中することで権力は腐敗し濫用されることとなり、その結果、国民の自由といった人権が不当に侵害される可能性がより高くなるのではないか、という思想である。こうしたことからも、国家権力が権力行使において自浄作用を利かせ、よき法を制定・執行することでそうした権利侵害を事前に防御する制度を、憲法は国家を自ら縛る自己拘束原理として予定したのである。これこそまさに、近代立憲主義の叡智の1つであるといえよう。こうした権力分立の思想は、フランスの思想家モンテスキューにより定式化されたといわれる。そしてこの思想は、実際の国家建設にあたっても大いに参照され、特にアメリカの諸州と合衆国やフランス革命後のフランスの統治制度の創設に影響を与えたとされる。

　こうした権力分立であるが、しかしながら、後に権力分立に基づく具体的な統治制度の諸類型を見るように、各国・各時代において同じ様相を見せているわけではない。例えば、議会の信任を受けた内閣が行政を担う議院内閣制の下での議会・内閣間の権力の抑制・均衡の関係は、大統領制の下での議会・政府関係とはおのずと違いが生じよう。また、立法・行政・司法の各作用について、前一者を法の定立作用、後二者を法の執行作用と分けた場合に、後二者の権限の分配をどのようにするのかは、国や時代により異なる。例えば、現在の日本やアメリカにおいては、行政に関する争訟は、民事・刑事含む裁判所が管轄しており、その意味ですべてを司法権が担当するのに対し、かつて（明治憲法下）の日本や現在のフランスでは、行政に関する争訟は、行政権の一部である行政裁判所が管轄するといったことがある。さらに、各時代や各国において議会の果した役割がどのようなものであったかによって、他の機関の権限が変化する場合がある。顕著となるのは、議会が制定した法律について裁判所が違憲審査を行えるのか、といった点である。アメリカなどにおいては、議会による行為もまた権力であってそれが腐敗することもあるといった考え方から、法律自体が憲法理念にそぐわない場合に、その法律を違憲と宣言する権限を、裁判所に早くから認めるようになっていた。これに対してフランスなどでは、議会に対する信頼から、立法者の行う行為は国民の一般意思の表明であるとして、悪法を制定することなどありえないといった思想もあり、長い間、法律についての

違憲審査権等を認める理論的余地はなかったとされる。一方でフランスでは第五共和制期に入ってからは、議会が可決した法律についてその違憲性を審査することのできる機関として憲法院が設置され、1970年代初頭以降からその機関の活躍が目立ち始めた。現在では、憲法院という機関の法的性質をめぐる難しい問題は残るものの、フランスでもこうした法律の違憲審査が認められるようになっている。

(3) 権力分立の諸類型

権力分立の統治機構に言及する際、伝統的には議会と行政権との組織や権限の関係の観点から、その分類がなされる場合がある。以下では、大統領制・議院内閣制・その他について概説する。

(a) 大統領制

大統領制とは、議会の構成員を国民による選挙などで選出する一方、行政府の長もまた国民による選挙などで選出するという、議会と行政の構成員をそれぞれ独立して選出して各統治機構を担わせるシステムである。アメリカ合衆国における連邦議会と大統領との関係や、また、日本の地方自治体（都道府県・市町村）の長と地方議会との関係がこれにあたる。このシステムは、議会に責任を負うところの議院内閣制と比較され、より厳格な権力分立の原理を採用しているといわれる。アメリカの大統領制を見ると、そこでは政府構成員による議会への議案提出権もなく、また大統領を中心とする政府は議会からの不信任決議を受けることがない一方、議会の解散権も認められていない。

(b) 議院内閣制

これに対して議院内閣制とは、権力分立の視点から見れば、議会と行政府（内閣）は分離している一方で、行政府は議会に対して責任を負うシステムである（また行政府の側は議会の解散権を有すると考える場合もある）。歴史的に見れば、議院内閣制は、君主などの元首によって選ばれた首相及び内閣が、この元首と議会との間に立ち、その均衡を図るためのシステムであったといえるが、現代型統治システムにおいては、君主などの権限が形式化し、首相についての実質的な指名を議会が行うことになり、議会による行政の民主的コントロールの側面が強くなってきているといえる（議院内閣制の詳細は、第8章を参照のこと）。

(c) その他の類型

議会と行政との関係をめぐる類型はその他にも、議院内閣制に似て非なるものとして、君主制の下、政府は君主に対しては責任を負うが、議会に対しては全く責任を負わない超然内閣制、政府構成員がすべて議会により選出され、政府は議会に従属している議会統治（議会支配）制などがある。一方、大統領制にもアメリカのようなシステムの他、大統領が議会の解散権を有し、また大統領の他に大統領の任命する首相を置き、執行府が二元的に存在する一方で、首相は議会の信任を受けることを在職の要件とするといった制度（大統領制的議会制）が存在している。フランス第五共和制憲法における大統領・行政・議会の関係がこれにあたる。

2　権力の「行使技法」

権力には様々な作用があり、その作用を担うのは、権力を行使する様々な機関である。また、権力を行使する機関は治者としての地位にあるものの、治者の権力行使の究極的な権威は、国民主権の下においては、やはり国民であることを忘れてはならない。ここでは、権力の「行使技法」をめぐって、①国家の権限、②治者の選任、③政党制について見ることとする。

(1) 国家の権限

権力分立の観点から見ると、国家の権限は、主に法律を制定する立法権、法律の下に具体的な政策を実行していく行政を中心に行う執行権、国民の生活の中で生じた争いごとの解決のために、法律などのきまりを個別具体的に適用し、強制力をもってそれを国民に宣言していく作用の裁判権などに分かれる。また、こうした国家の権限は、平常時における場合と一定の非常時における場合とでは、その権限行使の手法について大きな違いが生じる。特に国家が一定の非常時にある場合には、国家緊急権が重要となる。

(a) 立　法　権

立法権における立法については、形式的な意味では、議会の受け持つ国家作用の中で、特に「法律」という法形式を制定する作用のことをいう。しかしより実質的な意味では、国民の権利や義務に関する法規範を制定する作用のこと

をいう。こうした立法権は、近代立憲主義国家においては、選挙で選ばれた議員たちで構成する国民代表機関としての議会に置かれるのが通常である。日本国憲法には「国会は……国の唯一の立法機関である」(41条) とあるが、これは特に「法律」という法形式を制定する意味をもつが、より実質的には、国民の権利義務に関する法を制定するのは、国民に直接選ばれた代表者たちであることを憲法が要求しているということになる。

なお、国家における実質的な立法作用の点から、行政立法が問題となる。行政立法とは、行政による法規範の制定で、通常、専門用語で「命令」などと呼ばれる。国家によっては、立法権である議会以外の機関（主に執行府（行政府））が法律にかかわらず独立してこうした命令を制定し、法律と同じ効力をこうした命令に持たせることを憲法上認める場合もある（フランスなどの例）。日本においても明治憲法下では、天皇によるそうした独立命令を認めていた。しかし日本国憲法の下では、命令は、議会の制定する法律に基づき、委任命令・執行命令の2つの種類しか認められないとされる。委任命令とは、法律が持つ権限を他の法形式である命令に委任することである。一方、執行命令とは、法律を執行するための細目的な部分を制定するための命令のことをいう。こうした命令を容認している憲法規定としては、日本国憲法73条6号を挙げることができる（「この憲法及び法律の規定を実施するために、政令（内閣の制定する命令—筆者）を制定すること。但し、政令には、特にその法律の委任がある場合を除いては、罰則を設けることができない」）。さらに内閣法11条には「政令には、法律の委任がなければ、義務を課し、又は権利を制限する規定を設けることができない」と規定されるように、特に委任命令については、その限界が策定されなければならない。また通常、一般的・包括的な委任は許されないとされる。しかし、実際の限界をどこにおくのかは困難であるとされており、また憲法上、問題のあるとされる命令も存在している。特に、人事院規則14－7で規定する、公務員の「政治的行為」に関する規制については、その委任の範囲が広範すぎるとして学説では非常に批判が強いものの、最高裁は合憲としている（最大判昭和49年11月6日刑集28巻9号393頁）（政令について詳しくは、第7章を参照）。

(b) 執　行　権

執行権とは、通常、法律の執行を行う権限のことを意味する。こうしたこと

から、法律の執行を中心任務とする行政権と同義に置かれることが多い。他方で、より広い意味での法律の執行には、行政権の他、司法権も含むことからも、行政権と司法権とをあわせて執行権と呼ぶ場合も多い。また近年では、内閣の執り行う権限をめぐって、内閣は行政権を超えた「執政権」を持つとする見解などが登場しているが、こうした意味での執政権は、立法権や司法権、さらに狭義の行政権には還元されえない広い統治行動を行うための権限ととらえられる場合がある（詳しくは、第7章などを参照）。

(c) 裁 判 権

裁判権は、通常、司法裁判所がこれを行う。しかし裁判については、民事・刑事をめぐる事件の他、行政に関する事件もあり、これについては、行政権に属する行政裁判所の管轄とする国もある（日本では現在、こうしたシステムを採用していない）。また、日本国憲法に見られるように、議員の資格争訟(55条)や司法裁判官を裁く弾劾裁判(64条)などは、立法機関である議会にその権限が与えられている。先に見たフランスの憲法院における違憲立法審査についても、その内実は裁判権としての機能を持つことになるが、通常の司法や行政による裁判権とは異なる、政治的機関による裁判権の行使であるといえ、アメリカや日本における違憲立法審査とは区別される。

(d) 国家緊急権

国家緊急権とは、戦争や内乱などで国政が緊迫化し、国家の緊急事態に陥った際、これまでの国家体制を存立・維持することを目的として、国家が平時に運用してきた憲法その他の国法についてその適用を停止または無視するなどして、緊急避難的な措置を講ずるための権限のことをいう。国家緊急権は、人権規定の効力をも停止する権限を持つ場合も歴史的には見られる。

こうした国家緊急権については、その実定的根拠を見出すために、あらかじめ憲法の中に制定しておく場合も見られる。例えば、ドイツ連邦共和国基本法115a条以下などを挙げることができる。一方、日本国憲法などは、こうした国家緊急権を憲法上認めていない。しかしながら、国家緊急権の性質上、超実定的権限としての国家緊急権を認めることができるのかどうかが憲法学上の1つの争点となっている。これをめぐっては、まず、こうした権限が国家の秩序の自助回復手段であるとして、国家の自然権として当然に認められるとする説

がある。これに対して、国家緊急権が、人権保障を含めた立憲主義の停止を指向するものであるとなれば、立憲主義のための立憲主義の停止となり論理的矛盾が生じることや、国家緊急権自体が生身の権力の発動であることからも、いつ停止するのかが分からないなどといった問題が生じることともなり、超実定的な権限とすることに批判的な見解も多数見られる。この問題は、国家の存立と立憲主義のありようをめぐる困難なテーマであることには違いないが、生身の権力を国家が自己拘束することに立憲主義の本質があることを見失ってはならない。なお、こうした国家緊急権をめぐっては、憲法上認められている場合以外に、通常法律上認められる緊急事態法などの存在を各国で見ることも可能である。しかし、特に超実定的な国家緊急権を認めないとなれば、通常法律により制定される緊急事態法は、あくまで憲法の枠内での通常法律での秩序であることを忘れてはならない。その意味で、実定憲法秩序に反する緊急事態法が制定されたのであれば、それは違憲となる可能性がある。

(2) 治者の選任

> **設例** 国会が、選挙公約を破った国会議員を選んだ選挙区の選挙民がその国会議員をリコールすることができるような制度を作ろうとする。こうした制度設計は憲法上どのような問題が生じるであろうか。

民主主義体制における権力の行使の技法には、大別すると直接民主主義と間接民主主義の方法がある。ただしすべての国家統治を行うにあたり、民主主義的決定と称して常に国民を動員することになれば、それは通常の国政運営を行うにあたって支障をきたすことにもなりかねない。そこで多くの民主主義国家においては、権力の担い手となる治者を公選により選ぶシステムを採用しているが、特に、立法権を担う治者である議員を国民が選挙することで、権力の民主的正当性を担保しようとする場合が多い。日本の場合、憲法前文に、「日本国民は、正当に選挙された国会における代表者を通じて行動し」とあるように、そこには日本が間接民主主義を基調とすることが謳われると同時に、国会の所属者を国民の代表者として捉え、その人々を選挙で選出することが明記される。

日本の国政においては、国民が直接選挙で選出する公職者は議員だけである。

これに対して、大統領制を採る国（アメリカなど）では、行政権の執行者を選挙で選ぶ（日本の地方自治体も同じ）。一方、司法権をつかさどる裁判官については、公選による選出を行う事例は外国などでも少ないとされる。司法の場合、判断内容の専門性や中立性が他の機関に比べても高度に求められることなどがその原因といえよう。なお、日本の裁判官についても、最高裁判所長官以外、内閣の任命であり（79条2項・80条1項）、公選ではない。しかし、最高裁判所の裁判官については、任命後初めて行われる衆議院議員総選挙の際に国民審査に付され、また10年後以降も同じような手続きを経て国民審査に付される（79条2項）。国民審査制度で国民は、罷免を可とするか否かといった限定的な意思表示しかできないものの、こうした制度は、司法権にも国民の正当性の契機を与えると同時に、日本国憲法における直接民主主義的な手法として注目されるものであるといえよう。

　治者の選任手続がある一方で、一度選んだ治者を任期満了や治者側の自主的な辞任、法的な失職、懲戒に基づく免職、さらに衆議院の解散などの政治的決断などによる失職以外で、辞めさせる場合のシステムもまた重要である。こうしたシステムとして挙げられるのが、リコール制度である。リコールとは、解職請求ともいわれ、公選による治者を選挙人の意思により、任期終了前に解職させる手法である。日本では国会議員に関してそうしたリコール制を採用していない。しかし、日本国憲法15条1項には、「公務員を選定し、及びこれを罷免することは、国民固有の権利である」として、公務員の選定罷免について、国民が本来的な権利を有していることを明らかにしている。とはいえ、こうした公務員の選定罷免権は、直接かつ具体的に選定罷免する権利が国民にあることを表明したというよりも、国民主権の原理から、公務員の存在の終局的権威が国民にあることを表明したものにすぎないとする考え方が一般的であるといえる。なお罷免権を具体化した制度として日本で採られているものとして、先に挙げた最高裁裁判官の国民審査の他、地方自治法上、地方議会の議員、都道府県知事、市町村長などの公選職、副知事・出納長、助役・収入役、選挙管理委員などの非公選職について、有権者（その地域の住民）の3分の1の連署により辞めさせる解職請求（地方自治法76条）などが挙げられる。

第3章　権力の理論

> **【解説】**　日本国憲法には、国会議員に関して、選挙による選出に関する規定はあるものの、罷免に関する規定は見られない。本文でも述べたように、国民の公務員の選定罷免権は、個々の公務員を国民が直接かつ具体的に任免することを意味するのではなく、公務員の存在の根拠が国民に由来することを意味しているというのが、通常の理解である。一方で、国会議員は、一度選ばれたからには選挙にならない限り全国民の代表者として任務を遂行し、議員の正当な職務として行った行為については、院外で責任を問われないといった議員の免責特権などが保障される。このことから、議員は、国民から自由な委任を受け、強制的な委任を受けないといった原則も導かれる。そこで、公約を守らない国会議員について辞めさせるといった強制力を働かせることには憲法上無理があるともいえる。その意味では、国政レベルの議員について、リコール制を導入することは違憲となるであろう。
>
> 　一方で、「国民固有の権利」であることを重視し、国会議員の罷免権が国民に具体的にあるとして、リコール制がなければならない、またはそれを積極的に認めるべきとする考え方もある。さらに、リコール制の存在について憲法は何も語らないものの、もし導入したとしてもそれは憲法に反しないとする考え方もある。

(3) 政 党 制

> **設例**　参議院拘束名簿式比例代表選挙でA党の候補者でありながら、名簿順位の関係で次点となったX候補者がいた。その後、この名簿に登載され当選を果たした議員Bが、当該職を辞任したことから、Xは自分が当選者となるものと思っていた。しかし、こうした事態となり、A党幹部は、Xの選挙後の言動などからA党からXを除名した。こうしたことから選挙管理会は、A党の名簿順位でXの次に名前のあったCを当選としようとした。Xはこれを不服として、Cの当選無効を主張した。こうしたXの主張は認められるか。

　政党とは、「一定の政治理念に基づいて結成され、自ら国民的利益と信じるところを綱領・規約によって明示し、政権の獲得をめざす政治組織」（大須賀他・辞典281頁）などと定義される。政党が国政においてどのような地位を与えられるのかについて、従来、ドイツの国法学者のハインリヒ・トリーペルの4段階

論が参照されてきた。トリーペルの4段階論によれば、政党に対する国法の姿勢は、①敵視、②無視、③承認・合法化・法制化、④憲法的編入、の段階に分類される。日本の場合、憲法上、政党の位置づけは明記されていないものの、政治資金規正法などの存在を見れば、③の段階にあることは明らかである。なお、1994年以降は、政党助成法が制定され、一定の要件を満たした政党に対する国庫による助成が行われており、③の段階はより強化されていると見る向きもある。

　政党をめぐっては、その自律性をどこまで認めるのかが問題となる。というのも、政党は、それが結社の自由に基づく1つの任意団体でありながらも、一方で、権力を担う、国政において無視できない存在であり、国家機関に準ずる機能を有するともいわれ、また国法上の優遇措置を相当程度受けていることから、その任意性は減少しているともいえるからである。そこで、国法による統制も必要であるといった考え方も成り立ちうる。設例の事例は、まさにこうした政党の自律性が問われた事件であるといえる。

【解説】　この問題は、政党による政党の除名処分が、選挙での名簿順位にどのような影響をもたらすのか、政党の自律性がどこまで反映されるのかが問題となる事例である。

　これについては、日本の裁判所でも下級審と最高裁とで結論が分かれている。1審の東京高裁では、除名処分を無効として、選管による繰上げ当選の決定も無効であるとした（東京高判平成6年11月29日判時1513号60頁）。これに対し最高裁は、政党の自律性を重視して、当選無効の判断を裁判所はできないとした（最判平成7年5月2日民集49巻5号1279号）。

　この問題では、政党の内部規律の重要性を重視し、最高裁の判決を支持する学説もある。しかし一方で、比例名簿が候補者を確定する機能がある以上、この名簿に基づいて選挙が執り行われ、国民の意思が表明されたことを軽視すべきでないとする学説も非常に多いといえる。こうした学説においては、それほどに強い政党の自律権を認める必要はないとする意見が強いといえよう。

3　権力の「正当化」

　権力を行使するためには、その大もととなる力に正当性がなければ意味を持たない。例えば、国で流通している紙幣は、物質としては単なる紙であるからその価値はほとんどないにもかかわらず、その紙に、1万円といった価値を持たせることができるのは、そこに貨幣を製造する権力があり、その権力が正当なものであると国民が信じるに足るものがあるからである。こうした正当性をもって迎えられた一国における強い力などのことを「主権」という。

(1)　主　　権

(a)　主権の意味

　「主権」とは、非常に多義的な概念であり、その用法については以下のような分類がなされている。

　第1に、特に国家における対内的な権限しての意味をもつが、そこには、①立法権・行政権・司法権といった国家の統治活動を進めるための権力（統治権）のことをさす場合と、②国政のあり方について、最終的な決定をするための力を指す場合とがある。貨幣を鋳造する権力としての主権や、「日本国の主権は、本州をはじめとする日本列島及び諸島に及ぶ」といった意味の主権は①の意味である。一方、国民主権とか君主主権といった意味の主権は、②の意味である。

　第2に、国家権力の最高独立性を表すものとして用いられる場合がある。これは対内的なものと対外的なものがあるが、体外的な独立性をいう場合が多い。日本国憲法前文3項の「自国の主権を維持し」とする用法は、この対外的独立性のことをさす。

(b)　主権の主体

　国政のあり方について最終的な決定を行う権力または権威の担い手についてはいくつか考えられるが、特に伝統的に見られるものが、「君主」と「国民」である。君主主権とは、国家意思の最終的決定権を君主にあるとした国家原理のことをいい、一方の国民主権は、この君主主権に対峙するものとして形成されたという歴史がある。

　大日本帝国憲法には、「天皇ハ国ノ元首ニシテ統治権ヲ総攬シ」（4条）とあ

るものの、明文規定として天皇が主権者であることを示すものはない。しかし、天皇が君主であり、統治権を行使する最終的な権力ないし権威の担い手であることは疑いないことから、明治憲法は、君主主権の憲法であるといえる。一方、日本国憲法は、天皇制を維持し「日本国の象徴」・「日本国民の統合の象徴」としての天皇の役割を憲法上明記しているが（1条）、憲法前文や1条に主権が国民に存することを併せて明記しており、国民主権の憲法であるといえる。

(c)　「国民主権」をめぐる憲法論

> **設例**　「現在の日本において『主権者』とは、選挙権の認められている20歳以上の人たちのことをいう」。この文章は妥当といえるか、説明せよ。

　日本国憲法は、国民主権の憲法であるとしても、この国民主権とはいったいどのような原理を指すのかをめぐってはさまざまな議論が展開されてきた。なかでも、国民主権の原理には、権力的契機と正当性の契機の2つがあるということが繰り返し指摘されてきている。

　権力的契機とは、「国の政治のあり方を最終的に決定する権力を国民自身が行使する」ということであり、正当性の契機とは「国家の権力行使を正当づける究極的な権威は国民に存する」ということである（芦部・憲法41頁）。このうち、権力的契機の意味での国民主権については、実際の政治的意思決定を国民が行うことに重きが置かれていることからも、主権の担い手は、選挙人団である有権者であるとされる。一方、正当性の契機の意味での国民主権については、国家権力の権威の根拠を国民とする点に重きが置かれることから、その国民は、有権者に限らない全国民であるとされる。こうした2つの性質をあわせ持つとするのが通説的見解である。

　こうした主権論は、長い間さまざまな形で議論されてきたものの（（国民）主権をめぐる学説論争として有名なものとして、尾高・宮沢論争、樋口・杉原論争など）、近年では、主権がどこにあるのかといった議論よりも、主権の議論はとりあえず「抹殺」するなどして、主権の行使の内容面に重きを置く「民主制論」へ議論がシフトしつつある。

第3章　権力の理論

> 【解説】　国民主権の原理には、2つの側面があり、権力的契機と正当性の契機という。権力的契機をもってすれば、通常、その意味での「主権者」は有権者ということになるから、現在の日本ではとりあえず20歳以上の人たちを指すといえ、設例の命題は正しいともいえる。
>
> ただし、正当性の契機の観点から見た場合には、「主権者」とは「全国民」を指すという点で設例の命題は正しくない。このことに加え、そもそも権力的契機で理解する場合にも、その場合の「主権者」とは、政治的決定能力をもつ国民であると考えるのであれば、20歳という年齢がその下限であるとも限らない。例えば、18歳や19歳はそういった決定能力がないのかということが問われてくる。この場合、本来設例の意味での「主権者」に位置付けられるべき人が、通常法律によって有権者でない者とされていると理解することも可能である。

(2)　民主制と代表制
(a)　民主制をめぐる類型

　民主制とは、民意を基礎とする統治形態のことをいい、理念的には、統治する者と統治される者とが、同じ意思を持つ、自同性の原理に立つ。このことは、民衆とは乖離した君主などが支配する者として権力を持ち、人々を支配される対象としてとらえる伝統的な君主制などと対立する。こうした民主制については、民主主義の観念に自由主義といった内容的価値を含める場合と、単に決定方式を指す場合とがあるが、後者についてここでは見ていくと、その民意の決定手法には、伝統的に、直接民主制と間接民主制との区別ができる。

　①　直接民主制　　直接民主制とは、一定の統治権の及ぶ地域の人々が、その地域内で行なわなければならない政治的決定に直接的に参加する形態の民主制のことをいう。直接民主制のイメージの1つには、代表者により構成される議会などを通さず、その地域に所属する各個人があらゆる政治的決定に参加するといったものがある。この場合、議会などの存在を不要とするといわれる。しかし、地域に属する者が、日々のあらゆる決定に恒常的に参加することは難しく、また、決定をしてその政策を現実に進めていく効率を考えると、かえって統治行動に停滞を招く。さらに地域の人数が少ない分にはこうした決定形態も成り立つかもしれないが、その人数が国家規模などに拡大すれば、こうしたイ

メージの直接民主制は非現実的である。一方、国家の行く先を決定的に変えることになるかもしれないきわめて重大な決定についての終局的な決断をする機会を、非恒常的に国民に与えるための制度を設けるような直接民主制のイメージが一方で存在する。これは例えば、レファレンダムの手法などであり、憲法改正のための国民投票などが挙げられる。こうした手法の直接民主制は、前者のイメージの直接民主制よりも現実的でもあり、実際の各国の統治の中で採用されているといえよう。

② 間接民主制　間接民主制とは、いわば代表民主制と称されるものである。間接民主制のイメージは、「議員」と称される代表者により構成される議会により、その地域の恒常的な政治決定が行われていくものであるが、その議会の構成員たちを定期的に選出するのが他ならぬその地域の民であり、このことをもって議会による決定の正当性を見出すシステムである。こうした民主制の論理は、議会／議員が民から独立して行動することを重視し、あらゆる政治的決定から民の具体的な声を締め出す効果も持つことになる。しかし、そうした場合、理念的には、定期的に行われる選挙で、そうした民の声とは異なる代表者を落選させることもでき、議員と民との自同性を保つことは可能である。また議員が事実上選挙民による影響力に支配されるように選挙制度などを策定することもできる。こうした間接民主制の手法は、議会制を採用する多くの国で用いられている。

③ 日本国憲法の場合　すでに見たように、日本国憲法の場合、その前文で「正当に選挙された国会における代表者を通じて行動し」との文言があることをもって、間接民主制を基調とする国家であると理解するのが通説的見解である。しかし一方で、こうした憲法前文の文言は、日本が日本国憲法を確定した歴史的経緯を説明したにすぎないのであって、直接民主制の原理を採用しないという意味をそこから演繹することは妥当ではないとする説も存在する。実際、憲法改正案に対する国民投票の手続きなどは、こうした直接民主制のシステムを導入したものと考えられる。また、最高裁判所裁判官国民審査（79条）も、直接民主制的システムといわれている。ただし、これは国民と議会との関係ではなく、また国政の内容を決定するようなことでもないことから、この国民審査は直接民主制そのものではないとの考えもある。とはいえ、裁判所裁判

官の罷免を議会に代わって行うという側面を考えるのであれば、国民による直接決定であるという面は否めない。

(b) 代表民主制

① 古典的「代表民主制」　「代表民主制」の古典的形態は、代表者たちが国民とは独立して自由に行動することにその本質を求めるものである。こうした代表制観は、歴史的に形成されたものであるが、そこには、各議員が選出母体の単なるメッセンジャーになることを避けるという意味が込められている。つまりこうした代表制観からは、選出母体からの命令委任の禁止と、自由委任の原則を生み出す。そしてこうした原則により議院内での表決の自由やそれに伴って生じるあらゆる責任からの免除（いわゆる免責特権）の制度が形成されるといわれる（ただし、免責特権制度は、命令委任の体制においてもその意義を持つといわれることもあり、命令委任の禁止と免責特権が表裏一体の関係にあるかどうかは疑問である）。

② 半代表制　上にみた古典的「代表民主制」は、しかしながら、すでに述べたように、具体的な国民の声を排除するシステムとしても機能する場合がある。そこで古典的な「代表民主制」論に代わり登場するのが、代表者である議員が選挙民の意思の影響を事実上受けることに重きをおいた「半代表制」といった考え方である。選挙民の影響力に支配されることをどのように制度上担保するのかは難しい話であるが、1つには、選挙制度にそれを反映させるといった方法がある。この場合、比例選挙の導入がそのメルクマールに取り上げられることがある。ただし、「民意」の理解にはさまざまな可能性があることからも、各党の投票率と議席率とが一致すれば民意が十分に反映されたとみることはできない。

なお、「半代表制」の考え方は、民意の反映に重きをおいたものであるものの、直接民主制的な考え方を即座に容認するものではない。その点で、代表制を基調としている点で、古典的な代表民主制との違いはない。

③ 半直接民主制　古典的な「代表民主制」や「半代表制」などの議論に加えて、国家の意思決定に国民が直接的に関わる場面を選挙権以外に登場させるシステムが、「半直接民主制」である。このシステムでは、通常の決定は、議会が中心となるものの、国政における重大な決定について、レファレンダム

（国民表決）を行ったり、または時にイニシアティブ（国民発案）のシステムなどを導入するものである。

④ 日本国憲法の場合　日本国憲法の場合、以上のどの段階にあるのかという議論は難しい。しかし、憲法改正に関する国民投票などを制度として設けていることなどから、半直接民主制に属するという考え方もある。ただし、イニシアティブ制度を導入していない点(しかも、日本でこうしたイニシアティブを導入することは、憲法41条違反になるといわれている）や、法律に対するレファレンダムを設けていない点からも、半直接民主制へ完全移行したものとはいえない状況にあるともいえる。

【参考文献】
　芦部信喜『憲法制定権力』（東京大学出版会、1983)
　岩間昭道「非常事態と法」同『憲法破毀の概念』（尚学社、2002)
　大石眞『立憲民主制』（信山社、1996)
　岡田信弘「代表民主制の構造」憲法の争点18頁
　渡辺康行「『国民主権』論の栄枯」憲法の争点10頁

第 4 章　日本で憲法とは？
―大日本帝国憲法から日本国憲法へ

　日本で憲法といえば、実質的には大日本帝国憲法と第 2 次大戦後、これに次いで制定された現行の日本国憲法の 2 つである。憲法の導入は日本の近代化という意図に伴って行われたが、これら 2 つの憲法はそれぞれ異なった動機や目的をもって制定された。これらの目的や動機は当時の日本の立憲主義に対する意識を反映するものであるから、その際に憲法というものに求められた役割や機能を知ることは重要である。それぞれの憲法に求められた役割・機能を知るためには、それらの制定経緯や運用の実態を見る必要がある。

　日本国憲法の根本原理は大日本帝国憲法のものをほとんど180°転換したものであった。一方で、日本国憲法の成立は形式的には大日本帝国憲法の改正手続を経て行われた。この点の法理をいかに説明するかが問題となる。これに加え、アメリカの強い影響の下に憲法が制定されたことは日本国憲法の有効性とどう関わるかということも 1 つの論点である。

　以上の事柄を中心に、日本の 2 つの憲法の制定と移り変わりの経緯を確認し、その際に問題となる点をみることとする。

1　大日本帝国憲法

　第 1 章で述べたように、形式的意味でいえば、わが国には既に聖徳太子の時代から憲法は存在していた。しかし、実質的な意味で、そしてさらに近代的意味で憲法といえるものは、1889年の大日本帝国憲法が最初であったとされる。この憲法が真に近代的＝立憲的意味の憲法と呼ぶにふさわしいかどうかはともかく、その制定の主たる目的は、日本が欧米列強に並び立つためこれらの持つ法制度や政治体制を移入し、少なくとも近代国家の建前を整えることにあった。

(1) 成　立

　明治政府は比較的早くから、明治維新によって成立した新たな国家体制の基盤を構築するため、憲法は必要であると考えていた。このことは、維新政府成立間もない1868年に出された五箇条の誓文（維新の際「広ク会議ヲ興シ万機公論ニ決スヘシ」として公約された）や政体書に現れている。1871年の岩倉使節団が欧米視察の際に受けた衝撃も、近代的法制度の確立、とりわけ憲法制定の必要性をより強く認識させることになった（永井・後掲153頁以下）。

　また、他方では、征韓論争を経て西南戦争に敗北した勢力が、地租の軽減を唱える農民や不平等条約改正の主張をなす者達と一緒になって自分たちの代表によって構成される議会を求め、民主主義の拡大によって自分たちの要求を通そうという運動が高まった。このいわゆる自由民権運動は、地租の軽減、国会開設、条約改正の三大要求を中心に盛り上がり、のちに国会開設の請願運動という具体的な目標を持つことになった。そして、さらにこの動きは国会期成同盟（1880年）を設立させ、ここで決議された憲法草案の持ち寄りに刺激され、多くの私擬憲法草案が起草された。

　当時日本が憲法制定に至った要因としては、政府首脳の意向に基づく上からの憲法制定要因と自由民権運動に示される下からの憲法制定の要因2つがあった。不平等条約改正の必要性、富国強兵のための制度的西欧化の必要性といった対外的関係、また藩閥間均衡とこれによって実現されるであろう統一のとれた、安定的な支配体制のニーズといった政府支配層が内包していたいわば内部的な関係は上からの憲法制定の要因となり、在野の勢力や民衆によって担われた自由民権運動をとおして要求された議会の開設や私的な憲法草案の作成は下からの憲法制定要因として働いた。

　政府レベルの憲法制定は、まず1875年に下された立憲政体の詔と、つづいて翌76年の元老院議長に対する憲法草案起草の天皇の勅語により、実際に動き出すことになる。この際、憲法制定にあたっては「我建国ノ体」（わが国固有の国体）と「海外各国ノ成法」（西欧的立憲主義）という、全く異なったものを考慮すべく旨指示されたが、元老院の提出した最終草案（1880年）は「海外各国ノ成法」に偏りすぎており、わが国固有の国体を顧みるところが少ないという理由で不採用となった。

第4章　日本で憲法とは？―大日本帝国憲法から日本国憲法へ

さらに、政府部内も自由民権運動による影響を受け、大隈重信などは1881年、イギリス的な議院内閣制を構想し、天皇の名における議会開設を訴えるに至ったが、岩倉らを中心とする政府首脳は国会開設を約束するかたわら大隈ら民権派を追放し、この後に自由民権運動に対する大弾圧を決行する。

この弾圧と平行して、伊藤博文が中心となり、井上毅、金子堅太郎、ドイツ人顧問官であったヘルマン・レースラーらの手を借りて、政府主導による憲法作成作業が進められることになる。彼らは、先に述べたように上からの要因としての憲法制定の必要性は感じていたものの、必ずしもこの時期に急ぎ憲法制定を行うつもりはなかったのであるが、自由民権運動によって高まった民衆の高揚を吸収、抑制するため、むしろこれを逆手にとって、自分たちの意図に沿うような憲法の制定を図った。すなわち、天皇を中心とした国家体制を作り上げるために、重要な権限をできるだけ天皇に集中し、仮に政党や議会の力が強くなってもその影響力が天皇に及ばないようにするといった点に最大限の配慮を払いながら、立憲制の建前を繕おうと考えたのである。

この際西欧立憲主義国家のうち主として参考とされたのが、ドイツ・プロイセンの立憲制である。この当時、ドイツはヨーロッパ先進諸国を追いかけるように急激な資本主義化とこれにともなう帝国主義化を始めつつあり、上からの近代化を進めていた。しかし、プロイセン憲法制定に当たってイギリス、フランス型の立憲主義の影響によって、思想的にも社会的にも混乱を生じていた。例えば、資本主義の発展にともなう資本と労働の矛盾の深刻化、社会主義運動の高揚は深刻な問題であった。このため、学問的には人民主権論や人権思想に対して批判的な姿勢が強かったし、政治的には君主を中心とした官僚制の強化が図られた。

1882年の伊藤博文のヨーロッパ視察は、そのようなドイツの学問状況、社会の実情や政治的経験を直に伝え聞くものであった（伊藤は、ドイツの公法学者、シュタイン、モッセ、グナイストらの講義を受けている）。この視察によって、伊藤らは欽定憲法の体裁の必要性とイギリス型憲法の排斥の姿勢をより強く確認したものと思われる。

一方、日本に残った井上毅もレースラーの意見などを参考に、より君主の権限が強かったバイエルンなどの南ドイツ諸ラントの憲法を下に憲法を構想した。

その後、伊藤は井上の構想を踏まえながらいわゆる「夏島草案」を作成し、枢密院の議を経て1889年2月11日、大日本帝国憲法が公布されるに至る。

(2) 大日本帝国憲法の特徴

強力で安定した統一的支配体制を構築するために行われた明治憲法の制定は、それが法による権力の規制である以上、権力を制限する要素も含んでいたはずである。しかし、主たる目的が天皇の統治権の強化にあったがために、その要素は薄弱なものにとどまらざるを得なかった。

天皇の統治権を強化する規定としては、以下ものが挙げられる。

① 天皇主権主義の明記（1条）と欽定憲法の体裁

② 天皇大権
・文武官の任免権および官制大権（10条）。これは行政に関する組織に関する権能を天皇に集中し、議会の関与を防ぐ意味を持つ。
・独立命令（9条）および緊急勅令の権（8条）。これらはともに、天皇が議会の関与なくして法規範を制定することができる権能で、例えば緊急勅令は議会閉会時に「緊急ノ必要」の名を借りて制定されるものである。
・宣戦講和および条約締結権（13条）。

③ 統帥権の独立

軍の統帥権は通常の行政権の系統からはずされており、大臣は天皇のこの権能に関与することはできず、軍部が輔弼することとされていた。

④ 非常時の独裁権

戒厳大権（15条）と非常時における臣民の権利保障の停止権（第31条）がこれに当たる。

⑤ 皇室の自律ないし皇室典範の独立

政党などが議会をとおして天皇の地位に影響を与えることがないように、皇位継承などについて定めた皇室典範は、議会の立法権の外におかれた。このため、明治憲法の時代には帝国憲法を頂点とする一般の法体系と皇室について定めた皇室典範を頂点とする法体系が存在することとなり、このことを称して「憲法の二元性」などといわれることがある。

さらに、議院内閣制を採用しなかったこと、予算不成立の場合に政府は前年度予算を執行できること(71条)なども、天皇に連なる政府に対して議会の影響

力を弱める意味を持つので、ここに加えることができよう。

これに対して、以下に示すものは多少なりとも統治権を制約する要素を含むものといえるが、民主制や権力の制限の実効性を確保するためには到底十分なものにはなり得なかった。

① 権利保障

明治憲法の権利保障の規定はその顔ぶれを見るならば必ずしも貧弱なものとはいえない。しかしそれらはあくまでも「臣民の」権利であり、その発想は自然権的な天賦人権思想ではなく、国賦人権思想に基づくものであった。そして基本的に法律の留保の下での保障であるから、行政権に対してはある程度有効であるとしても、立法権に対しては無力な規定であったといえる。また、天皇の独立命令や緊急勅令によって制限されうるという不完全さもあった。

② 権力分立制

立法権は帝国議会が協賛し（5条）、行政権は大臣が輔弼し（55条）、司法権は天皇の名において裁判所が行使することになっていた（57条）。しかし、文言上三権の主体はいずれも天皇である。

③ 議会制度

衆議院と貴族院の二院制の構成をとり、衆議院は民選の議員からなっていた。しかし、勅撰と世襲の議員から構成される貴族院は衆議院と対等の権限を持っており、政党や国民の影響から天皇や政府をまもる防波堤の役割を果たしていた。

(3) 大日本帝国憲法の運用と展開

明治憲法は、天皇の統治権の強化と国家の統一的な支配権を確固たるものとするため、天皇への権力集中を行うとともに、政党や議会の力が強くなってもその影響力が天皇に及ばないように考えられていた。しかしそれにもかかわらず、憲法制定時に既に大隈が指摘していたように、実際の運用においては一時期（1898、1918、1924〜1932年）、いわゆる「憲政の常道」として政党内閣制の慣行が行われていた。

このような慣行が可能になったのは、大正デモクラシーという言葉で象徴されるような国民の政治参加の拡大があったからであろう。この背景には民衆の政治的意識の上昇と政党の地位の高まり、これを多少なりとも影響力を持つも

のとするための前提たる政治活動をある程度自由に行う余地があったと思われる。

　また、学問的な理論付けの面では、美濃部達吉の見解が大きな意味を占めた。美濃部は明治憲法が西欧的な立憲主義の原則を採用していることを強調し、憲法の解釈もこの原則に則ってなすべきであるとの基本姿勢を示す。ここから主張されたのが有名な「天皇機関説」であり、国家の統治権の主体は法人としての国家であり、天皇は法人としての国家の機関であると位置付ける理論である。美濃部はこれと結びつけて、内閣の対議会責任や統帥権に関係する条約締結への内閣の関与を主張するなど行政権の輔弼機関である内閣にある程度の主導権を認める。そしてその主導権を発揮するための政党的結合とそのリーダーのリーダーシップが必要であるとし、政党内閣制を裏付ける議論を唱えた。

　しかし、このような政党政治の慣行が行われ、国民代表議会が国政運営の中心として機能した時期は例外的なものであった。1930年代以降、危機化する国際情勢に対応して軍部が台頭し強化され、政治も強権化の一途をたどるようになると、学会、官界において当初一定の支持を受けていた天皇機関説が徹底的に排撃されるようになる。この流れの中で天皇主権説を強く押し出す「国体明徴」に関する政府声明（1935年8月3日「第一次声明」、同年10月15日「第二次声明」）が出されると、これに反する思想・言論に対する統制も強化されることになり、以後、明治憲法の下で立憲主義的な要素を導き出そうとする試みは、完全に姿を消すことになる。

(4)　大日本帝国憲法とは

　明治憲法を外見的立憲主義の憲法、すなわち「近代立憲主義的法制形態を取り入れつつ絶えずその人民的民主主義的性格・機能を去勢し、形態において近代国家化をよそおいながら、絶対主義的支配権力をより強固に合法的に確立しようとする努力とその成功である」ないしは「絶対主義官僚の手によって全然一方的に起草され審議され可決されたという事実が示す絶対主義の強力な完成、政治的確立」であるとする評価に対して、そのような明治政府の意図を支える統一的な支配体制は必ずしも確立されておらず、専制的な支配の意図を過大評価するものであり、結果的に相対的な明治憲法のもつ立憲的、民主的要素を過小評価することにつながる、とする見解がある（永井・後掲）。

確かに、自由民権運動が憲法制定を動かす要因になったということは事実であり、そのことは明治憲法がその影響によって多少なりとも民主的要素を持つことにつながったかもしれない。また、このような下からのものではなく、上からのニーズが憲法制定要因として強く働いていたとしても、権力者側にとって、憲法制定は結果として完全な自己決定の自由から固定的な法制度に自己拘束することであるから、いわば自己にとっての不自由を必然的に招くことになるのであり、このことを評価するならば、ここに相対的な立憲主義的性格を見ることは可能かもしれない。

民主的要素が多少認められるとしても、立憲的性格に関しては、次のように考えるべきだと思われる。ある国家の立憲主義的性格をはかる場合、立憲主義という概念自体の規定の仕方に関わることであるけれども、あえていえば民衆を個人としてとらえ、その個人をどの程度尊重した憲法がそこで制定されたかによって評価されるべきである。この観点からすると、明治憲法制定の意義は、あくまでも下からの立憲制の要求をかわしながら権力者側のニーズの実現を明文化した、「外見的立憲主義の憲法」にとどまるものというべきである。

2　日本国憲法の制定

憲法改正論の立場から、現行の日本国憲法は敗戦後連合国総司令部によって押しつけられたものであるから、不当な憲法で、なるべく早急に自主的な憲法を制定すべきだといった意見が示されている。また、日本国憲法は明治憲法の改正という形式をとって生まれたが、そもそも天皇主権の明治憲法の改正で国民主権の憲法が有効に成立するかということに対しても疑問の声がある。

このように、日本国憲法の制定には法的問題が多く含まれており、それゆえ法的に無効ではないか、あるいは少なくとも法的問題を解消するためには憲法を改正すべきではないかという考え方がある。このような考え方は、果たして正しいであろうか。

(1)　日本国憲法の制定過程

上記のような法的問題は、まずは日本国憲法の制定過程に原因を持っている。そこで、日本国憲法の制定過程を以下で見てみよう。

2 日本国憲法の制定

　日本国憲法制定過程はポツダム宣言に遡る。このポツダム宣言は、連合国によって、大戦中の1945年7月26日に発せられた。

　これは日本に対して戦争の終結の条件として突きつけられたもので、基本的人権の尊重と民主主義(「日本国政府ハ日本国国民ノ間ニ於ケル民主主義的傾向ノ復活強化ニ対スル一切ノ障礙ヲ除去スベシ言論、宗教及思想ノ自由並ニ基本的人権ノ尊重ハ確立セラルベシ」(10項))、平和主義と責任政治(「前記諸目的ガ達成セラレ且日本国国民ノ自由ニ表明セル意思ニ従ヒ平和的傾向ヲ有シ且責任アル政府ガ樹立セラルルニ於テハ聯合国ノ占領軍ハ直ニ日本国ヨリ撤収セラルベシ」(12項))の実現を要求するものであった。

　日本側は当時、もはや降伏は避けられずポツダム宣言を受諾せざるを得ない状況にあったにもかかわらず、「国体」護持に固執した。そのため、日本政府は、あくまでも天皇を主権者とする基本的な国家形態を保持したままでのポツダム宣言受諾の申し入れを行ったが、これに対する連合国側の回答では最終的にこの点の確約を得ることはできず、そのような状況のまま8月15日、天皇の判断に基づいて降伏することが決定された。

　このような状況であったから、希望的観測であったにしろ、日本政府は国体が護持されたと考えており、ゆえに憲法改正が必要となるとは考えていなかった。依然として、明治憲法下の国家体制を基本的に維持できると考えていたようである。このことは、敗戦後も明治憲法下の治安維持法制が維持され続け、治安維持法や特高警察組織も存続し、また、この法制の下で逮捕された人々は投獄されたままであったというような事情が示している(これに対し、1945年10月4日、総司令部は「自由の指令」(政治的民事的及宗教的自由ニ対スル制限ノ撤廃ニ関スル覚書)を出し、獄中の思想犯の即時釈放、治安維持法などの言論抑圧の法律の廃止、特高警察組織の解体を命じた)。人民の信教の自由を弾圧してきた国家神道も、連合国総司令部による「神道指令」(国家神道(神社神道)ニ対スル政府ノ保証、支援、保全、監督並ニ引布ノ廃止ニ関スル件)が出るまでは維持されていた。

　1945年10月マッカーサーの憲法改正の要請を受けた当時の幣原首相の下に松本蒸治国務大臣委員長とする「憲法問題調査委員会」が設置されたが、この委員会自体、必ずしも明治憲法の改正を目的としたものではなかったし、やはり

根本的な憲法改正の必要は認識されていなかった。そのような中で行われた憲法改正は、当然明治憲法をわずかに修正するものにすぎず、保守性や改革に対する消極的姿勢が目立つものであったとされる。当時の憲法学の有力な見解も、憲法改正をしないでうまく運用することでポツダム宣言の趣旨を履行することできると考えていたということも、委員会のそのような態度の背景にあった（そのような学説は、明治憲法下である程度の民主的な責任政治が可能とされた実例があったことで裏付けられる部分もある）。

しかし、このような態度に問題を感じた連合国側は、自らの提案に基づく憲法改正を日本政府に対して要請した。当初、総司令部はあくまでも日本側の自主的な憲法改正に任せようとしていたのであるが、連合国の中でも日本の急進的な改革を唱える国々（ソ連、オーストラリア、ニュージーランド等）を中心とする国際的世論による批判を避けるため、日本側のイニシアティブによる憲法改正の途を断念したのである。これにともなって示されたのがいわゆる「マッカーサー3原則」である。

「マッカーサー3原則」は、以後の総司令部の提案による憲法改正案の骨子となった。その内容は以下のとおりである。①天皇は、国の元首（head of the state）の地位にある。天皇の職務及び権能は、憲法に基づき行使され、憲法の定めるところにより、国民の基本的意思に対して責任を負う。②国家の主権的権利としての戦争を廃止する。日本は、紛争解決のための手段としての戦争、及び自己の安全を保持するための手段としてのそれをも、放棄する。いかなる日本陸海空軍も決して許されないし、いかなる交戦者の権利も日本軍には決して許されない。③日本の封建制度は廃止される。

この3原則に基づいて草案が作成され、1946年2月12日、総司令部の最終案がマッカーサーによって承認される。この総司令部案が翌13日に日本側に手渡されると、日本政府は松本案の復活のために努力するが、結局認められず、最終的にその総司令部案に基づいた「憲法改正草案要綱」を最終案として作成した。

以上のように、当初日本側が自主的に作成していた憲法改正案は総司令部（この地位はアメリカが事実上占めていた）のその後の政治的な情勢判断に基づいて総司令部主導で作り直されることとなり、結局これが日本国憲法の最終草案

となったのである。このような経緯が、いわゆる「押しつけ」憲法論の根拠とされるのである。

　この後の1946年6月20日、憲法改正草案要綱は正式の条文の体裁にととのえられて「帝国憲法改正案」として帝国議会に提出された。この改正案は衆議院（衆議院は1946年4月10日に成年男女による普通平等選挙制に基づいて行われた総選挙によって選出された議員によって構成されたものであった）で2カ月、貴族院で1カ月半審議され、根本的な修正を受けることなく大綱において承認され、同年10月7日最終的に帝国議会を通過し、枢密院で審議可決された後、天皇の裁可を経て、同年11月3日に「日本国憲法」として公布された。そして、1947年5月3日に施行を迎えることになる。

　このように日本国憲法は明治憲法の改正という手続を経て成立したが、天皇主権の国家体制は結果的に国民主権の国家体制に変更された。このことが憲法改正の法的な有効性に対する疑問を引き起こすことになる。日本国憲法の制定は、形式的には明治憲法の改正手続に則って天皇を改正権者として行われている。このような場合を果たして憲法の改正といっていいのか、ひいては明治憲法と日本国憲法の関係をどう捉えるべきなのかという問題が生ずるのである。

(2)　「押しつけ」憲法論

　では、まず、日本国憲法は連合国総司令部によって押しつけられたものであるから不当な憲法だ、という見解を見てみよう。

　このような見解を「押しつけ憲法論」（以下「押しつけ論」という）というが、この「押しつけ論」とは、日本国憲法制定過程の事実をとりあげて、日本国憲法はわが国の意に反して連合国側から不当に押しつけられたものであり、そのような憲法は主権国家の基本法としてははなはだ妥当性を欠くものであるから、無効である、ないしは自主的な憲法に取って代わられるべきものであると主張するものである。それゆえ、この論理は、憲法改正論と結びつけられて主張されることが多い。例えば改正無限界説に立ったうえで明治憲法の改正手続によって現行憲法は有効に成立しうるとしながら、ただしこの改正は外国からの不当な脅迫（押しつけ）によって行われたから、結果的に現行憲法は無効であるという説がそうである。

　この説を検討する場合、まず、本当に「押しつけ」の事実があったか、つま

第4章　日本で憲法とは？—大日本帝国憲法から日本国憲法へ

り日本において今のような憲法の制定を押しつけられ、強制されたという意識があったかということを検討しなければならない。これについての各説は、当時の日本政府については確かに押しつけであったが、国民の世論に反して押しつけられたものではなかったという見解（この際の論拠としては、1946年5月27日に毎日新聞で報告された世論調査の結果、憲法研究会や高野岩三郎らによる民間の憲法試案の内容が挙げられるし、その後から現在に至るまで、国民多数によって現行憲法が支持されてきたという事実を指摘するものもある）や、日本政府自体も必ずしも押しつけられたわけではないという見解がある（例えば、古関彰一は、衆議院の帝国憲法改正案委員小委員会いわゆる「芦田委員会」の記録から、政府や保守政党が容易に自主憲法制定の努力を放棄し、総司令部の草案を唯々諾々として受け入れた事実を指摘する。「押しつけ憲法論」憲法改正問題。また、芦部／高橋は、男女平等の普通選挙制の下で開かれた憲法改正のための帝国議会では、法的拘束のない自由な状況で審議可決できたことを挙げる）。

　当時の日本が置かれた状況からして、全く自由に現在の憲法のような内容の憲法を制定するということは無理だろうから、誰を押しつけの客体と見るか、押しつけをどの程度のものと見るかによって程度の差はあれ、何らかの意味で「押しつけ」の意識や事実はあったと考えざるを得ないだろう。

　しかし、一定の押しつけを認めたとしても、そのことが即、現行憲法の不当性に結びつくとはいえない。このことは、次のように考えることで説明できる。

　ポツダム宣言の受諾を連合国と日本の間の休戦を内容とする双務条約の締結と考え、そしてその条約で日本に課せられた義務が日本の民主化を中心とする政治体制の構築や国民主権の憲法の制定であるとすれば、そのような条件を履行することが日本側の国際法上の義務となる。しかし、日本政府は当初、このような義務に沿った政治体制の構築（憲法の制定）を行おうとしなかった。そこで、連合国総司令部は、条約義務の内容に沿った憲法の草案を提案し、これを最終的に日本側は受け入れた。すなわち、総司令部の提案に沿った憲法制定は、日本政府自身が日本の負った条約上の義務を履行しようとしない以上、国際法上の義務履行という観点から当然に行われるべきものであったと考えることができる。

　また、民定憲法たる現行憲法は、本来国民から政府に対して押しつけられる

べきものであるが、当時の日本社会の状況からしてそのようなことを求めるのは不可能で、国際世論の力がなければ国民主権の憲法＝民定憲法の制定はあり得なかったとの指摘もある。民定憲法を否定するならともかく、民主的な憲法の存在自体を否定するのでなければ、当時の日本でこのような憲法が生まれるためには「押しつけ」が必要だったのであり、それゆえこの「押しつけ」を不当なものとして排除することはできないということである。

　なお、「押しつけ論」には、現行憲法の内容如何はともかく、主権者となった国民は未だ一度も自主的に憲法を制定していないので、とにかく一度、現行憲法を主体的に見直すべきだといった見解も見られる。しかし、積極的な改正手続のみが自主的な憲法の制定であるとはいえないだろう。すなわち、憲法を改正しないということに、ある種の自主的な憲法の認知＝制定という国民の意思を見ることができるのではないかということである。このように考えることは、特に現行憲法が多様な立場を認め、また、それらの多様な意見や自由な討論を保障しているものであることによって、より妥当性を深める。

　現行憲法制定時に極東委員会からあらかじめ改正のための機会が与えられながらもそれを日本側がなさなかったことと、戦後から現在に至るまで現行憲法の基本原理が国民の間にある程度定着してきているという事実を考慮すれば、一種の自主的な憲法の認知＝制定がなされているとみなしてもよいのではなかろうか。戦後からしばらく、わが国では憲法改正論に対するタブーがあったとされるが、このタブーは主として、憲法改正にともなう様々なメリット、デメリットを各自が判断したうえで作り上げられた「改正しない」という結論の結果であったように思われる。

　「押しつけ論」が展開される背景には、欧米的な「普遍的」価値はわが国の民族固有の伝統や精神になじまず、それゆえそのような「普遍は」価値を内容とする憲法の制定は、押しつけに他ならないという考え方がある。この考え方は、現在の日本社会の危機の原因であるとして個人主義を批判し、愛国心の復活をいう論調と軌を一にする。また、9条批判と結びついて、自主憲法を制定していれば放棄するはずのない国家の武装の権利を放棄させられたのも、不当な押しつけによるものにほかならないという言い分がある。これらの立場に立つ者にとっては、新憲法の制定にあたって押しつけられた内容自体が受け入れられ

ないものであろう。このように、「押しつけ論」は、憲法制定の自主性という形式面を特に問題として攻撃するが、実際のところは、最近の憲法改正論の根底にある現行憲法の内容に対する不満と結びついているところが少なくない。

(3) 日本国憲法制定の法理

日本国憲法は明治憲法上の改正手続を経て制定された。しかし、明治憲法は天皇主権の憲法であったのに対し、日本国憲法は国民主権の憲法である。このような憲法の根本的な原理の変更を、明治憲法の改正手続で正当化することができるだろうか、ということが問題となる。

このことを考えるにあたって検討すべきことは、憲法の改正に限界があるかどうかということである。改正に限界がないと考えれば、明治憲法の根本的な原理、すなわち主権者自体の変更なども、規定の手続きに従って運ばれれば何ら問題がないということになる。しかし、改正には限界があるという立場をとれば、主権者や根本原理を変更するような憲法改正手続は許されないと考えなければならなくなる可能性がある。

ただ、改正手続に限界があると考えたとしても、両憲法の間には同一性や連続性を完全に否定されるほどの差はないととらえ、つまりは明治憲法と現行憲法の間には改正の限界を越えるような変更はなされていないという見方も、論理的には成り立ちうる。これは改正の限界をどこに置くかということと関わってくる。

学説の多くでは、改正限界説に立ちつつ、明治憲法と現行憲法の間には限界を越えた憲法の根本原理の変更があったと捉えている。そのうえで、それゆえ現行憲法は改正手続上瑕疵を帯びている(不備がある)から無効であるとするか、別の法理で憲法の成立を有効なものと捉えるかということになる。後者の立場が通説であるといってよいが、この立場にも多少のバリエーションがあり、ポツダム宣言受諾と同時に一種の法的意味での革命が起こり、天皇主権から国民主権への変更がなされたと解する説(八月革命説)と、その後男女平等の普通選挙によって初めて組織された帝国議会を一種の憲法制定会議とみなして、新たな憲法が制定されたと説明する説、あるいは主権者たる天皇自身が改正の限界を破る改正案を帝国議会に提出し、その審議の過程で主権者たる国民の意思が顕現したなどの説がある。

改正限界説に立ち、改正手続の形式を遵守すべきという態度に固執すれば、現行憲法の法的正当性に問題があるという理屈になろうが、学説においては、そういった法実証主義的な思考にかたくなに固執することなく、いずれにしろ新たな憲法の制定という事実に法的意味を認めるのが通説であり、このことをいかにして説明するかという点で異なるに過ぎないようである。

【参考文献】
　稲田正次『明治憲法成立史（上、下巻）』（有斐閣、1960（上巻）、1962（下巻））
　栗城壽夫／戸波江二編『憲法』（青林書院、1995）
　古関彰一「押つけ憲法論」全国憲法研究会編『憲法改正問題』（法律時報社、2005）
　鳥海靖『日本近代史講義－明治立憲制の形成とその理念』（東京大学出版会、1995）
　永井秀夫「明治憲法の制定」安田浩／源川真希編『展望日本歴史19・明治憲法体制』（東京堂出版社、2002）
　樋口陽一『憲法　近代知の復権へ』（東京大学出版会、2002）

第 5 章　平和主義

　　日本国憲法の独自性、先進性が評価される主たる理由は、その徹底した平和主義とその具現化である第9条にある。この平和主義と第9条は、日本固有の歴史的事情や反省に基づいた平和への決意のあらわれであるとともに、個人の尊重を究極の価値とした日本国憲法の基本姿勢と直結するものでもある。憲法改正論がかまびすしい昨今、日本国憲法の平和主義と第9条の持つ立憲主義的意味を再確認する必要がある。

1　日本国憲法の平和主義とは

(1)　日本国憲法の平和主義とは

　20世紀に生まれた日本国憲法が世界の憲法の中で独自性、先進性もったものとして評価される場合、その理由は主として日本国憲法の平和主義と第9条の規定にあるとされる。しかし、軍事力をコントロールして戦争や軍隊に対して国民の安全を守ろうという試みは、既に18世紀市民革命期の西欧の憲法では少なからずなされてきたことである。また、19世紀になるとそれぞれの憲法中に侵略戦争の放棄を明示し、国際的にこのことを約束する条約を締結するなどして、近代のヨーロッパ諸国は平和を実定法的に実現しようという努力を行ってきた。これらの歴史を見ると、日本国憲法はそのような実定的な平和主義の流れを受け継いでいるものと見ることができる。

　他方、日本国憲法がいわば徹底した平和主義をとったとされる背景には日本固有の事情があることも事実である。近代立憲主義憲法の外見をつくろいながら軍事力のコントロールという面ではほとんど何の歯止めもおかず（天皇の統帥権、軍の編成権、宣戦講和の権はすべて大権事項とされ、議会のコントロールを受けないものとされていた。また、実際には軍部に対する政府のコントロールも効

かず、文民統制の仕組みを期待することなどはとうてい考えられなかった）、結局軍国主義ひいては悲惨な戦禍を引き起こすことを許すこととなったということに対する反省がそれである。

　このような日本固有の事情や反省からくる平和への決意は戦力の不保持をみちびきだした。このことがまさしく日本国憲法の独自性、先進性を特徴づけるのであるが、自衛のための戦力すら保持しないとする態度は、国民国家の独立性・絶対性とそのような国家の武力による自衛権を当然の前提とする近代立憲主義とは異質であるとの指摘がある。近代立憲主義の歴史的・客観的なとらえ方からすればそのような指摘はもっともである。しかし、日本国憲法が立脚する近代立憲主義は究極的には個人の尊重を価値としているととらえた場合、個人の尊重を立憲主義的に徹底すれば最終的には戦力の不保持という選択肢に行き着かざるを得ないと考える。そう考えるならば、日本国憲法の平和主義は近代立憲主義の系譜にあり、少なくともその発展型であるととらえてもよいのではなかろうか。

　なお、日本国憲法の平和主義は決して「一国平和主義」いうものではではない。前文に示されているように、国際社会全体の平和を念頭において、国際社会の先頭に立って全世界の平和と人権を守るために具体的行動を起こし、積極的に世界平和を追求するという姿勢をとるものである（この意味で、「積極的平和主義」の立場であるといえる）。こうした姿勢をとる決意を、「国家の名誉にかけて」日本国民は全世界に対して誓ったということになるのである（以上、浦部・全訂394頁以下参照）。

　この前文の趣旨である国際平和のための積極的な行動とは具体的にはいかなる行動をさすのであろうか。このことに関係して、昨今の政府は憲法前文から導かれる「国際貢献」という言葉を根拠に、「自衛隊の海外派兵の論拠を正当化している（たとえば小泉首相は、このような海外派兵を正当化する論拠として前文を引き合いに出しながら、「日本国の理念」「国家としての意思」「日本国民の精神」を強調している）。日本国憲法の前文が、日本の保有する軍事力が国内から飛び出して、外国の領土で行動することを求めているといった解釈である。しかし、日本国憲法のいう「国際貢献」（およびこれによって得られる国家としての名誉、実現されるべき日本国家の理念、意思、さらには日本国民の精神）は、本来そのよう

な海外派兵によって達せられるべきものと考えられていたかどうか、第9条の趣旨に照らし、また日本国憲法の基礎にある個人の尊重原理を顧みて徹底的な検討を要するところであろう。

(2) 第9条の解釈

憲法第9条は第1項の「戦争の放棄」と第2項の「戦力の不保持」、「国の交戦権」の否認から構成されている。戦後しばらくして日本が自衛隊を保持するに至り、日米安全保障条約のもとで米軍のわが国への駐留が正当化されてきて以来、これら9条の条項の意味内容をめぐって、学説や政治の場面を中心にさまざまな解釈がなされている。以下では、第9条をめぐるさまざまな解釈をみることとする。

第1項では「国権の発動たる戦争」、「武力による威嚇」、「武力の行使」の放棄が定められているが、「国権の発動たる戦争」とは国際法上正式の戦争を意味し、主権国家間で宣戦布告や最後通牒などによって明示的に戦意が表明されたうえで行われるものである（わが国の歴史に即していえば、たとえば日清・日露戦争、第1次および第2次大戦がこれにあたる）。「武力の行使」とはそのような国際法上の正式な手続きを踏まずに行われる事実上の国家間の武力闘争をさす（たとえば、満州事変、日華事変など）。「武力による威嚇」とは武力を背景にして自国の主張や要求を他国に強要することをさす。第1項が以上のような3つの軍事行動をわざわざ丁寧に示したのは、法的な規定や概念にかかわりなく、およそすべての実質的な意味の戦争の放棄を明確にしようとしたものに他ならない。

しかし、この第1項の「国際紛争を解決する手段としては」という文言や第2項の「前項の目的を達するため」という文言をいかに解するかということを中心的な対立点として、第9条の戦争の放棄の徹底度に関して解釈が分かれている。

(a) 第1項「戦争の放棄」規定の解釈

① 戦争限定放棄説　まず、第1項の「国際紛争を解決する手段として」という文言に一定の種類の戦争に限ったものといった意味を読みとるものは、同項の戦争放棄を限定的なものと見る。すなわち、第1項では「国際紛争を解決する手段として」の戦争（＝侵略戦争）のみが放棄されているのであり、自衛および制裁のための戦争は放棄されていないとする。この説をとりあえず、戦

争限定放棄説と呼ぶこととする。この説によれば、日本はこの規定に関する限においてであるが、自衛戦争を行うことは可能なのだということになる。

この説の論拠は、国際法上の通例となっている用語法にある。実際、国際法やこれにならったと思われる諸外国の憲法では「国際紛争解決のための戦争」という言葉は「侵略戦争」をさすものとして用いられており（たとえば、1928年の不戦条約（パリ条約）の「国際紛争解決ノ為［の］戦争」を放棄するとの規定については侵略戦争をさすとの国際的了解があった。また、スペイン憲法の「国家の政策の手段としての戦争」の放棄（1931年）、イタリア憲法11条にいう「国際紛争を解決する方法としての戦争」の放棄（1947年）なども同様に解されている。）、そして憲法制定時においてそのような一般的用例のある文言を憲法の規定に採用したことには、そのような用例を意識した意図があるはずだと考えるものである。

② 戦争全面放棄説　一方、「国際紛争を解決する手段としては」という文言に、なんら条件や限定としての意味を認めない立場もある。この立場によれば、第1項の規定によって、日本にはいかなる名目であっても、およそすべての戦争を行うことは許されないということになる。この説はとりあえず戦争全面放棄説と呼ぶことにする。

この説の論拠としては、のちにふれる第2項の解釈とも関連してくるものであるが、第9条が最終的にあらゆる戦争を放棄することになる以上、第1項で戦争に限定をつけ、自衛戦争の可能性を留保しても無意味であるということがある。またこの立場は、およそ戦争は国際紛争解決の手段として行われるものであり、歴史的に見ても自衛戦争の名目で侵略戦争が行われたことは多々あるのであるから、日本国憲法はそのような歴史的反省から、戦争の区別を一切捨て去って自衛戦争であっても行うことはできないとしたと考える。

なお、「国際紛争を解決する手段としては」の文言は「武力による威嚇」と「武力の行使」のみにかかるもので、「国権の発動たる戦争」にはかからず、結果的に自衛のための「武力による威嚇」や「武力の行使」は可能であるという見解もある（覚道豊治『憲法』（ミネルヴァ書房、1973）313頁、佐藤(幸)・憲法651頁）。この説の論拠は日本国憲法の英文訳の文理解釈にある。

(b)　第2項第1文「戦力の不保持」規定の解釈

① 自衛戦力許容説（松井の用法。戦力限定不保持説のこと）　第1項の解釈

第5章　平和主義

で戦争限定放棄説に立ったうえで、第2項の「前項の目的を達するため」という文言の「前項の目的」を第1項の「『国際紛争を解決する手段として』の戦争を放棄する」という目的ととらえる立場である。この見解によれば、保持できない戦力とは侵略戦争のための戦力であり、言い換えると自衛のための戦力は保持できるということになる（この立場に立つものとして、佐々木惣一『日本国憲法論』（有斐閣、1949）194頁以下、大石義雄『日本国憲法の法理』（有信堂、1957）199頁以下。判例では百里基地第1審判決（水戸地判昭和52年2月17日判時842号22頁）が同様の立場に立つ）。

　この説の論拠はいわゆる芦田修正にあり、その際「前項の目的を達するため」という文言が挿入されたのは自衛のための戦力や自衛戦争が認められる余地を残すという意図に基づくものであったという芦田の証言が、主たるよりどころとされる。

　②　全面戦力否認説（同じく松井。戦力全面不保持説のこと）　「前項の目的」とは、第1項の「戦争の放棄」を定めるに至った目的を意味するとする。その目的とは具体的には、第1項の「正義と秩序を基調とする国際平和を誠実に希求し」であるという見解と、明文ではなく第9条の背景にある戦力不保持の動機をさすとする見解があるが、いずれにしても放棄される戦力に侵略戦争のためのものとそうでないものの区別を設けることはせず、第2項は文字どおり、一切の戦力を放棄することを明らかにしたものととらえる。第1項で戦争限定放棄説に立つ場合にはとりわけ第1項の「前項の目的」解釈が重要となるが、戦争限定放棄説に立ちながら第2項でこの戦力全面不保持説に立つものは、第1項の限定と第2項の解釈を切り離して理解するものだといえる（この立場は学説の通説である。また、政府の解釈も基本的にはこの立場にあると思われる。判例では長沼ナイキ事件第1審判決（札幌地判昭和30年9月7日判時712号24頁）がこの立場をとっている）。

　この説の論拠としては、第2項の文言を文理上素直に解した場合、あらゆる戦力を放棄したと読むのが自然であるということが挙げられる。また、戦力それ自体について、たとえばその規模や機能、能力、性質などに着目してとりあえず「侵略のための戦力」と「自衛のための戦力」区別したとしても、結局は戦力が侵略用か自衛用かはその用いられ方にかかっているのであり、戦力自体

を限定して保持しないとすることは意味をもたない、という指摘もある（この点、たとえばかつて岸首相は、自衛のためであれば核兵器も持てると公言した。ハイテク技術等多くの技術が進んだ現在では核兵器といってもさまざまあろうが、少なくともその当時の核兵器は最新鋭の、破壊力に関して超一級の戦力であったはずである。この発言は戦力の定義はその規模や能力ではなく、結局は用いられ方であるということを裏付けるものである）。

(c) 第2項第2文「国の交戦権」の否認規定の解釈

交戦権の意味については、国家として他国と戦争をすることのできる権利ととらえる説と主権国家が戦争当事国として国際法上認められる諸権利をさすとする説、さらに両者をともに含むとする説がある。

① 戦争をする権利説　この説は「交戦権」とは主権国家が有する、他国と戦争を行う権利それ自体であるとするものであるが、現在では無限定なものではなく、国連憲章で制裁（憲章42条）あるいは自衛（同51条）のためのものしか認められていない。また、このようにとらえると、第1項の戦争の放棄と内容的に重複することになる。

このような理由でこの説に対しては、第1項がある以上、「交戦権」の否認規定の意味がないのではないかといった批判がある。

② 交戦当事国の諸権利説（国際法上の用法）　この説は戦争当事国が戦争に際して（戦時）国際法上、正当に主張・行使できる諸々の権利をさすものととらえる。たとえば、敵国に対しては敵の兵を殺傷したり捕虜としたりすること、敵の領土を攻撃・占領すること、中立国や第三国に対しては中立を要求すること、その船舶を臨検・拿捕することなどが、ここでの交戦権の内容となる。

(d) 政府の第9条解釈

政府の第9条解釈の立場は、第1項については戦争限定放棄説（戦争全面放棄説に立っているとの理解もある。憲法制定当時は少なくともそうであったかもしれない）、第2項については全面戦力否認説に立っている。したがって政府も日本は一切の戦力を保持できないという立場である。

しかし、警察予備隊から保安隊・警備隊に改組拡充された時期に、当時の吉田内閣の統一見解（1952年）は、憲法が保持を禁ずる戦力とは「近代戦争遂行に役立つ程度の装備、編成を備えるものをいう」とした。このときから、政府

は現に存在する軍事組織を「戦力」ではなく、それ以外のものであるとの論法を用いることになった。ただ、この統一見解で示された基準に対しては「近代戦争遂行能力」とは、はたしていかなる程度の装備、編成のものをいうのかはなはだ不明確な基準であるとの批判が強く、また、その後自衛隊になってからの装備の充実・強化の著しさもあってか、1957年の岸内閣は「自衛のための必要最小限度の力は違憲ではない」と見解を変更した。さらに1972年内閣法制局見解で「戦力とは自衛のための必要最小限度を超える実力をいう」とされ、この基準は以後今日に至るまでの政府の公式的な立場となっている。

この基準は、一方では自衛隊を戦力なき「実力」として正当化したが、他方ではそのような実力は専守防衛に徹せざるを得ないものと考えられていたため、日本が集団的自衛権を行使できないことの根拠としても機能した。

こういった政府の解釈は、自衛権は国家固有の権利であり、日本が独立の主権国家である以上、当然に自衛権を保持しているといった論拠に基づいている。そして、自衛権を保持している以上、他国による急迫不正の侵害があるときには、日本は実力に基づく効果的な自衛権の行使ができるはずである、というものである。さらに、こういった自衛権を保持し実際に行使できなければ、国民の生命や財産を守り、これらの安全を保障すべき国家の義務を果たし得ないといった説明がなされる。

このような政府の態度に対して、全体として裁判所は第9条に対する立場を積極的に示そうとはしていない。下級審では「長沼ナイキ訴訟」第1審判決が自衛隊の違憲判決を下しているが、最高裁は統治行為論や訴えの利益の欠如などを理由として、第9条に関する憲法判断を回避している。このような裁判所の態度については、憲法の基本的な原理に関わる重大な問題に対するにしてはあまりに消極的であるとの批判が強い。一方では、憲法を政治的プロセスを定めたものととらえる立場からは、第9条の解釈問題は政治参加のプロセスに不可欠な問題ではないので基本的には国会の判断を尊重すべきで、裁判所が一見きわめて明白に違憲と認められない限りは判断しないとしたことは妥当であるとの意見（松井・後掲193頁以下）も述べられている。

(e) 憲法第9条の意味内容とは

まず、戦争限定放棄説（第1項の通説的解釈）についてであるが、現在の国際

法では侵略戦争は既に否定されており（日本も遵守するとしている国連憲章も同様である。）、その意味で戦争限定放棄説はこの国際法の遵守を確認・宣言した意味しかもたないことになる（憲法の前文の意気込みにもかかわらず、先進性という点で、あまりたいしたものではないということになる）。また、戦争限定放棄説に立ちながら、第２項で結局戦力を保持できないとして（第２項の通説的解釈）戦争の遂行が不可能と解するならば、ここで戦争を限定した意味があまりないと思われ、第２項の限定放棄規定としての存在意義が疑問となる。たとえば憲法改正をにらんで、２項のみを改正して自衛戦争を可能とする途をより開きやすくしたと考えることもできるかもしれないが、憲法改正となればおよそ改正目的の達成のためには徹底して敢行されるであろうから、対象条文が多かろうと少なかろうとあまり関係はなく、第２項のみであろうと第１項も合わせてであろうと、改正の労力としてはあまり変わらないのではなかろうか（ただ、憲法改正限界説に立ち、第１項の戦争の放棄規定は〔日本国憲法の基本原理である平和主義の根幹に関わるなどの理解をしたうえで〕改正の限界にかかるものだと解して、そのために戦力を保持するかどうかについては改正に委ねられていると考えれば、この戦争限定放棄説も意味があるということなのだろうか。このような考え方は、日本国憲法の平和主義は平和の実現方法について憲法改正に開いている（改正権者に委ねている）という理解につながるが、のちに述べるように、日本国憲法の平和主義は戦力を保持しない平和の実現方法を前提としていると解すべきなので、支持することはできない）。

　なお、「自衛のため」の戦争とは、結局国家権力（国家体制）を守るための戦争を意味し、国家（権力）にとっては正しい戦争であっても、個人にとっては決して正しいものではないという基本的スタンスから、日本国憲法が戦争に区別を設けて自衛のための戦争を認めたとする説は支持できないとの意見がある（浦部・全訂407頁）。この説は個人主義という観点から戦争限定放棄説を批判する意見であるが、個人主義を基本価値とする立憲主義の徹底という観点と通ずるところがあり、傾聴に値すると思われる。

　第２項の解釈の自衛戦力許容説に対しては、自衛のための戦力と侵略のための戦力の区別をすべき客観的な基準が存在しないため、第２項で戦力の不保持を規定した意味がほとんどなくなることになるのではないかといった疑問が生

ずる。

　この疑問は、政府の解釈に登場する戦力と戦力なき「必要最小限度の実力」の区別にも当てはまる。戦力とそうでないものの区別は、基本的にはその目的および使用のされ方にかかっているが、それでは日常で平時に庶民が生活の中で使うもの、たとえばナイフや猟銃も目的や用い方で戦力になるという理屈にならないか、警察も軍隊となりうるのではないか、そうなればおよそなにものも保持できないということにならないか、といった反論が想定される。たしかに戦力の定義に関しては、その使用目的に合わせてある程度その時代に合わせた機能や能力を考慮せざるを得ない。この意味で政府のかつての戦力定義（「近代戦争遂行能力を有するか否か」）も正当性をもつことになりそうであるが、ここでは対象物の戦力としての特性を厳しく認定するという態度が必要であり、戦力の範囲をいたずらに狭める態度は許されないのであり、この点で政府のそのような定義には正当性は認められない。

　なお、仮に憲法が自衛のための戦力を認めたとすれば、憲法内に自衛のための戦力を前提とした規定（宣戦講和手続、軍の指揮命令権等についての規定）がなければならないが、そのような規定はなく、それどころか、憲法の人権保障を合理的に解釈するとむしろ戦力を全く想定していないと解せざるを得ない部分が多く、以上を総合して考えると憲法上の整合性からして自衛のためであれ戦力を肯定することには無理があると思われる。このことは、政府の「必要最小限の実力論」にも当てはまる。

　結果として、日本国憲法9条は第2項で戦力の保持を許さず、このことから第1項でもあらゆる種類の戦争を放棄しているものと思われる。そして、そのことと関連して具体的に、戦争当事国たることを前提として認められる国家としての諸権利を持たないことを定めたものと考えられる。

(3) 平和的生存権

　日本国憲法前文には「全世界の国民が、ひとしく恐怖と欠乏から免れ、平和のうちに生存する権利を有すること」が謳われている。この「平和的生存権」がどのような規範的意味をもつかということも、日本国憲法の平和主義を定めるにあたっては重要である。

　平和的生存権の意味や規範的性格についてはさまざまな見解がある。これを

あらゆる人権の基礎にある理念的権利としてとらえ、独自の人権としての内容や規範性を認めないもの（芦部・憲法学Ⅰ212頁、小林・後掲189頁など）などのように、憲法の条文に列挙されている他の人権と同等の規範性は認めない立場が有力である。このような立場の根拠は、主にこの権利が前文にしか明示されていないこと、権利としての規範内容（とくに何を具体的に要求する権利かなどといった点）が明確でないことにある。このような根拠に立って、「長沼ナイキ事件」第2審（札幌高判昭和51年8月5日行裁例集27巻8号1175頁。）や「百里基地訴訟」第1審（水戸地判昭和52年2月17日判時842号22頁。）は、裁判規範性を否定した。

　以上のような消極説に対して、平和的生存権に独自の人権としての積極的な規範内容を認めようとする見解もある。それらのうちの1つは、平和的生存権を広義のものと狭義のものに分け、前者は戦争や軍隊など総じて軍事目的のために個人の自由や財産などを剥奪・制限されない権利を意味し、後者は平和のために文字どおり生存する権利それ自体を示すとする。そして後者には兵役の拒否権が含まれるとする（山内・古川・後掲（北樹出版1989年）60頁）。この説に対しては、広義の平和的生存権侵害は他の個別的人権に対する侵害で説明することができ、狭義の兵役拒否の権利も憲法第18条の人身の自由で保障されているので、取り立てて独自に平和的生存権を持ち出す必要がないのでは、といった疑問が唱えられている（浦部・全訂399頁以下）。

　これらの他、憲法9条自体が平和的生存権の内容であるとする説もある。この説によれば、憲法9条は国が戦争や武力行使を行うことだけでなく、軍備自体を平和の阻害と考え、そのような国による平和の阻害行為自体を禁止しており、そしてこのような国の行為が即、国民個々人の平和的生存権という人権の侵害になるとする（浦部・全訂401頁以下。なお、浦部は憲法が確認した平和的生存権は「構造的暴力」もない状態で生きる権利という内容まで含んでいるとする）。このように平和的生存権を理解すると、国家の軍備保有自体が人権侵害となるので、個々の国民は直接そのことを裁判で争うことができるようになり、また、人権侵害である以上、軍備をもつかもたないかを安全保障政策上の裁量問題に委ねざるを得ないという論理を克服できることになる。

　しかし、第9条の規範性を裁判を通して直接に現実化できるという意味では

第5章　平和主義

　この説は非常に魅力的であるが、日本の司法審査制の本質や国民全員が訴訟を提起できるとした場合の現実的な処理の問題を考慮すると、全面的に支持をすることについては躊躇せざるを得ない。平和と主観的な人権の間の決定的に強い結びつきは否定できないが、裁判による人権保障の確実性は司法審査の個別性や主観性に負うところが大きいことも事実である。平和的生存権を現実的な規範として機能させるためには、現在の司法審査の本質論をふまえたうえで、個別的・具体的利益の保障を内容とするものとして構成する方がよいように思われる。

　このように考えると、「長沼ナイキ事件」第1審が基地周辺住民の安全の保障を平和的生存権の内容として認めたうえで、自衛隊のミサイル基地建設のための保安林解除処分をそのような人権の侵害であるとしたことは、平和的生存権に規範性を認めるやり方としては妥当なもののように思われる。ここでは軍事施設の建設によって、国が付近住民に対して「一朝有事」の際に攻撃の対象となりうる危険をもたらしたことが人権侵害となるとされた。基地周辺とそれ以外の地域との間の危険性に客観的にどれほどの違いがあるかは確かに定かではないが、周辺に基地があることによる住民の圧迫感、不安感もあるであろうし、「一朝有事」でなくとも日常的な基地の運用の中で生ずる危険もある。これは基地周辺固有のものであろう。同判決の平和的生存権は実際の物理的な侵害ではなく、「危険」に対する不安などの精神的不利益を保護の対処としたものであると思われる。このような不利益は他の個別的人権ではカバーされないと思われ、この意味で平和的生存権は規範的意味を認められるべきであると考える。

　なお、「長沼ナイキ事件」第2審や平和的生存権の規範性を否定する学説がその際にその規範内容が不明確であるからであるという場合、具体的には平和の実現方法の多様性といった理由が挙げられる。たとえば、現実主義などといわれる立場からは、非武装「丸腰」による平和の実現などは理想論であり、そのような態度は日本の防衛自体を危うくするだけでなく、国際情勢を不安定にすることにつながるとの意見が述べられている。この立場は平和実現のために有効な手段は他国を寄せ付けない武装であると考える（相対平和主義）。

　この立場が非現実的であるとして論難するのが、およそ戦争のための組織や武器のない状況を作り出して戦争が起こる可能性を根本から排除しようという

立場である（絶対平和主義）。日本国憲法の趣旨がこの絶対平和主義に立つものであることは疑う余地はなく、この限りで日本国憲法の指し示す平和の実現方法は多様ではない。「長沼」第2審判決と平和的生存権の規範性を否定する見解は、憲法の解釈からして説得力を持つものではない。

2 日本の平和主義をめぐる問題状況

(1) 日米安保体制と日本の再軍備

日本国憲法の平和主義は日本国民による過去への反省を下に表明された決意であったと同時に、憲法制定当初はアメリカの占領政策によるところが大きかった。当時のアメリカは日本の徹底した武装解除をはかったが、その後の東西冷戦の激化という国際状況の中で、その意図は180度転換した。以後、日本の平和主義をめぐる現実は、アメリカの国際戦略に連動して移ろうことになるのである。

(a) 自衛隊の誕生と拡充

自衛隊が誕生しその装備・規模が拡張され、当初課されていたはずの行動制約が緩和されてきたことは、やはりアメリカの都合に合わせて進められたものである。自衛隊の誕生の直接の契機となったのは、1950年の朝鮮戦争であった。この戦争のために朝鮮半島に出動したアメリカは、手薄になった日本の治安を維持するためという名目で、日本の手による治安部隊を求めた。このアメリカの要請に従い、日本政府は自衛隊の前身となる「警察予備隊」（7万5,000人規模）を設立した（根拠法は警察予備隊令。これをめぐって提起されたのが、有名な「警察予備隊違憲訴訟」である）。この警察予備隊は、その後サンフランシスコ講和条約発効を受けた1952年には質・量ともに拡充された「保安隊」・「警備隊」となり（根拠法は保安庁法。保安隊・警備隊ともに軍隊としての実質を備えるに至るとともに、法律においても対外的な脅威を想定したものであることが規定された。）、さらに1954年の「日米相互防衛援助協定」（通称MSAないしMDA協定）が締結され、アメリカの援助の見返りとしての日本の防衛力増強義務の履行が約束させられると、これを受けて保安隊・警備隊はさらに拡張、強化され、現在の陸・海・空からなる自衛隊となる。以後、幾たびかの増強計画を経て、自衛隊は予

算規模、装備等に関して世界有数の軍隊としての実質を備えるに至る（たとえば、海上自衛隊の保持するイージス艦は、自衛隊が世界有数の装備を誇ることを裏付けている。このイージス艦の価格は一隻約1,200億円であるとされ、当然価格に見合った最新、高性能の兵器である。2000年当時でこの兵器を有するのは、世界でもアメリカと日本、スペインの3カ国のみであるといわれている）。

 (b)　自衛隊の海外派兵

このように拡張・強化されてきた自衛隊であったが、その行動については当初、地域や内容の面で限定が付されていた。自衛隊はあくまでも自衛のための組織であり、「専守防衛」に徹し、先制して他国を攻撃することはできないとされてきた。このため武器を持って海外に出ることは不可能で、いわゆる集団的自衛権に基づく行動も許されなかった。しかし、日米安保体制の強化と変容に基づいて、その行動内容や範囲に対する限定が徐々にゆるめられていく。

日米安保体制はまずは共産主義諸国とりわけ旧ソ連を「敵」と想定して作られたものであったが、その当時は日米の軍事力に圧倒的な違いがあり、ほとんど米軍任せのものであった。その後日本の軍事力が増強され、日本側が米軍とともに実際に共通の「敵」に共同対処できるようになったと考えられるようになると、1978年に「日米防衛協力のための指針」（いわゆるガイドライン）という形の米軍と自衛隊の共同行動に関する取り決めが策定される。東西冷戦構造が消滅した際、これを前提として成立していた日米安保体制の存在意義が問われたが、1996年、日米両首脳の会談による「日米安保共同宣言」で日米安保体制の役割を新たに「アジア太平洋地域の平和と安定の維持」にあるとする安保再定義が行われ、1997年にこれを具体化した新ガイドラインが策定された。この新ガイドラインへの変更に伴って、自衛隊は日本の領域外の「周辺事態」に対処して行動する米軍の後方支援のために共同して行動することが求められることになった。このガイドラインの実施のための国内法（「新ガイドライン関連法」と呼ばれ、周辺事態法、改正自衛隊法、日米物品役務相互協定をさす）も制定された。これらの法律によって、自衛隊は周辺事態で行動する米軍への協力として、後方地域での米兵などの捜索・救出活動、不審船舶の臨検、物資の補給・輸送を行うことができるとされた。また、改正自衛隊法では在外法人の輸送を自衛隊が行うことができるとされているが、その際場合によっては武器使用も

許されるとされている。以上の自衛隊による「協力行為」は日本の領域外で行われるものであり、それまで自衛隊の域外派遣は許されないとされてきた日本政府の方針を踏み越えるものであって許されないのではないかとの批判がなされたが、これに対して政府は自衛隊の行動はあくまでも非軍事的なものであって、域外ではあっても「武力行使」ではないとしている。しかし、軍事行動を行う米軍に対する協力である以上、戦闘行為ではなく後方支援にとどまるといっても、それが本当に軍事活動つまりは「武力行使」ではないといえるのか、また、法律で武器使用の可能性が認められている以上、やはり自衛隊が域外で「武力行使」をすることになるのではないか、域外での米軍への協力である以上、集団的自衛権の行使になるのではないか等の強い批判がなされている。

1990年の湾岸危機および湾岸戦争をきっかけに強まった日本の「人的貢献」への欲求は、別の面での自衛隊の域外活動を促した。湾岸戦争終結後のペルシャ湾への掃海艇派遣が初の自衛隊の海外派兵であった。「国際貢献」という名のもとの海外派兵である。1992年、「国際連合平和維持活動等に対する協力に関する法律」(PKO協力法) が成立した。停戦監視などを任務とするこの活動は場合によっては武器の使用もあり得るため、やはり強い批判がある。また、日本国憲法の求める趣旨の「国際貢献」とは異質のものであるとの指摘もある。

2001年のニューヨークでのテロに対して日本政府はアメリカの対テロ戦争支援ための「テロ対策特別法」を成立させた。この法律は外国艦への補給・輸送などの協力支援活動、戦闘行為で遭難した者の捜索救助活動、生活関連物資の輸送・医療などの被災民救援活動を定めるものである。また、2003年にはイラク戦争後のイラクの人道復興支援や安全確保支援活動を行うために自衛隊を派遣できるとことを定めた「イラク復興支援特別措置法」を成立させた。これらの法律に基づく自衛隊の海外派兵については域外での「武力行使」にあたるとの批判があるほか、湾岸戦争を始め、アフガンやイラクに向けての海外派兵は、アメリカを中心とした国際勢力の一方に与する形でのものであるととらえる立場からは、よりいっそうの批判がある。すなわち、日本国憲法の国連中心主義にも反するのではないかということである。

(c) 安保条約と駐留米軍

日米安全保障条約（旧安保）は、1951年、サンフランシスコ講和条約締結に

第5章 平和主義

よって日本が主権を取り戻したことと引き替えに締結された。この条約は、「極東における平和と安全の維持」（条約第1条）のためにアメリカが日本の領域内に軍事基地を確保できること、外部からの武力攻撃に対して日本の安全を確保するために駐留米軍が行動できること、日本が自国の防衛のために漸増的に自ら責任を負うことが期待されることなどを主たる内容とする。

この旧安保条約は駐留米軍への日本の基地提供義務を定める一方、米軍側の日本の防衛義務は定めていない（あくまでも、米軍の判断で日本防衛のために使用することが「できる」ものとされるにとどまっている）ので、単なる日本の基地提供条約にすぎず、片務条約であるとの批判が強かった。こういった批判と、日本の自衛力の増強といった状況もあって、1960年に新安保条約への改定が行われた。

新安保条約では、日本の防衛力の維持発展が「期待」（旧安保）されるのではなく、条約上の法的義務として明示された。また、その第5条で「共同防衛」の規定がおかれ、日本は国内の駐留米軍が攻撃された際には米軍と共同して行動すべきことが定められた。

その後、1978年には国会の承認を経ない政府間合意の形で「日米防衛協力のための指針」（ガイドライン）が作成され、日本に対する武力攻撃がなされた場合に自衛隊と米軍が共同して対処すること、日本以外の極東における事態での自衛隊の共同使用について等、日米の緊密な軍事行動のあり方が示された。このガイドラインは冷戦構造の崩壊後には新ガイドラインに改定され、日米安保体制の目的が「アジア太平洋地域の平和と安定の維持」とあらためられた。この方針を受けて日本は周辺事態法、有事法制の整備にかかった。

日米安保体制（旧安保から現在までを含めて）は米軍というれっきとした軍隊に日本側が基地供与その他の便宜を与え、支援するというものであること自体、このような協力が第9条の禁止する戦力を保持したことになるのではないかとの指摘がある。たとえば「砂川事件」第1審判決（東京地判昭和34年3月30日判時180号2頁）は、「わが国が外部からの武力攻撃に対する自衛に使用する目的で合衆国軍隊の駐留を許容していることは、指揮権の有無、合衆国軍隊の出動義務の有無に拘わらず」憲法9条2項によって禁止されている戦力の保持に該当するとしている。このような指摘に対して政府は、米軍はわが国が保持する軍

隊ではないとの立場をとっている（1952年の吉田内閣統一見解）。また、この点については「砂川事件」の最高裁（最大判昭和34年12月16日刑集13巻13号3225頁）も、駐留米軍はわが国の指揮権、管理権に服するものではないので、わが国の「保持する」軍隊にはあたらないとの見解を示している（なおこの判決で最高裁は、憲法第9条は日本が自国の平和と安全を維持するために他国に安全保障を求めることを禁じてはいないとの見解も示している）。

　新安保条約になって第5条の「共同防衛」の規定が設けられ、日本が国内にいる米軍が攻撃された際に共同で反撃することが可能になったが、このような事態は政府すらも認めていない集団的自衛権の行使にあたるのではないかとの批判もある。このような批判の危惧する状況は、ガイドライン、新ガイドラインを経てさらに拡張している。米軍が「極東」の範囲で軍事行動をとる際への自衛隊の協力、さらには「アジア太平洋地域」で行動をとる際の協力が義務づけられるにいたって、日本が自国に対する攻撃とは無関係に軍事行動をとる可能性は拡大したのであり、「集団的自衛権の否定」に対する違反の度合いはより高くなっている（ちなみに、安保条約は駐留米軍が行動できる範囲を「極東」地域としているのに対し、新ガイドラインでは「アジア太平洋地域」としたことをもって新ガイドラインは安保条約違反である、との指摘もある）。

　安保体制は憲法第9条単独の問題にとどまらず、その他の憲法規定に関わる多くの問題の原因となっている。いわゆる沖縄問題は、駐留米軍やその基地をめぐって生ずる多くの憲法問題を総称したものだともいえる。そもそも、駐留米軍の存在によってもたらされる日常的な不安や危険は数多く、そのような状態をもたらす軍隊や基地を一部の地域住民の犠牲のもとにおくことが果たして憲法上の平等原則や人権の理念に照らして許されるものなのか、根本的な問題である。こういった特別な犠牲は、基地用地所有者の財産権に対しても強いられている。確かに憲法29条3項は公共の用に供するための私有財産への特別の犠牲を認めている。しかし、日本国憲法の平和主義は軍事的公共性なるものは認めず、それゆえ土地収用法の収用の目的には軍事施設等は列挙されていない。このような中で生じた米軍基地用地の収用問題は当然憲法との不整合を起こし、土地所有者の財産権侵害のみならず適正手続保障違反、さらには収用手続の代理署名問題をめぐる地方自治権侵害など多くの憲法違反の疑いが指摘されるこ

第5章　平和主義

とになる。
　(d)　有事法制
　有事の名のもとで語られる緊急事態法制の研究は、いわゆる「三矢研究」にさかのぼる。三矢研究とは、1963年に統合幕僚会議が行った『昭和三八年度統合防衛図上研究』のことであり（「三矢」の由来については、その年が昭和38（三八）年であったからというものと、対外的脅威に対して政府と自衛隊と国民という三つの矢が団結すべきことを表すものであるとするものがある）、当時の朝鮮戦争を想定して行われたものであった。当時このような研究が自衛隊の現職制服組によってなされたことは国会で厳しく追及され、世論でも強く非難される状況であったが、後に1977年、当時の福田内閣のもとで旧ソ連の侵攻を想定した有事法制研究が公然と行われるようになる。その後1988年の中間報告を経てこの内容を踏襲した有事関連三法案が2002年に国会に提出され、2003年に衆参両議院の圧倒的多数をもって賛成可決された。
　このような有事法制は、三矢研究の頃は国民世論や国家によって徹底的に排撃されたが、冷戦構造の中で政府によって公然と研究が進められうるようになり、有事関連三法（「武力攻撃事態法」「改正自衛隊法」「改正安全保障会議設置法」）が制定されるに至っては、国会だけでなく、国民の大多数が賛成する状況にまで変わっていった（世論の90パーセントの支持があったとされる）。このように有事法制が多くの国民の支持を得られるようになったことには、2001年のテロや朝鮮の脅威などを目の当たりにした国民の対外的な不安の高まりがあったという背景がある。このような不安に乗じてか、小泉首相は「備えあれば憂いなし」として有事関連三法を容易に制定することができた。
　有事法制は、本来日本が対外的脅威の侵攻の危機にさらされたときに、緊急事態に対処するために国家機関その他の公的機関が果たすべき役割や必要に応じて国民が何をなすべきかなどについて定めるものとされていた。このような法制度は他国による武力行使に対してとられる自衛のための行為に関連して問題となるであろう諸々の事項を規制しようとするものである。しかし、日本が有事関連三法を制定した背景には、1990年以降活発化してきている自衛隊の海外派兵や強化されてきた日本の領域外での日米の軍事協力体制があり、それゆえ有事法制は、結局は日本に対する他国の攻撃に対してではなく、周辺事態や

102

対テロ活動戦争というアメリカの戦争に日本が協力する際の国内の戦時体制を定めたものではなかったかとの批判がある。

　このほか、三法のうち武力攻撃事態法に対しては、武力攻撃が認められるに至った事態のほかに、武力攻撃が予測されるに至った事態でも有事体制を敷くことができるとしていることは、個別的自衛権の行使の枠を越えて自衛隊が活動することを許すものではないか、武力攻撃事態や武力攻撃予測事態に対する対処措置の開始や決定についての民主的統制が不十分ではないか等の批判がある。

　さらに、有事法制の実体は、戦前にあった国家総動員法体制の復活であるといった捉え方からの批判がある。日米安保体制に基づく日本の再軍備、活動範囲の拡張は憲法第9条自体に対する違反の問題を生ずるが、有事法制は単に9条の戦争の放棄および戦力の不保持規定違反であるにとどまらず、有事の名のもとに深刻な人権規制をともなうがゆえに、軍事を人権規制の根拠として想定していない日本国憲法のもとでは認められない、ということである。民間人や地方自治体などの職員が、有事に際して自己の意思に反する種々の義務を「有事」の名目で課されることが規定されているが、このようなことが憲法で保障されている人権の制限理由として正当化できるかどうかということに対する疑問である。

(2)　まとめ——解釈改憲論から第9条改正論へ

　平和主義、とりわけ第9条の解釈をめぐる議論においては、日本が軍隊を持つことができるかどうかといった問いが常に中心にあった。具体的にいえば、自衛隊の存在が違憲であるかどうか、わが国に駐留している米軍の存在が違憲であるかどうかということである。

　政府は、憲法制定当時から現在に至るまで、わが国が軍隊を持ち得ないことを認めてきたが、そのかたわらで自衛隊を維持し、駐留米軍を受け入れ続けている。この状況を説明するために、政府は自衛隊を戦力（軍隊）の範疇に入らないものとして位置づける方法を採ってきた。駐留米軍に関しては、この軍隊については日本に指揮命令権がないことを理由に「保持」を否定してきた。

　自衛隊が戦力でなく、自衛のための最小限の「実力」に止まるとの論法を採ってきた政府は、このために自衛隊の軍事行動（防衛活動？）が行われてよいの

第5章　平和主義

は他国がわが国に対して攻撃を仕掛けてきたときのみであるとの見解(「専守防衛」)を示している。すなわちわが国は個別的自衛権しか保持し得ず、同盟国に対する攻撃をきっかけに行使される集団的自衛権は保持できないという立場に立っているということである。しかし、近年、自衛隊の海外派兵が公然と行われるようになって、このような政府の立場との整合性が疑われるようになってきている。

　日本国憲法の立場は第9条を中心として解釈する限りは、一切の戦力を持たない、非武装の中での平和の実現を志しているととらえるのが自然である。それゆえ、現行憲法のもとで自衛隊や米軍の存在を正当化しようとしてきた政府の努力にも拘わらず、それらを維持するための法制度や政策は憲法のさまざまな規定との間で避けられない摩擦や矛盾を生じている。それならばいっそのこと憲法第9条を改正して、自衛隊や安保体制を憲法との摩擦から解放しようというのが、最近の政府主導の憲法改正論の中心にある(このことは、皮肉にも政府首脳が現在の状況は憲法9条違反であることを認めていることを表している。また、首相自身が(個人的意見であるとしながらも)現状と憲法の間の矛盾を公然と発言しているが、国家の最高権力の座にある立場の人物の発言として、憲法99条との関係で重大な問題であると思われる。なお、第9条改正論者には、自衛隊が憲法違反ではなく、憲法(9条)が自衛隊違反であるなどと唱える者もいる)。

　以上のような意味で政府の立場という観点から見れば、日本国憲法の平和主義および第9条の問題は、遵守の時代、解釈改憲の時代、改正の時代と流れてきているといえる。

　ここで見逃してはならないのは、この政府が推進する第9条改正論が、最近の憲法改正を一方で特徴づける「国民の行為規範としての憲法へ」という方向性と密接に結びついているということである。有事というにしろ安全保障というにしろ、また国際貢献のためというにしろ、およそ軍事行動のための組織や体制は個人の尊重とは対局に位置するものなのであり、個人の尊重を基本とする立憲主義やこれをもとにして保障される数々の人権は究極的には両立することはない。仮に政府のいう方向で憲法改正がなされ、日本国憲法の平和主義をなし崩しにすることは、さまざまな意味で立憲主義を危うくすることにつながり、最終的には、憲法の存在意義すらも無意味なものにしかねないという危険

性をはらんでいる。

【参考文献】
　加藤周一・井上ひさし・樋口陽一・水島朝穂『暴力の連鎖を超えて―同時テロ、報復戦争、そして私たち―』岩波ブックレット No. 561
　小林直樹『憲法講義（上）〔新版〕』（東京大学出版会、1980）
　田代菊雄・松山忠造・葛生栄二郎・真鶴俊喜『平和と人権〔改訂版〕』（法律文化社、2004）
　仲地博・水島朝穂編『オキナワと憲法～問い続けるもの』（法律文化社、1998）
　樋口陽一『憲法　近代知の復権へ』（東京大学出版会、2002）
　松井茂記『日本国憲法（第2版）』（有斐閣、2004）
　山内敏弘・古川純『〔新版〕憲法の現況と展望』（北樹出版、1989）

第6章 国会と「立法権」

　主権者である国民による選挙によってその構成員が選ばれる国会。その国会は、憲法41条により「国権の最高機関であつて、国の唯一の立法機関である」とされる。そこからは、国会が国家統治における重要な地位を占めることが想像できる。ではより具体的には、国会をめぐってどのような問題が起こりえるのであろうか。本章では、国会と「立法権」の関係を中心に、国会をめぐる憲法学上の諸問題について見ていくこととする。

1　国会の地位と性格

(1)　国民の代表機関

　日本では国の議会を「国会」と呼び、憲法前文には、「日本国民は、正当に選挙された国会における代表者を通じて行動し」、「権力は国民の代表者がこれを行使」するとされる。こうした民主主義観は、直接民主主義と対比され、代表民主主義とか議会制民主主義などといい、この意味での国会の性格を、「国会は国民の代表機関である」という。

　憲法43条1項には、国会における「両議院は、全国民を代表する選挙された議員でこれを組織する」とある。この「全国民を代表する」とは、一部の国民を代表しないという意味を有する。つまり、国会議員は、選挙制度上、主に地域を中心とする特定選挙区から選出されるが、選ばれた以上は、こうした特定の地域や団体の利益代表としてではなく、すべての国民の利益のために行動すべきという意味を持つ。

(2)　国権の最高機関

　憲法41条は、国会は、国権の最高機関であると定める。この法的意味をめぐっては諸点を論じることができるが、ここでは「最高機関」をめぐる学説の

みにふれる。「最高機関」をめぐる伝統的な理解では、統括機関説と政治的美称説との対立が挙げられる。

　統括機関説とは、国家の諸機関により国家の意思力である国権が発動される場合に、それを統括する機関が必要とされ、これを統括する機関が国会であるという説である。こうした説により帰結されることは、内閣や裁判所などは、国会の下位機関であって、国会の意思に従う必要があるという理解を究極的には導くということである。

　これに対して国会が国権の統括機関であると理解すると、国民主権や権力分立といった憲法に定める他の基本原理に抵触することとなり問題であるとして唱えられるのが政治的美称説である。この説は、国会が、国民からの信託を直接的に受けていることから、国家機関の中で高い地位を占めることは否定しないまでも、それは法的な意味での統括機関であるといった性格を有するものではなく、実質的な優位を保ちながら、国政の中で重要な位置にあるということを「最高機関」という美称でもって飾ったにすぎないというものである。現在の通説的理解は、この政治的美称説である。

　しかし、近年の憲法学説には、政治的美称説があまりにも名目的すぎ、「最高機関」という言葉にはより積極的な法的意味があるのではないかといった理論的視点、また、行政優位・議会軽視の国政運営を変えて国会の優位性を形成することが必要ではないかといった実践的視点から、「最高機関」の意味を問い直す動きもある。特に有力に主張されているのが、最高責任地位説である。この説は、国会はこうした文言から国政全般の運営についての最高の責任を負う地位にあるとし、最高機関性を国会の解釈指針の根拠としようとする。しかし、批判も多く見られ、通説的地位にあるとはいえない。

(3)　唯一の立法機関

　同じく憲法41条は、「国会は唯一の立法機関である」と規定する。これは、国会が立法権を独占するという意味である。明治憲法の下では、天皇は、帝国議会の制定する法律に拘わらず、国民の権利制限などを行うための独立命令を出すことができたが、日本国憲法の下では、特に国民の権利制限などをともなうきまりを作るには、国会の制定する「法律」によらねばできない。行政は、国のきまりの一形式である「命令」（例えば、内閣の定める政令、内閣府の定める内

閣府令、各省の定める省令、人事院などの定める規則）を定めることができるが、この場合、国会による明確な委任がある場合（委任命令）か、国会が定める法律を執行するためにより細かい規則を必要とする場合（執行命令）のみが許されるに過ぎない。つまり、内閣総理大臣などによる独立命令などは憲法上認められない。

2　国会の構成・活動・権限

(1)　二　院　制
(a)　二院制の分類

日本の国会は、衆議院・参議院の二院制を採用しており、このことは憲法42条に示されている。世界の多くの国の議会は、一院制または二院制を採用している。二院制の国としては、日本の他、アメリカ、イギリス、フランス、ドイツなどが挙げられる。二院制では、通常、国民から選挙で選ばれる議員からなる議院を「下院」、必ずしもそうでない議院を「上院」と呼ぶ。特に上院の性質は、国により異なり、おおよそ①貴族院型、②連邦型、③その他の型、に分類される。

①　貴族院型とは、必ずしも広く国民から選挙により選ばれたのではなく、例えば国王などから任命された「勅撰議員」から構成される議院を上院とするものである。貴族院では旧来の身分制度における貴族が議員となる場合もあるが、一定の専門的職業（例えば学者など）の人を議院に迎えいれるために貴族称号を与えて議員とする場合もある。明治憲法下の日本は、こうした貴族院型を採用していた。現在のイギリス議会もこの貴族院型に数えられるが、近年では、貴族院改革が行われて、旧来の貴族議員を制限する方向になっている。

②　連邦型とは、連邦制の国家に見られる上院の類型で、例えばアメリカ合衆国連邦議会がこれにあたる。アメリカでは、上院は民選ではあるが、上院には人口規模にかかわらず各州2名の代表が送られる。この場合、一票の格差といったことは問題にならず、上院議員は、各州代表として機能することになる。

これらに対して、③その他の型があり、現在の日本はこれに分類される。日本の場合、下院である衆議院の議員も上院である参議院の議員も国民の選挙に

よって選出され、両議院とも、各都道府県から代表者2名を選ぶといった選挙制度ではなく人口規模により選出議員の数が変わり、一度選ばれた場合には全国民の代表として職務を行うことが求められている。こうした日本のような参議院は、「民主的第二院型」と呼ばれることがある。

(b) 二院制の意義と、日本における参議院の問題点

第二院の存在理由は、通常、一院の議会による専制防止や下院の軽率な判断について上院が修正するなど、審議・決定を慎重に行うなどが挙げられる。また、②・③などの場合には、民意の反映がより図られるといったメリットがある。また、先に見たように連邦制国家では、各地域（州）の代表者を中央（連邦）に送るためという意義も有する。

日本の参議院も連邦制にまつわる理由を除いては、同じことがいえる。ただし、日本が二院制、特に戦後、民主的第二院型を採用した背景には、歴史的な事情があったことも事実である。明治憲法下、帝国議会は、男子のみの一定の国民による普通選挙で選ばれる衆議院と、貴族身分を有する者で構成される貴族院で構成されていた。戦後、日本の統治機構改革を推進したGHQは、こうした二院制を廃止し、一院制を導入することを求めた。これに対し日本側は、貴族院の伝統から二院制を主張したことから、GHQは、日本が民主的二院制を採用することを条件に、二院制を維持することを認めたとされる。

民主的二院制の場合、そのどちらとも国民による選挙で選ばれることから、それぞれの院の独自性が出にくい。そこで日本の場合、それぞれの院の権能を異なるものとし、衆議院の被選挙権を25歳以上、参議院の被選挙権を30歳以上などとして参議院議員をより高い年齢の人で構成させることで、参議院をより穏健かつ良識の府とするべく、制度設計をしている。また、選挙制度も異なるものを採用してきた。さらにかつては、院内での政党のあり方を考え、衆議院の政党化に対抗して参議院では政党とは若干異なる緩やかな会派（緑風会などの試み）の存在が、参議院の「良識の府」としての存在感をアピールしてきた。

しかし、緑風会などの試みが低迷し、参議院においても政党化の波が押し寄せ、かつ最近では、衆議院も参議院も比例代表を導入するなど選出方法も似たものとなっている。こうしたことから、どちらの院でも同じような政党が同じような勢力を持ち、同じような議決がなされることからも、衆議院に対する参

第6章　国会と「立法権」

議院のチェック機能が低下し、「参議院は衆議院のカーボンコピーである」などと揶揄されている。そこで最近では、参議院不要論も登場しているが、一方で、衆議院と同じような意味での民主的議院ではなく、その他の方法での民意の反映ができるのではないかといった点も踏まえた、参議院のあり方を再考する動きも登場している。しかし、参議院のあり方を憲法解釈論として考える場合には、どの程度の参議院の独自性を憲法典自身が認めているのかを見極める必要がある。

(c)　両院の関係

両議院はそれぞれの自律権を有しており、各々独立して議事・議決を行う(独立活動の原則)ものの、国会の意思の成立にあっては、二院制の場合それぞれの院との相互関係が重要となる。こうした両院の権能関係については、比較法的な視点から見た場合には、それらを対等な関係におく場合と、一方の院を優位に置く場合とに分類されうる。日本国憲法の下では、衆参両院の所管する権能の範囲はほぼ対等であるといわれるものの、衆議院の優位性を認める二院制が採用されている。

例えば、日本国憲法は、衆議院に対し、内閣不信任議決権(69条)、予算先議権(60条1項)を特別に認めている。また、参議院と同じ所管を持つものであっても、法律案の議決(59条)、予算の議決(60条)、条約の承認(61条)、内閣総理大臣の指名(67条)については、衆議院の議決が参議院の議決に優位することを憲法上認めている。具体的な手続としては、法律案及び予算の議決、条約の承認、内閣総理大臣の指名について、両院の意見が対立した場合には、両院協議会が開かれることがある。しかしこれをもって妥協案を見ることができない場合、法律案の議決を除き、最終的に衆議院の議決が「国会の議決」となる。法律案の議決については、衆参異なる議決をした場合、衆議院で出席議員の3分の2以上の多数で再び可決したとき、法律となる(59条1項)。

一方、参議院のみに認められている権能としては、衆議院の解散中における緊急集会の開催とその際の議決権がある(54条2項)。しかし、こうした措置は、臨時のものであり、次の国会開会後の10日以内に、衆議院の同意がない場合には、その効力を失う(54条3項)こともあり、衆議院の優位性をゆるがせるものではない。

(2) 国会の権能

国会の憲法上の主な権能としては、憲法改正発議権（96条）、法律議決権（59条）、内閣総理大臣指名権（67条）、弾劾裁判所設置権（64条）、条約承認権（61条・73条3号）、財政監督権（60条・83条）を挙げることができる。

(a) 憲法改正発議権

> **設例** 憲法改正の手続における国会による発議権について定めた、日本国憲法96条の「「各議員の総議員の3分の2」」とする文言を「各議員の総議員の2分の1」と改定することは、憲法理論上、どのような意味を持つか。

憲法96条1項は、「この憲法の改正は、各議院の総議員の3分の2以上の賛成で、国会が、これを発議し、国民に提案してその承認を経なければならない。」と規定される。憲法改正手続においては最終的に国民投票による過半数の賛成が必要であるように、憲法改正の終局的な権限は、国民主権原理に立脚していることからも国民にある。そこで、憲法は、憲法改正の発議についても、主権者国民を代表する機関であって、国権の最高機関としての地位にもある国会に、その権限を与えたといえる。

ここでいう「発議」とは、国民に対して提案される憲法改正案を国会が決定することをいい、発議の際の改正案の提示も、各議員にあると考えられる。この場合、内閣に憲法改正発議権を認めることができるか否かという理論上の関心事があるが、実際上、内閣総理大臣をはじめ、内閣の構成員の過半数は国会議員の中から選ばれることが憲法上規定されているために（67条1項・68条）、議員資格を持つ人員を通じて改正発議権が行使しえることとなる。

憲法改正の発議は、各議員の総議員の3分の2以上の賛成が憲法上要件とされている。通常の法律制定の場合、各院での出席議員の過半数でこれを決することになっていること（56条・59条）からすると、総議員のしかも3分の2以上によって発議が可能であるという改正要件は、非常に厳格であるといえる。憲法の改正についてこうした厳格な要件が定められているのは、一方で憲法の安定性を高度に保持するためであり、他方で、時々の政治状況に対応するための可変性をも確保するためである。こうした点は、硬性憲法である日本国憲法の

特徴でもある。

> 【解説】 既に述べたように、憲法自身が、憲法改正の要件を厳格に定めている理由は、憲法の可変性を一方で認めつつも、憲法の安定性を求める点にある。こうした憲法を硬性憲法という。近代立憲主義憲法には硬性憲法にあたるものが多いが、それには上記の理由に加えて、憲法が人権保障の規定を持つことからも、人権保障の安定性を重視することにもあるといえる。こうしたことから日本国憲法96条の「各議院の総議員の３分の２」とする文言を「各議院の総議員の２分の１」と改定することの憲法理論上の意味を総合的に考えると、次のようなことがいえる。ここに提示された「各議院の総議員の２分の１」とする基準は、通常の法律の制定における「出席議員の２分の１」とする基準からすれば、なお硬性であることは確かである。しかし、その硬性度はきわめて低くなることが考えられる。こうした憲法の改定は、社会・政治の変化に対応した憲法の改定をしやすくすることになり、一見、「時代にあった憲法」を実現しやすくするようにも見えるが、憲法自身にストイックな内容を持たせ、国家を自己拘束することこそが、立憲主義の核心部分であると考えるのであれば、容易な憲法改正手続を設けることは、自己拘束を緩めることとなる。また、こうした緩やかな基準により人権規定の改廃が朝令暮改に行われることになれば、人権の法的安定性が失われていくことが予想される。特に、人権の自然権性が十分に認識されない国家においては、その傾向がより強まることとなる。

(b) その他の権能

① 法律議決権　「国の唯一の立法機関」である国会は、「法律」という法形式による立法権を持つ。この法律は、国会のみの議決で成立するのが原則である。

② 内閣総理大臣指名権　内閣総理大臣は、憲法上、国会議員の中から国会の議決によって指名を受ける (67条)。これを受けて天皇は、儀礼的ではあるものの、内閣総理大臣を任命する (6条)。

③ 弾劾裁判所設置権　「国会は、罷免の訴追を受けた裁判官を裁判するため、両議院の議員で組織する弾劾裁判所を設ける」(64条１項)。特に独立した身分を保障される裁判官について、権力分立の観点から、何らかの統制する作用を必要として規定されたものといえる。そのため、国民を直接的に代表す

法律の立法過程

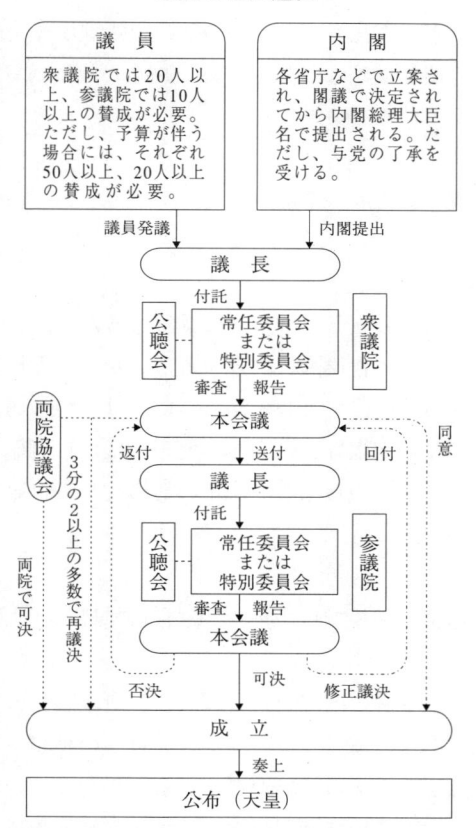

```
┌─────────────┐      ┌─────────────┐
│   議　員    │      │   内　閣    │
│衆議院では20人以│      │各省庁などで立案さ│
│上、参議院では10人│      │れ、閣議で決定され│
│以上の賛成が必要。│      │てから内閣総理大臣│
│ただし、予算が伴う│      │名で提出される。た│
│場合には、それぞれ│      │だし、与党の了承を│
│50人以上、20人以上│      │受ける。     │
│の賛成が必要。  │      │          │
└──────┬──────┘      └──────┬──────┘
    議員発議              内閣提出
       │                    │
       └──────────┬─────────┘
                ▼
            ┌───────┐
            │ 議　長 │
            └───┬───┘
               付託
  ┌───┐    ┌─────────┐   ┌───┐
  │公聴│----│常任委員会 │   │衆議│
  │ 会 │    │または    │   │ 院 │
  │   │    │特別委員会 │   │   │
  └───┘    └────┬────┘   └───┘
          審査 │ 報告
               ▼
            ┌───────┐
            │ 本会議 │
            └───┬───┘
       返付   送付   回付    同意
               │
            ┌───────┐
            │ 議　長 │
            └───┬───┘
               付託
  ┌───┐    ┌─────────┐   ┌───┐
  │公聴│----│常任委員会 │   │参議│
  │ 会 │    │または    │   │ 院 │
  │   │    │特別委員会 │   │   │
  └───┘    └────┬────┘   └───┘
          審査 │ 報告
               ▼
            ┌───────┐
            │ 本会議 │
            └───┬───┘
        否決  可決  修正議決
               ▼
            ┌───────┐
            │ 成　立 │
            └───┬───┘
               奏上
            ┌───────┐
            │公布(天皇)│
            └───────┘
```
（両院協議会　両院で可決　3分の2以上の多数で再議決）

（参議院ホームページより抜粋　http://www.sangiin.go.jp/japanese/frame/guide1.htm）

るとされる国会にこうした裁判官の弾劾裁判所が設置されたといえるが、一方で、政治的存在ともいえる国会が政治から独立した公平な裁判を行えるのかは疑問も残る。そのため、国会そのものが裁判所となるのではなく、国会とは異なる特別裁判所という形態とることで、独立性や公平性を保っているものと思われる。

　④　条約承認権　憲法上、条約の締結権は内閣に与えられながら、「事前に、時宜によつては事後に、国会の承認を経る」（73条3号）とする。この場合の内閣と国会の関係について詳しくは、第8章を参照。

⑤ 財政監督権　国家の財政統制は、歴史的にも、国の議会がこれを行ってきたとされる。日本国憲法もまた「国の財政を処理する権限は、国会の議決に基いて、これを行使しなければならない」(83条) とし、国家予算についての議決権を国会に与えている (60条)。

3　議院の構成・活動・権限

(1)　議院自律権

各議院が他の機関から独立して審議等を遂行するために、その内部の組織のありようや運営に関して、自律的に決定することができる権能を、議院自律権と呼ぶ。議院が何から「自律する」のかについては2つの側面がある。1つ目は、内閣や司法といった三権分立のうちの他の二権から自律しているということであり、2つ目は、二院からなる立法権の他の院から自律しているということである。

(a)　内　　容

議院自律権は、通常、①組織自律権、②運営自律権、③財務自律権に分類される。

①組織自律権とは、議院の内部組織の編成や、所属議員の身分・身柄に関して決定しうる権能である。前者については、委員会の種類や構成をどのようにするのかといった点を決定する権能が含まれる。後者については、議員の資格争訟の裁判権 (55条)、不逮捕特権解除のための議院許諾や逮捕されている場合の保釈要求権などが含まれる。②運営自律権とは、議院における組織の下、どのような運営を行っていくかを決定し、そのために必要な規則を制定する権限である。また、議院内部における秩序維持のための院内警察権や、議員に対する懲罰を行使する権能などもここに含まれる。③財務自律権とは、議院の組織運営上必要な経費に関する自律権である。

(b)　議院規則制定権──議院規則と国会法の関係

議院自律権をめぐる諸問題のうち重要な論点の1つが、運営自律権の中の議院規則制定権の問題である。近代の議会制においては、各議院が、その内部事項について自律的に議事規則を定めることができるとされてきた。このことは

3　議院の構成・活動・権限

歴史的に見ても特殊なことではない。日本国憲法は、「両議院は、各々その会議その他の手続及び内部の規律に関する規則を定め……ることができる」(58条2項) とあるが、このことは一方で、憲法が議院自律権を保障していることを肯定的に評価して読むことができる反面、そもそも憲法がそのような定めを持たなくても議院規則制定権は議会法伝統より当然認められることからも、憲法自身による制限を受けていると読むこともできる。

しかし、憲法自身が議院規則制定権を予定すること自体の評価はひとまずおくとしても、つとに議論の対象となるのは、通常法律により議事規則が制定されることの問題性である。明治憲法51条には「両議院ハ此ノ憲法及議院法ニ掲クルモノヽ外内部ノ整理ニ必要ナル諸規則ヲ定ムルコトヲ得」と規定しており、憲法典の中に、各院が定めるのではなく、帝国議会の定める「議院法」の存在を前提とした限定的な議院規則権をそこに見ることができた。一方、日本国憲法においてはそうした規定はなく、両院の自主性に任せている点で、明治憲法とは異なるとされた。しかしながら、実際のところ、日本では国会法が制定され、本来であれば議院規則で定めるような議院内部に関する諸事項がそこに込められている。

国会法は、「法律」という法形式で定められていることから、両院の議決をもって制定されている。つまり、このことは、各院が独自に運営の規則を定める権能があることに抵触しないであろうか、または院の運営自律権に大きな制限が加えられていることになりはしないか、こうした国会法の存在は本来の議院自律権論とは相容れないのではないか、といった論点を提起する。

さらに具体的な解釈問題としては、院の自律権を前提として考えた場合に、国会法の規定と、各院の議院規則とでは、どちらが優位なものとして扱われるのかが問題となる。この点について学説は、国会法優位説と議院規則優位説とに分類される。国会法優位説の論拠は、議院規則が一院による議決で足るのに対し、国会法は両院の議決を必要としており、議決要件の厳格な方がより高位の規範性を有するとする点にある。これに対して議院規則優位説は、日本国憲法における議院規則制定権規定が、明治憲法などとは異なり、内部規律制定の議院の専属性を認めていることや、本来の議院自律権のあり方などを強調することで、議院規則の優位性を説く。

(c) 議院自律権と司法審査

裁判所は、議院の自律権に属する行為について、審査できないとされている。この問題をめぐり、かつて野党の反対により議場が混乱したまま採決され可決した法律についてその議決の有効性をめぐる裁判が起こされたことがある。これについて最高裁は、この法律が「両院において議決を経たものとされ適法な手続によって公布されている以上、裁判所は両院の自主性を尊重すべく同法制定の議事手続に関する所論のような事実を審査してその有効無効を判断すべきでない」とした（最大判昭和37年3月7日民集16巻3号445頁）。

(2) 国政調査権

憲法62条は、「両議院は、各々国政に関する調査を行ひ、これに関して、証人の出頭及び証言並びに記録の提出を要求することができる」と定めている。これは、いわゆる国政調査権を定めた規定である。国政調査権とは、国会または議院が、その憲法上の権限だけでなく、広く国政上の重要な権限を実効的に行使するために必要な調査を行う権限であるとされ、国会で開催される常任委員会と、特定の問題を調査するために設けられる調査特別委員会で通常用いられる。

(a) 国政調査権の性質

国政調査権の法的性質をめぐっては、これまで大きく分けて2つの考え方が提示され、対立してきた。

まずは、国会が「国権の最高機関」である以上、国会には国のすべての機関を統括する役割があることを前提に、国政調査権を統括の一手段ととらえ、オールマイティーな権能としてみる考え方である（独立権能説）。一方、国会の最高機関性に関し政治的美称説を唱える立場を中心に、他権との関係からも国会にオールマイティーな権能を与えることはできないとし、国民の代表としての役割をもつ国会が、国政を進行するにあたって必要な情報を入手するためのみに与えられる補助的権能であるとする考え方が存在する（補助的権能説）。

独立権能説については、日本国憲法制定当初から一定の時期まで通説的見解であった。しかし、芦部信喜の研究以降、国会が、国会以外の他の権力、特に裁判所の判決などについてその内容が不当であるとして調査をすることにもなりかねず、立憲主義の要ともいえる三権分立が侵害され、国会による独裁にな

ることへの危惧が指摘され、通説的見解は、しだいに補助的権能説へと移り変わっていった。現在の通説的見解も補助的権能説であるといってよい。

しかし近年、政治主導の国政運営を志向しようとする場合や、一方で国民の「知る権利」を実効的に保障する手段としての国会（議院）の調査機能を重視すべきとする考え方などから、長年通説とされた補助的権能説では不十分ではないかといった意見も出されてきており、新たな説が有力な地位を占めつつある。

(b) 国政調査権の限界

補助的権能説に立つ場合、議院の行使できる権能の限界が、司法権との関係と基本的人権との関係で、特に問題となる（その他、行政権との関係における限界など）。

国会(議院)は、例えば、司法政策の遂行のため新たな法律を作成することはありえることから、国政調査権の範囲内で、実際の裁判の手続などを調査することはできよう。しかし、判決の内容を不当であると宣言するなど、裁判所や裁判官に圧力を与えるための調査は、司法権の独立という憲法上確立した原理を侵すことにもなりかねず、禁止されていると考えられる。かつて参議院法務委員会が、子を殺害した母親に対する浦和地裁の判決の量刑について不当に軽いということで決議を行ったことがある。これに対して最高裁は、司法権の侵害ではないかとして抗議をした（浦和事件）。法務委員会は、こうした国政調査権の行使は妥当であると反論したものの、憲法学説では、こうした法務委員会側の対応について、一様に批判的である。

基本的人権との関係では、例えば、議院での国政調査権行使のための証人喚問を実施する際、そのための委員会において証人の思想傾向などを探るための質問をすることは、証人の基本的人権を侵害することになる。証人がこうした質問をされた場合には、憲法38条の黙秘権や、議院証言法7条などを根拠として証言を拒否できるであろう。

4 国会議員の地位と特権

(1) 国会議員の地位

すでに述べたように、国会議員は、憲法上、全国民を代表する地位を与えら

れている（43条1項）。こうした身分は、理念的には、特定の地域や職業組合などに従属するものであってはならず、独立していなければならないと理解される。しかし、例えば一方で、議会の政党化現象により、政党による強い党議拘束がかけられるなどして、その独立性が必ずしも保たれない状況となり、また他方では、国民意思による議会(議員)の拘束が憲法上求められているとの議論が出されており（社会学的代表論や人民主権論）、伝統的・古典的な議員像は、現実的には溶解しつつある状況にあるといえよう。

(2) 国会議員の権能

国会議員は、衆議院・参議院の構成員として、国会・議院の活動に参加し、議案発議権、動議提出権、質問権、質疑権、討論権、表決権といった権能を行使する。

(3) 国会議員の特権

全国民の代表者として自由に国会での職務を遂行するために、国会議員には、一定の特権（特典）が憲法上付与されている。これらのうち重要なものとして、免責特権と不逮捕特権とがあげられる。

(a) 免 責 特 権

> **設例** Y衆議院議員は、衆議院の委員会において、一般市民であるXの氏名やその不名誉な行動を具体例として挙げながら、政府への質疑を行った。これに対してXは、こうした発言に、Xへの名誉毀損的な内容が含まれているとして、Yと国とを相手取り、損害賠償を請求する訴訟を裁判所に起した。こうした訴えは憲法の視点からどのように評価できるか。

議会における討論や表決で議員は、全国民の代表として自由にその職務を遂行することが求められる。しかし、議員はきわめて政治的な存在であることからも、政敵が議院の内外に存在し、自由な職務の行使は非常に難しいともいえる。また、議院全体としても自由闊達な議論が展開されることが望ましいものの、議員の高度な自由を保障しなければ、その実現は不可能とさえいえる。そこで近代立憲主義国家における議会では、議員に対する最も重要な特権として、議院内における発言等を含む職務の行使についての免責が保障されている。憲

法51条は、「両議院の議員は、議院で行つた演説、討論又は表決について、院外で責任を問はれない」と定めているが、これを議員の免責特権という。

　免責特権は、文言上示されているように、議院における演説や討論における発言内容の他、どのような表決を行ったか、それらについての法的責任の追及を免除されるといわれる。またこうした特権は、議員の職務や行動について広く自由であることを保障するという性格から、そこに示される文言に限らず、議院内における職務行為に加え、職務に附随する行為も含まれると解されている（東京地判昭和37年1月22日判時297号7頁〔第1次国会乱闘事件〕、東京高判昭和44年12月17日高刑集22巻6号924頁〔第2次国会乱闘事件〕）。また「院外で責任を問はれない」とあるが、この「責任」とは、民事・刑事上の法的責任や弁護士の懲戒責任等を含むとされる。一方で、議院による議員に対する懲罰権の行使といった院内での責任や、所属政党による懲戒といった責任は法的責任ではないことから、免除されないと理解されている。

　こうして考えると、議員の院内における討論や質疑における職務上の発言は、憲法上絶対的に免責されると通常理解される。しかし、近年、「今日、会議における発言が、直ちにマス・メディアを通じて広く流布される状況の下に、例えば、議員の発言によって著しく名誉を毀損された一般の国民にとって、全く法的救済の途がないというのはいかがなものかという疑問がありうる。つまり、この免責特権は絶対的なものか、あるいは国民の基本的人権を侵害する場合において厳格な要件の下に例外が認められうるか」（佐藤幸治「『議員の免責特権』について」佐藤(幸)他・ファンダメンタル204頁）といった、「絶対的免責特権」に対する「相対的免責特権」という有力な学説が学界に登場している。

　この考え方は、一義的には、議員に対する損害賠償請求等を認めることができるのではという考え方であるが、これに対しては、根強い反対論がある。裁判所もまた、議員の免責特権は、憲法51条により絶対的に保障されているとしている（札幌高裁平成6年3月15日民集51巻8号3881頁）。一方、その上告審である最高裁判決では、そもそも国会議員を含む公務員は、公務上生じた責任を公務員個人では負わないとする判例法理により、議員個人に対する損害賠償請求は認められないとした（最判平成9年9月9日民集51巻8号3850頁）。

　これに対し、国家賠償請求に関しては、これを認める余地があるとする説と、

これもまた認められないとする説がある。最高裁は、「国会議員が国会で行った質疑等において、個別の国民の名誉や信用を低下させる発言があったとしても、これによって当然に国家賠償法一条一項の規定にいう違法な行為があったものとして国の損害賠償責任が生じるものではなく、右責任が肯定されるためには、当該国会議員が、その職務とはかかわりなく違法または不当な目的を持って事実を摘示し、あるいは、虚偽であることを知りながらあえてその事実を摘示するなど、国会議員がその付与された権限の趣旨に明らかに背いてこれを行使したものと認め得るような特別の事情があることを必要とすると解するのが相当である」(最判平成9年9月9日民集51巻8号3855頁)として、当該裁判での救済は見送られたものの、救済の余地をわずかに残した。

> **【解説】** この設問に対しては、XによるYに対する訴訟と、国に対する訴訟とを分けて論じる必要がある。
>
> まず、Yに対する訴訟は、民事上の損害賠償請求である。これについては第1に、憲法51条の議員免責特権の保障の対象となり、民事責任を免除されるかが問題となる。学説の中には、一定の場合に免責されないことを盛り込んだいわゆる「相対的免責特権」もあるが、通説的見解では、議会内での通常の議員としての職務上の発言である以上、絶対的に免責される。ただし、最高裁判例では、憲法上の議員免責特権を持ち出すまでもなく、公務員が業務上行った不法行為については、公務員自らその責任を負うことはないとする判例法理により、免責されるという考え方を採っている。いずれにせよ、議員個人に対する損害賠償請求は困難といえる。また、国家賠償請求については、最高裁判例から見るに、その発言内容が、「その職務とは関わりなく違法または不当な目的を持って事実を摘示し、あるいは、虚偽であることを知りながらあえてその事実を摘示する」ような場合についてのみ、国家賠償が認められるであろう。

(b) 不逮捕特権

憲法50条は「両議院の議員は、法律の定める場合を除いては、国会の会期中逮捕されず、会期前に逮捕された議員は、その議院の要求があれば、会期中これを釈放しなければならない」と定める。免責特権が認められる理由と同じように、憲法上、不逮捕特権が認められるようになった背景には、政敵による

「口封じ」的な議員の逮捕・拘禁があったからに他ならないのであり、さらに、こうした不当拘束により、議院の機能が低下・麻痺することをおそれた結果であるといえる。

しかし、免責特権の保護の射程となる行為は、院内の業務行為である一方、不逮捕特権については、院内の行為の直接関係しないものまで不逮捕の対象になってしまうことを考えると、一般国民との関係であまりにも不公平になってしまうおそれはある。諸国においては、こうした不逮捕特権を事実上無くしている国もある。日本国憲法はそこで、「法律の定める場合」には、逮捕することがあると予定している。国会法43条には、「各議院の議員は、院外における現行犯罪の場合を除いては、会期中その院の許諾がなければ逮捕されない」とし、また同法34条では、裁判所又は裁判官からの要求書を受け、内閣が議員逮捕許諾を当該議員の所属議院に求めることを定めている。

議員の逮捕許諾をめぐっては、逮捕許諾を一定期間に制限することができるか否か（期限付逮捕許諾）が問題となる。これについては、不逮捕特権の意義を、①議員を不当な逮捕から守ることに重きをおく場合と、②議院での審議を十分確保することに重きを置く場合とによって考え方が分かれることがある。多数説は、①に重きをおきながらも、逮捕許諾請求については議院が全面的拒否を行えることからも期限をつけてもよいと考えるが、一方、①に重きをおくのであれば、不当逮捕の可能性は払拭される以上、期限付逮捕は許されないと説く考え方も根強い。②に重きをおく場合には、審議を十分に確保するために当該議員を必要とするのであれば、一定の期限を設けて逮捕を許諾することもよいとする立場になることが多い。

【参考文献】
　芦部信喜『憲法と議会政』（東京大学出版会、1971）
　大石眞『議会法』（有斐閣、2002）
　大沢秀介「二院制と参議院制度の改革」赤坂正浩・井上典之・大沢秀介・工藤達朗『ファーストステップ憲法』（有斐閣、2005）
　大山礼子『国会学入門（第2版）』（三省堂、2003）
　原田一明『議会制度』（信山社、1997）

第7章　内閣と「行政権」

憲法65条には「行政権は、内閣に属する」と規定される。三権分立により、立法・行政・司法に分類される国家作用のうち、国民の生活にとっておそらく最も密接なものといえるのが行政であり、この行政に関する最高機関となるのが内閣である。本章では、この内閣と行政権の関係について説明する。

1　内閣の地位と性格

(1)　「行政権」の概念──控除説と積極説

内閣と行政権との関係にふれる場合に、まず、そこでいう「行政」とはいったい何を指すのかが問題となるが、従来の学説では、主に以下の2つの考え方が提示されてきた。

三権分立の体制の下で国家の作用は、通常、立法、行政、司法に分けられると考えられており、行政の定義としては、行政活動の広範性などから、国家作用の中から立法作用と司法作用とを除いたもの、という控除説（消極説）が提示されている。これに対して、行政の観念を明確にすることで、行政制度全体の特殊性を明らかにすべきとする考え方を提示した定義としては、田中二郎による「近代国家における行政は、法の下に法の規制を受けながら、現実に国家目的の積極的実現をめざして行われる全体として統一性をもった継続的な形成的国家活動」（田中二郎『行政法総論』（有斐閣、1957）22頁）とする定義が有名である。こうした考え方を積極説という。

田中説を中心とする積極説については、多様な行政活動のすべてを捉えきることは所詮できないとする批判や、こうした定義は行政に特有の定義にはならないなどの批判が出されており、現在の通説的見解は、控除説とされている。

なお、以上は行政法学において主に論じられてきた問題であるが、近年、憲法学の側から、控除説による「行政」の把握の仕方に対する批判が登場している。これについては(2)で見ることとする。

(2) 内閣に帰属する「行政権」

(a) 「帰属」の意味

憲法65条は、「行政権は、内閣に属する」とあるものの、このことは、国会に立法権が属するとか裁判所に司法権が属するといった関係とは若干異なる。例えば、国会の場合、法形式としての法律を定めるのは明らかに国会であるといえるが、一方の内閣は、行政事務のすべてを自ら直接的に行うわけではない。実際の行政事務については、行政の各部が行っている。内閣そのものは、こうした行政各部を指揮・監督する行政権の最高機関であり、行政作用全体を統轄する機関であって、必ずしも行政の実施機関ではない。

(b) 独立行政委員会の合憲性

行政権は、内閣に属するにしても、日本の行政に関する組織には、その職務の性質（政治的中立性や専門性）などから、内閣から一定程度独立して活動するために、内閣の指揮・監督を受けずに職権を行使する独立行政委員会という合議制機関がある。独立行政委員会には、憲法を根拠に持つ会計監査院の他、国家公務員法に基づく人事院、内閣府設置法と警察法に基づく国家公安委員会、内閣府設置法と独占禁止法に基づく公正取引委員会、などが挙げられる。このうち、憲法自体がその存在を認めている(90条)会計検査院については、憲法上の組織として当然にその違憲性は問題とならないものの、その他については、憲法65条で「行政権は内閣に属する」としながらその下で通常法律により内閣から独立した行政機関を設けることが、憲法に適合するのか否かが問題となる。

独立委員会の合憲性をめぐっては、合憲説と違憲説とがあるものの、合憲説が支配的であるといえる。合憲説を支える論拠としては、①憲法65条の「行政権は、内閣に属する」の「行政権」という文言に「すべて」という修飾語が付されていないことから、内閣の指揮・監督から離れた独立行政委員会があることは問題がないとするもの、②独立行政委員会の構成員の任命権や、予算の編成権を内閣が有していることから、統制が及ぶとするもの、③独立行政委員会の職務の性格が、争訟の裁決などの準司法的役割を持つことからも、そこから

政治的中立性や専門性などが要求されることから独立させることに意義があるとするもの、などが存在する。

(3) 内閣と「行政権」とをめぐる新たな理解

憲法学説では、これまで、「行政権は、内閣に属する」という憲法規定からも、内閣は「行政権」を担う機関であると理解され、かつ、この「行政権」とは、「法律の執行」であるとの理解がなされてきた。しかし、近年、内閣と「行政権」をめぐる次のような理解が出てくるようになった。

すなわちそれは、内閣の担う「行政権」とは「法律の執行」に収まらず、むしろ憲法71条1号に「法律を誠実に執行し、国務を総理すること」と定めることからして、内閣の任務は、政治的な諸権限をもって、外交や軍事なども含めた国家の舵取りを行っていくことにあり、こうした力を単なる法律の執行であるところの「行政」と区別して「執政」と呼ぶのであれば、憲法65条の「行政権」を「執政権」として理解しなければならない、といった理解である（または、「行政権」の理解をどのように捉えるのかは別としても、内閣の権限には、そもそも法的ルールとしての（65条の）「行政権」だけでなく、政治的ルールの領域にある権限（衆議院解散権・内閣不信任決議権・条約締結権・外交関係の処理など）を持つと解する理解もある）。こうした理解の多くは、内閣や内閣総理大臣が国政においてより重大な責任を担いイニシアティブを発揮することで、官僚政治を解消し、国の重大局面に対する決断がスムーズに行われるべきではないかとする問題提起から登場してきているといえる。

しかしその一方で、こうした理解が、内閣への憲法上の明示に基づかない権限を与えることになりはしないかとして、憲法による政治の拘束という観点で見ると問題が多いことを指摘する考え方も成り立ちうる。この場合、こうした新たな権限を付与するのであれば、少なくとも、憲法の改定による権限の付与を必要とすることになろう（しかし、政治的ルールの領域にある権限の中には、すでに憲法上明記されているものもあるともいえる）。

2 内閣の構成・活動・権限

いくつかの独立した行政に関する機関を除き、すべての行政権は内閣の下に

置かれる。こうした国の行政組織については、憲法の他、内閣法・内閣府設置法・国家行政組織法・各省設置法などが、その組織規範としての根拠を持つ。

(1) 内閣の構成

> **設例** 内閣法6条「内閣総理大臣は、閣議にかけて決定した方針に基いて、行政各部を指揮監督とする」における「閣議にかけて決定した方針に基いて」の文言を削除することについては、どのような意義があるであろうか。

(a) 内閣

明治憲法の下では、天皇が統治権の総攬者としての地位にあることから、行政権の担い手は天皇であり、内閣制度は、その補佐機構としての位置にあった。この内閣制度は、明治憲法制定以前からその存在が予定されていたとされるが、明治憲法には、「国務各大臣ハ天皇ヲ輔弼シ其ノ責ニ任ス」(55条)とあるにすぎず、憲法上の明確な根拠条文を欠いていた。

これに対し現在の内閣は、内閣総理大臣と国務大臣により構成される合議制組織(憲法66条1項)で、行政権を担当する機関として高い地位と強い権限を有し、国の行政を統轄する地位にあるとされる(行政権の最高機関としての地位)。国務大臣の数は、内閣法により現在では、14人以内とされており、必要な場合に限って17人まで増やすことができる(内閣法2条2項)。内閣の意思決定は、内閣総理大臣が主宰する閣議により行われる(内閣法4条)。意思決定は、慣例として全会一致とされる。

(b) 内閣総理大臣

内閣総理大臣については、内閣制度発足当初にはその権限について強力なものが想定されていたが、後に、権限を縮小して、首相も含めた大臣同格制となり、明治憲法期には、いわゆる「同輩中の1人」という地位になったとされる。現在の内閣総理大臣は、憲法上その地位の存在が明記され(6条・66条・67条等)、大別して次のような3つの役割を担う。

第1に、内閣の首長としての役割である。憲法上の権能として、国務大臣の任免・罷免権(68条)などがある。また法律上の権能として、「内閣を代表して議案を国会に提出し、一般国務及び外交関係について国会に報告し」(内閣法5

条)、閣議を主宰し、内閣の重要政策に関する基本的方針その他の案件を発議できる（内閣法4条2項）。第2に、行政各部を指揮監督し（憲法72条、内閣法6条）、主任大臣間の権限争いの裁定をする（内閣法7条）役割である。第3に、内閣府の長としての地位である（内閣府設置法6条1項）。内閣府とは、1999年の中央官庁改革の一環として、内閣府設置法により設置された機関で、「内閣の重要政策に関する内閣の事務を助けることを任務とする」（内閣府設置法3条1項）。内閣府の下には、宮内庁・国家公安委員会・防衛庁・公正取引委員会等の他、特命担当大臣の所掌する事務を担う機関が置かれている。しかし、内閣府に関しては、その「組織及び権限については、理論的に甚だ不明確なものがある」（藤田宙靖『行政組織法（新版）』（良書普及会、2001）140頁）とも評されている。

(c) 国務大臣

大臣の役割は大別して2つの役割を担う。第1に、内閣の構成員としての役割であり、この大臣は、国務大臣と呼ばれ（憲法66条1項）、閣議に出席し、内閣の意思形成に参加する。第2に、こうした国務大臣の多くは、各省の長として行政事務を分担管理し（国家行政組織法5条1項）、主任の大臣（行政大臣）などと呼ばれる（具体的には、外務省の長としての外務大臣といった役割）。国務大臣の中には、この事務を分担しない者もあり、これを無任所大臣と呼ぶ。また、内閣府の下にあるいくつかの事務については、特命担当大臣が置かれる。

(2) 内閣と内閣総理大臣との関係

(a) 内閣総理大臣の指揮監督権

(1)に見た内閣と内閣総理大臣の役割からすると、内閣総理大臣が、行政権に関する最も強い権限を有している地位であるかのようにも見える。しかし、憲法66条に基づき組織される内閣を具体的に構成するための組織規範である内閣法6条には、「内閣総理大臣は、閣議にかけて決定した方針に基いて、行政各部を指揮監督する」とある。すなわち、内閣総理大臣は、行政各部を指揮官とする権限を与えられているものの、それは閣議にかけて決定した方針に基かなければならないのであって、内閣総理大臣の権限行使には、理念型として内閣が介在するということをおさえる必要がある。

こうした法律が制定された理由は、日本国憲法が行政権を与えているのは、

合議機関である「内閣」であって、内閣総理大臣ではないということが挙げられ、その制度設計の背景には、独任制機関として強い指導力を発揮するために内閣総理大臣に強力な権限を与えるとなると、その一方で、独裁的な運営になってしまうのではないかといった危惧があるからである。

しかし、この内閣法6条をめぐってはこれまでも議論が続いている。特に、内閣総理大臣の職務権限には、閣議にかけた方針に基づく指揮監督権とは別の指導・助言権が存在し、閣議にかけずとも指揮監督できるのではないかとする考え方と、それはできないとする考え方とが存在する。肯定説は、内閣総理大臣が他の大臣の任命権を持ち、内閣を代表して議案を提出できることが憲法に定められ、かつ、内閣の対国会責任についても内閣総理大臣がその責任を負うこと等からも、内閣が内閣総理大臣を中心に機能し、そのリーダーとしての権限は否応なしに強力になるとする。そして、行政権の帰属する内閣の迅速な対応が迫られるような場合に、内閣総理大臣の指導者としての地位が必要となるとして、合議体としての内閣における閣議で行政に関する最高決定が行われるとしても、閣議にかけない内閣総理大臣による指導・助言等の指揮監督権を認めるべきであるとする。一方、否定説は、憲法65条における「行政権は、内閣に属する」とした文言を厳格にとらえ、行政全般への指揮監督権はあくまで内閣にあるとする。そこで閣議を通じた決定を経ない内閣総理大臣の指揮権の発動は、法的に問題があるとする。

1970年代前半のいわゆるロッキード事件では、一定の製造会社の飛行機の採用を日本の航空会社に薦めるよう、当時の内閣総理大臣が運輸大臣（現在の国土交通大臣）に働きかけた行為が、公務員の職務上の行為であることを要件とする刑法197条の収賄罪にあたるか否かが問われた。この事件をめぐる上告審判決で最高裁は、憲法66条・68条・72条や、内閣法4条・6条・8条に照らし、「閣議にかけて決定した方針が存在しない場合においても」、「流動的で多様な行政需要に遅滞なく対応するため、内閣総理大臣は、少なくとも、内閣の明示の意思に反しない限り、行政内部に対し、随時、その所掌事務について一定の方向で処理するよう、指導、助言等の指示を与える権限を有するものと解するのが適当である。したがって、内閣総理大臣の運輸大臣に対する前記働き掛けは、一般的には、内閣総理大臣の指示として、その職務権限に属することは否

定できない」とした。これは、肯定説といえる（最大判平成7年2月22日刑集49巻2号1頁）。

(b) 内閣機能の強化と内閣総理大臣の機能の強化

近年、日本では、中央官庁を中心とする行政機構改革が行われるのと同時に、内閣や内閣総理大臣の機能の強化が叫ばれた。このうち、内閣に関しては、省庁を超えて対応しなければならない問題については、内閣がイニシアティブをとって進めるべきとする考え方が、1997年12月の行政改革会議・最終報告に示された。こうした中で、内閣府が設置され、内閣補佐体制の整備が図られた。この内閣府は、他の省とは別の組織法（内閣府設置法（他の行政組織は、国家行政組織法））により設置され、他の省庁に比べ一段上の組織と位置づけられ、縦割り行政にとらわれない総合的国家政策への取り組みが求められた。一方で、内閣総理大臣については、大規模な天災・人災や国家危機に対応するために、より強固なリーダーシップが求められている。

以上のような状況にあって、近年の憲法論では、内閣機能に加え、内閣総理大臣の機能を強化することの必要性に理解を示し、統治機構関連の憲法・法律解釈を展開する学説も見られる。先にあげた肯定説は、基本的には、内閣総理大臣の権限を強化する考え方であるといえる。また、立法政策論として、内閣法6条の「閣議にかけて決定した方針に基いて」とする文言を削除すべきとの考え方も提示されている。一方で、日本における合議制機関である内閣を頂点とする統治システムもまた、独裁的な権限を内閣総理大臣に認めないという、権力の抑制に重きをおいたシステムであるという点もメリットとして重視されよう。

【解説】　これは、内閣との関係で見た内閣総理大臣の職務権限をめぐる問題である。現行の内閣法6条が「閣議にかけて決定した方針に基いて」と記していることの積極的な意義は、憲法65条の「行政権は、内閣に属する」とする規範を厳格に捉え、行政権の最高機関があくまで内閣であることを示し、内閣総理大臣に独裁的な権力を行使させない点にある。そこでこの立場は、憲法上、内閣総理大臣による単独の指揮監督権を認められないとする説（否定説）に接近する。そこで、この否定説に立てば、こうした法改正は、憲法上違憲の疑義のあるものとなるか、または仮に合憲であるとしても、憲法政策として不適当であると

の評価がなされる。

　一方、内閣総理大臣の内閣から独立した指揮監督権を肯定する立場（肯定説）によるならば、問題となる内閣法6条の文言を削除することはただちに違憲であるとはいえない。また、憲法政策の視点から、内閣総理大臣のリーダーシップの強化を現行の憲法上認めていくべきとする考え方によれば、そうした削除は、むしろ妥当な措置であると考えることになろう。

(3)　内閣の権能
(a)　概　　要

憲法上の権能として内閣はまず、憲法73条1号から7号に列挙される事務と、同条の「一般行政事務」を行う。憲法73条の列挙事項は、法律の誠実な執行と国務の総理（1号）、外交関係の処理（2号）、条約の締結（3号）、管理に関する事務の掌理（4号）、予算の作成と国会への提出（5号）、政令の制定（6号）、恩赦の決定（7号）である。

その他の憲法上の権能として、天皇の国事行為についての「助言と承認」（3条・7条）、最高裁判所長官の指名（6条2項）、最高裁判所の長たる裁判官以外の裁判官の任命（79条1項）、下級裁判所裁判官の任命（80条1項）、国会の臨時会の召集の決定（53条）、参議院の緊急集会の要求（54条2項）などを挙げることができる。

以下、政令の制定と、天皇の国事行為についての「助言と承認」についてのみ解説をする（外交関係の処理・条約の締結などは、次章を参照）。

(b)　政令の制定

内閣の職務の1つとして、憲法73条6号は「この憲法及び法律の規定を実施するために、政令を制定すること。但し、政令には、特にその法律の委任がある場合を除いては、罰則を設けることができない。」と定める。この「政令」とは、行政機関によって制定される法形式である「命令」のうち、内閣が制定するものをいう。

命令の種類には、①法律を執行するために必要な細則を定める執行命令、②法律によって委任された内容を具体的に定める委任命令、③法律と同等の効力をもつ代行命令、④(法律には劣る、もしくは法律より勝る効果をもつような)法律

とは独立した独立命令、が挙げられる。日本国憲法のもとでは、③と④は禁止されている。

①の執行命令については、憲法の規定を執行するための政令の制定の可否が問題となる。この点について通説的見解は、憲法を実施するための立法形式は、国会の制定する法律であることが憲法上の原則であるとして、これを認めない。政府は、1955年に明治期に定められた「褒章条例」を政令で改定した。しかし、これについては、憲法14条3項に定める「栄転の授与」に関する規定を実施するための細目的規則を定めるものであるはずであることから、法律という法形式で行われなかったことについては違憲の疑いがあるとされる。

②の委任命令については、憲法が国会中心立法の原則（41条）を採用していることからも、これを侵す一般的・包括的な委任は禁止され、個別的・具体的な委任である必要がある。これについて、国家公務員である「職員は、……人事院規則で定める政治的行為をしてはならない」と定める国家公務員法102条1項が問題となる。というのも、同法は、独立行政委員会である人事院の命令である「人事院規則」に、国民の権利制限に関する事項の記載を一般的・包括的に認めているきらいがあるからである。これについて、おおよその学説は、これを問題視している。しかし、いわゆる猿払事件上告審で最高裁判所は、同法のこうした委任を「同条項の合理的な解釈により理解しうる」とし、「同法82条による懲戒処分及び同法110条1項19号による刑罰の対象となる政治的行為の定めを一様に委任するものであるからといって、そのことの故に、憲法の許容する委任の限度を超えることになるものではない」とした（最大判昭和49年11月6日刑集28巻9号393頁）。

(c) 天皇の国事行為についての「助言と承認」

憲法3条は、「天皇の国事に関するすべての行為には、内閣の助言と承認を必要とし、内閣が、その責任を負ふ。」と定める。この「助言と承認」をめぐっては、天皇の行う国事行為との関係で、その行為の実質的決定権がどこにあるのか、という点が議論となる。これに関して、①天皇の国事行為の形式性・儀礼性を重視し、形式的・儀礼的な行為への助言や承認も形式的な内容しかともなわないとする考えと、②天皇の国事行為そのものは形式的であるものの、その内容には実質的な判断を伴うものもあるので、内閣による「助言と承認」の

なかには実質的判断を伴うものもあるとする説である。衆議院の解散権などの問題を考える際に、こうした議論が登場する。

【参考文献】
　佐藤幸治『日本国憲法と「法の支配」』（有斐閣、2002）
　阪本昌成「議院内閣制における執政・行政・業務」佐藤幸治＝初宿正典＝大石眞
　　編『憲法五十年の展望』（有斐閣、1998）
　塩野宏「行政概念論議に関する一考察」碓井光明＝小早川光郎＝水野忠恒＝中里
　　実編『公法学の法と政策　下巻』（有斐閣、2000）
　高橋和之『現代立憲主義の制度構想』（有斐閣、2006）
　毛利透「行政概念についての若干の考察」ジュリ1222号（2002）132頁

第 8 章　国会と内閣の関係

　議会と行政府のそれぞれの権限、および、その相互関係については、さまざまな制度が存する（詳細は、第 3 章参照）。両者が明確に区別され独立した制度（大統領制）から、一方が他方の一部として取り込まれている制度（議会統治制）までの分類が可能である。本章では、日本国憲法における議院内閣制を取り上げ、国会と内閣との関係、内閣に対する国会の民主的統制、両者の対立関係とその解消方法について論じることとする。

1　議院内閣制

(1)　議院内閣制の歴史と類型

　議院内閣制とは、「議会と政府との間に、それぞれの組織・権限行使について一定の相互交渉をみとめ、政府の在職には議会の信任を必要とし、議会が政府に対する実効的な監視・批判の権能をもつような統治類型をいう」（大石・後掲 116 頁）。議院内閣制の特色としては、第 1 に、立法府と行政府が一応分立していること、第 2 に、政府が議会に対して連帯責任を負うことを指摘することができる。

　もともと議院内閣制は、イギリスの制限君主制で発展してきた制度である。そこでは、議院内閣制は、国王の任免権に服する内閣の大臣が、国王に対して責任を負うと同時に議会に対しても責任を負うという「二元主義的議院内閣制」として登場した。これは、立法権が議会に、行政権が国王と内閣に帰属すること、内閣は、国王によって任免され議会の信任に依拠しなければ在職できないことから、国王と議会の両者に対して責任を負っていること、国王は議会の解散権を持つことを特徴とする。この時期の議院内閣制は、議会と国王の間の抑制と均衡を特徴とするものとされる。この場合の「均衡」については、国王の

解散権の存在を重視する説と、内閣の責任の二元性を重視する説とがあり、この点は、議院内閣制の本質、および日本国憲法の解釈に関連して重要となる（樋口・後掲）。

次に、議院内閣制は、国王が行政権の実質を内閣に譲渡するようになるにつれて変容する。そこでは、内閣は、国王と議会の両方にではなく、議会の信任にのみ依存するようになる。これを「一元主義的議院内閣制」という。この制度は、立法権と行政権が議会と内閣に分属すること、内閣は議会のみに対して責任を負う存在となること、議会の解散権の主体は、実質上国王から内閣へと変わること、を特徴とする。ただし、第3共和制期（1875年から1940年）のフランスで議院内閣制が取り入れられた後、大統領や内閣による解散権の行使が否定されるという慣行が成立したことに伴って、議院内閣制は、もっぱら内閣が議会の信任に依拠してのみ存在しうるという制度を意味するようになっていった。

(2) 議院内閣制の本質

このような議院内閣制の本質的要素は何であろうか。この点については、責任本質説と均衡本質説とが対立している。まず、責任本質説とは、議院内閣制の本質的要素として、「行政府と立法府が一応分立していること」、および「行政府と立法府が一応分立した上で、行政府が立法府──両院制の場合には、主として下院──に対して政治的な責任を負うこと、言葉をかえていえば、政府が議会（下院）の信任を在職の要件とすること」の2点を挙げる説である（宮沢・後掲59頁）。この立場によれば、イギリスの議院内閣制やフランスの議院内閣制さらには北欧諸国の制度をも取り込んで検討の対象とすることとなる。他方、均衡本質説とは、責任本質説のいう2つの要素に、内閣が議会の解散権を有していることを加えるとする立場である（佐藤（幸）・憲法208頁）。

議院内閣制の本質を「責任」に求めるか「均衡」に求めるかは、一元主義か二元主義か、また、後者の場合でも国王の解散権を重視するか内閣の二元責任性を重視するかによって変わってくるはずであるが、わが国の均衡本質説には、内閣の二元責任性を重視するフランスの均衡本質論との違いを自覚しない点、また、フランスの二元主義に依拠しながらも二元主義と一元主義の対立に全く触れていない点等、問題がある（樋口・後掲182頁参照）。両説のうち、国により、

また時代により異なる制度を比較検討することを可能にするという意味では、責任本質的に理解する見解の方が妥当であろう。

もっとも、議院内閣制の本質に関する立場の違いは、どちらがより民主主義的かという問いとは無関係である。近時、内閣が解散権を持つ議院内閣制、即ち均衡型の議院内閣制の方が、民主的に機能する可能性をより多く秘めているとする指摘がある。このことは、解散制度が、議会と内閣が意見対立したときに、国民が決着をつけることを保障するということ、また、無条件の不信任制度と無条件の解散制度によって、議会と内閣は、たえず国民の意思へ近づこうとするようになることから、説明されうる。これはまた、均衡型議院内閣制が、国民の側からみれば、国民が首相を選出し、国民が内閣を不信任する権利を有するかのように機能することをも意味し、このように機能する議院内閣制は「国民内閣制」と呼ばれている（野中他・憲法Ⅱ160頁以下）。

(3) 日本国憲法と議院内閣制

日本国憲法は、内閣の国会に対する連帯責任（66条3項）、衆議院の内閣不信任決議権（69条）、衆議院の解散権（69条・7条3号）、国会議員の中から内閣総理大臣および過半数の国務大臣を選任すべきこと（67条1項・68条1項）、閣僚の両議院への出席・発言が認められること（63条）等を規定しており、これらから、日本国憲法は、議院内閣制を採用するものといえる。しかも、「天皇」が置かれているとしてもその地位は「国政に関する権能を有しない」（4条1項）象徴でしかなく（1条）、行政権は、内閣に帰属するものとされており、一元主義的議院内閣制が採用されているものといえる。

2 国会による民主的統制

議院内閣制では、議会は、行政を監視・統制する権限を有すし、他方で、内閣は、国会に対し責任を負うこととなる。この両者の側面について、以下に検討することとする。

(1) 国会の行政統制権

国会が内閣に対して行使しうる統制権には、以下のものがある。

① 法律による統制である。内閣は、「法律を誠実に執行すること」（73条1

号）を事務としており、法律に基づいて活動しなければならない。
② 財政に対する監督権による統制である。
③ 条約・外交に対する監督権による統制である。
④ 内閣の成立に際しての統制である。具体的には、内閣総理大臣の指名の議決（6条1項・67条1項後段）によって行われる。
⑤ 行政運用に関するその他の統制として、議院の決議（69条の内閣不信任決議、参議院による内閣問責決議や不信任決議など）、内閣の報告を受ける権限（72条・91条）、議員の質問・質疑、国政調査権（62条）など、さまざまなものが挙げられ得る。

これらのうち、以下では、③と④について立ち入って検討することとする。

(2) 内閣総理大臣の指名権

> **設例**　「首相公選制」とは何か。その意義および問題点について、論じなさい。

(a) 内閣総理大臣の指名権と資格要件

　内閣は、総理大臣およびその他の国務大臣からなる合議体である。内閣の「首長」（66条1項）たる内閣総理大臣は、国会の「指名」に基づき、天皇が「任命」する（6条1項）。国会は、内閣総理大臣の指名権を有することで内閣に信任を与えることとなり、これを契機として、議院内閣制の運用が始まるのである。

　国会による指名に際し、内閣総理大臣には2つの要件が必要とされる。すなわち、国会議員であることと「文民」であることである。この「文民」であることは、国務大臣の資格要件としても規定されているが、その意味については争いがある。もともと「文民統制」は、軍が政治に介入することを防止するために、政治部門と軍組織を分離し、軍を政治部門の統制下に置くことを目的とする規定であるが、憲法9条からすれば、現行法上軍隊は存在しないことになるため「文民」規定の存在意義に疑問が生じるからである（退職自衛官の「文民」性が現実に問題となったケースにつき、水島・後掲197頁以下参照）。

　この点、強い軍国主義思想をもたない者という要素を重視する見解がある。しかし、この見解には、「軍国主義思想」という基準が明確でないという点、ま

た、思想を理由に公務員たる資格を奪うのは、思想の自由に対する侵害であり信条による差別に当たるという点で問題がある。他方、現役軍人ないし現役自衛官を「文民」から除外することは、文民統制の趣旨から明らかであるが、問題は、職業軍人の経歴を持つ者および過去において自衛官であった者の取扱いをどうするかという点にある。

　この点については、「文民」条項の趣旨は、「内閣構成員から軍事的思考と行動様式に支配された人物を排除することにより、平和主義をより徹底する趣旨」(水島・後掲200頁)とする理解を前提に考えられなければならないであろう。したがって、職業軍人の経歴を持つ者も過去において自衛官であった者も同様に、「文民」から除外して考えなければならない。自衛官たる身分を離れた者については、明治憲法下の職業軍人と同じように考える必要はないとする理解もあるが、平和主義の徹底をはかる趣旨からいったん「文民」から外しておいて、退職自衛官のうち幹部自衛官以外の者については「文民」に含めるとするような解釈をとることで対処すべきであろう。

　(b)　首相公選制

　内閣総理大臣の選任手続に関して、直接選挙で選ぼうとする首相公選制論が提唱されている。これについては、憲法改正で実施すべきとする見解や、現行憲法の枠内で法律によって実施すべきとする見解等が主張されている。このような主張が出てきたのは、①首相が、派閥次元あるいは連立与党間の政争で決まってしまい、国民の意識とかけ離れてしまっている、②派閥や政党の一部によってつくられた首相は、国民への視点よりも、政権維持や党内・派閥の調整に没頭するのみとの印象がある、③政争に明け暮れているために、政策が官僚任せになり、首相は政治的リーダーシップを発揮していない等の原因があるとされる。首相公選制については、既にメリット・デメリットが指摘され(イスラエルでの議論については、近藤・後掲84頁以下参照)、また、他の制度との関係でも問題点が指摘されており、これらをどのように解決していくかが課題といえるであろう。

　【解説】　首相公選制のメリットについては、以下の点が指摘されている。①国民が、首相を直接選出するため、選挙結果に対して責任を持ち、政治への意識

を高めることができる。②首相が政争に惑わされないで人事権を行使し、有能な人材を登用することができる。③首相が、選挙区の利害に左右されず、より長期的な観点から国家戦略を策定し、推進することができる。④首相に対し、職務に没頭できる期間が保障される。

他方、デメリットも指摘されている。①人気投票になり、首相の資質のない人物が選ばれるおそれがある。②政策的にも、世論迎合のポピュラリズム（民衆主義）に陥る危険性がある。③議会との一体性が保障されないため、大きな改革が遂行しにくい。

また、他の制度、とりわけ、議院内閣制との関係では、以下の問題点が指摘されうる（長谷部・後掲）。議院内閣制に首相公選制を組み合わせた場合、①国会議員や政党は、全国民の要求や意思を集約する必要がなくなる、②有権者は、首相を選ぶことで根本的な政策選択については満足してしまう（したがって、国会議員選挙の際は、地域や職域などの個別的利益が重大な要素とされてしまう）、その結果、③首相は、自分の政策遂行に必要な議会多数派を得られない等の問題が生じることとなる。これら諸点を踏まえた上で、適確な制度設計が求められる。

(3) 条約の締結権と条約締結の承認権

(a) 趣旨・意味

条約の締結は内閣の権限とされている（73条3号）。これは、①外交関係は、伝統的に政府の専権とされてきたこと、②政府こそが、相手国との交渉を行う最も適切な地位にあるということに基づく。これに対し、憲法は、「事前に、時宜によっては事後に、国会の承認を経ることを必要とする」と規定し、条約締結の承認権を国会の権能とする。これは、条約が、国内の法体系や国民の権利・義務に多大な影響を及ぼすことから、内閣の条約締結権に対し、国会の直接の統制下に置こうとしたものである。従って、民主的コントロールに服すべき条約は、国民の権利・義務に直接関係するものである限り、広く解されるべきである。

政府見解（昭和49年2月20日の衆議院外務委員会における大平正芳外務大臣答弁）によれば、国会の承認を必要とする条約とは、①「法律事項を含む国際約束」、即ち、「国会の立法権にかかわるような約束を内容として含む国際約束」、②「財政事項を含む国際約束」、すなわち、「すでに予算または法律で認められて

いる以上に財政支出義務を負う国際約束」、③「わが国と相手国との間あるいは国家間一般の基本的な関係を法的に規定するという意味において政治的に重要な国際約束であって、それゆえに、発効のために批准が要件とされているもの」とされている。他方、国会の承認を必要としない行政協定としては、①すでに国会の承認を経た条約の範囲内で実施しうる国際約束、②国内法の範囲内で実施しうる国際約束、③予算の範囲内で実施しうる国際約束が挙げられる。

最高裁判所は、国会の承認を経なかった日米安全保障条約第3条に基づく行政協定の合憲性が争われた砂川事件で、「米軍の配備を規律する条件を規定した行政協定は、既に国会の承認を経た安全保障条約3条の委任の範囲内のものであると認められ、これにつき特に国会の承認を経なかったからといって、違憲無効であるとは認められない」と判断している（最大判昭和34年12月16日・刑集13巻13号3225頁）。

(b) 条約の承認権

条約の承認が必要とされる「事前」・「事後」とは、批准を要する条約については「批准前」と「批准後」、署名のみで成立する条約については「署名前」と「署名後」を意味する。条約の承認は事前・事後いずれになされるべきかが問題となるが、憲法が条約の締結に国会の民主的コントロールを要求した趣旨から事前承認を原則と解すべきである。

ただ、憲法は事後承認の余地を認めており、事後において承認が得られなかった場合に条約の効力がどうなるかが問題となる。一般にその効力を国内法的効力と国際法的効力とに分け、国内法的効力が無効と解される点については異論はない。問題は国際法的効力をどう解するかにある。

第1に、事後承認を得られない条約は無効とする説である。その根拠としては、①国会の承認は条約の成立要件である、②国会の承認につき、事前と事後で法的効力が異なるのは合理的理由を欠く、③国会の承認は憲法上明記されており、相手国は当然にこれを知るべきである等の点が挙げられている。

第2に、事後承認を得られない条約も有効とする説である。これは、①条約の国際法的効力は国際法により決定されるべきであること、②条約の締結につき国会の承認が必要であることを知るべき義務は相手国にはないこと、③事前と事後で承認の法的効果が異なるのは当然であることを根拠とする。

第3に、国会の承認権の規定の具体的意味が、諸外国にも周知の要件とされている場合には無効とする説である。この立場は、①相手国には、条約の締結につき国会の承認が必要であることを知るべき義務はなく、また、法的安定性の観点から条約締結権者の行為を信頼して行動することで足りること、②国会の承認に基づく条約締結は立法・執行両権の協働行為であり、国会の承認はこの協働権の行使として条約の効力要件としての意味をもつと解すべきこと等を根拠として挙げている。

　第4に、「条約法に関するウィーン条約」46条1項に従い、条約締結手続に関する国内法違反が「明白でありかつ基本的な重要性を有する国内法の規則」にかかわるものでない限り当然条約は有効とする説である。

　以上の学説のうち、第3説と第4説はほぼ同様の立場に立つものであるが、条約の有効・無効の条件である「周知の要件」、「明白でありかつ基本的な重要性」のあてはめについては異なる結論となることもあり得る。相手国の憲法を知ることが内政干渉にあたるはずがなく、しかも相手国は容易に日本国憲法上の手続規定を参照することも可能であるところから、どちらによっても「無効」と解すべきであろう。

(c)　条約の修正権

　条約の承認にあたって、国会は「修正権」をもつかどうかが問題となる。ここではまず、事前修正の可否が問題となる。この点、国会による統制の重要性を強調して、条約の修正権を認める見解と、条約の締結権は内閣に属するのであり、それを修正することは国会であってもできないとする見解とが主張されている。後者の否定説によれば、仮に、国会が条約を修正したとしても、それは「条約案の不承認」を意味するものと解される。ただ、肯定説によっても、実際には同様の趣旨が述べられていることに注意しなければならない。即ち、肯定説は、条約の修正に、修正された内容での再度の交渉を内閣に求めるという効果の発生を認めるのである。相手国がそれに応じない場合には、国会の承認が得られなかったことになるため、条約は不成立となり、結局、修正権とは法的には「条約案の不承認」と「内閣に対する再交渉の義務づけ」を意味する。そうであれば、条約の修正権を認めるかどうかは、定義の問題ということとなろう。

この議論との関連で、肯定説を前提としても、事後修正ができるのか、また、部分的承認が可能なのか等も、問題とされている。

3　対立関係の解消方法

国会と内閣が対立した場合、政治機構の停滞を防ぐためにどのような手段が講じられているのか。それが、対立関係の解消方法という問題である。ここでは、内閣の総辞職と衆議院の解散について、論じることとする。

(1)　内閣の責任と総辞職

国会による行政統制ないし内閣への責任追及は、国会と内閣の対立関係を助長しうる。その場合、両者の対立関係を最終的に調整する原理が必要となる。それが、内閣の総辞職であり、これを可能とする仕組みが内閣の責任という問題である。

(a)　責任の性質

責任には、法的責任と政治的責任とがある。法的責任とは、「法令により要件・効果が特定され、かつその内容が裁判手続によって確定されるもの」をいい、政治的責任とは、「法による制約や厳格な規律になじまない領域で活用され、何らかの批判や統制の可能性を確保する制度」をいう（大石・後掲63頁、70頁）。

政府とその構成員に対する責任追及の方法については、弾劾制度がありうる。これは、法的な違法行為（例えば「重大な罪または非行」）を行った政府構成員を、下院が訴追し、上院が裁判するという刑事責任追及の手段であり、14世紀以来イギリスで採用されてきた法的責任追及の方法である。しかし、18世紀になると、弾劾裁判を回避するために、訴追を受けるおそれのある大臣が自ら辞職するという事例が現れ、やがて、「問題のある大臣に対して下院が不信任決議案を提出し、これが成立した場合には大臣は辞職すべきものという習律が出来上がった」（大石・後掲69頁）。すなわち、このことは、議院内閣制の成立にともなって、弾劾制度が意義を失ったことを意味する。

日本国憲法上の内閣の責任は、この種の弾劾制度が規定されておらず、また、69条では責任原因が、66条3項では責任原因および責任内容が規定されている

わけではないので、政治的責任と解される。

(b) 責任の対象

内閣は、「行政権の行使について」責任を負うとされる。この場合の「行政権」とは、形式的意味の行政であり、したがって、内閣の権限すべてをいうと解される。

(c) 責任の相手方

内閣は「国会に対し」て責任を負う。ただし、ここでいう国会とは、「両議院」を意味することに注意すべきである。このことは、内閣の不信任決議権が衆議院によってなされうること（69条）、衆議院は、参議院に対する内閣の責任の負い方をも考慮に入れて内閣の不信任決議権を行使すべきと考えられること等から示されうると考えられる。

(d) 責任の取り方

内閣は、「連帯して」責任を負う。この場合、内閣の「連帯」による責任の取り方は、内閣の総辞職ということとなろう。ただし、このことは、各大臣が、個別的に国会から責任を問われ、単独で辞職することを否定するものではない。

(2) 衆議院の解散

> **設例** 内閣が重要法案と位置づける法律案が、衆議院で可決されたものの、参議院では否決されてしまった。こうした状況で、内閣が衆議院を解散することは、解散権の濫用として無効とされるべきか、論じなさい。

「解散」とは、議員の任期満了前に議員全員の身分を失わせる行為をいう。憲法上は69条・7条3号以外に、解散権の主体、解散権を行使しうる場合について明確に定める規定はない。そこで、①解散権の実質的決定権者は誰か、②実質的解散権の根拠はどの規定か、③いつ解散権を行使しうるのか、が問題となる。

(a) 解散権の実質的決定権者と根拠

この点については、次のような学説が存する。第1に、解散権は内閣に存し、その根拠を内閣の「助言と承認」（7条）に求める見解である（7条説A）。この説は、憲法上、天皇は国政に関する権能をもたないとされているため（4条）、天皇には国事行為の形式的決定権のみが残り、その実質的決定権は、内閣の

「助言と承認」に基づくとすることにより内閣に存することとなると主張する。

　第2に、解散権は内閣に存し、その根拠を内閣の「助言と承認」（7条）に求める見解である。ただし、7条説Aとは異なり、天皇の権能が必ずしも形式的儀礼的なものだけでなく例外的に高度に政治的なものを含むと解する（7条説B）。その前提には、天皇の国事行為を形式的・儀礼的なものと解する場合、内閣の「助言と承認」権も形式的なものに止まると解すべきであって、7条に実質的解散権の根拠を求めるのは解釈論上無理ではないかとする7条説Aに対する批判が存する。しかし、この見解には、天皇制と立憲君主制との違いを前提とすれば、天皇になお何らかの実質的決定権が残されていると解するのは妥当ではない、とする批判が存する。

　第3に、解散権は内閣に存し、その根拠を議院内閣制や権力分立に求める見解である（制度説）。しかし、この見解には、ある政治体制が内閣に解散権を付与したものである場合に、それを議院内閣制の一形態と呼ぶのであって、解散権の根拠を議院内閣制に求めようとするのは循環論法であるとする批判が存する。そこで、制度説の中には、権力分立構造を重視しようとする見解もある（佐藤（幸）・憲法170頁）。ただし、後者の見解も、「もともと『権力分立』とは、権力の端的な集中＝独裁を否定するというかぎりでは明確な内容をもっているが、独裁を否定するさまざまの諸制度が、それぞれの意味で多かれ少なかれ『権力分立』の要素を含んでいるのであるから、議論のきめ手にはなりにくい」（樋口・憲法Ⅰ316頁）とする批判を免れないであろう。

　第4に、解散権は内閣に存し、その根拠を65条の「行政権」に求める見解である（65条説）。この見解は、「行政権」の概念につき、いわゆる控除説を採用するものであるが、しかし、近時、控除説的理解には問題があることが指摘されており（第7章参照）、65条説を採用することは難しいように思われる。

　第5に、解散権は内閣に存し、その根拠を69条に求め、同条は内閣不信任に対抗してなされる解散を予定していると解すべきであると主張する（69条説）。しかし、この見解には、文理解釈の不自然性、69条は「誰が解散権の主体であるかを明示しておらず、同条所定の場合に他の規定により解散が行われうることを予定しているにとどまる」（杉原・憲法Ⅱ291頁）とする点、解散権の行使を不当に制限することになってしまう点など、批判が多い。

第6に、解散権は国会または衆議院に存するとし、その根拠を「国権の最高機関」性（41条）に求める見解である（自律解散説）。しかし、この見解に対しても、解散制度は本来、立法府と行政府との抑制・均衡の確保のために採用される制度であることと適合しないのではないか、また、自律的解散は、多数派の意思により少数派議員の地位を奪うもので、明文の規定がない以上認められないのではないかとする批判が妥当する。

結局、この問題は、憲法の明文上根拠のない事項に関わるものであり、様々な諸原則等との関係でより摩擦が少ない解釈はどれか、という観点から妥当な考え方を探っていくことが必要であろう。ちなみに、政治上は、7条解散が憲法慣習となっている。

(b) 解散権行使の制約

以上のように解散権の主体、根拠につき学説が分かれているが、さらに解散権の行使につき制約が認められるべきかどうかについても議論がある。69条の場合に限定すべきと説くか、それに限定されるべきではないと解するか、後者の見解に立ったとしても解散権の濫用にはどのように対処すべきか等の問題を考える必要がある。

第1に、先の69条説は、解散権が69条の場合、すなわち、「衆議院で不信任の決議案を可決し、又は信任の決議案を否決したとき」に限定されると主張する。しかし、解散制度は、「議会と内閣が意見対立したときは、国民が決着をつけることを保障する」という点だけでなく、「無条件の不信任制度と無条件の解散制度の存在が、議会と内閣に対し、たえず国民の意思へ近づこうとする動因を与える」という点で、民主的に機能する（野中他・憲法Ⅱ160頁）という視点からすれば、69条説は、解散権を過度に制約するものとして妥当ではないというべきであろう。

そこで、第2に、解散権行使を69条の場合に限定しないとする理解が妥当である。ただし、解散権の行使を内閣の全くの裁量と捉えるならば、内閣は、自らにとって有利な時期を選択することも可能となってしまい、ひいては解散権の濫用という事態も生じかねない。そのため、学説には、解散権の行使に何らかの限界を設けることでその濫用に対処しようとする見解が主張されている（佐藤(幸)・憲法169頁、杉原・憲法Ⅱ293頁、戸波・憲法399頁、佐藤(功)・概説414頁）。

第8章　国会と内閣の関係

> 【解説】　解散権を、国会と内閣の対立関係を解消する手段と位置づけるとすれば、いかなる形であれ、解散権行使には、国会と内閣の対立関係さえ存在すればよく、国会の側が衆議院であろうと参議院であろうと無関係である、と考えられるかもしれない。しかし、内閣の総辞職を求める不信任決議権は、実際には衆議院にしか与えられていないこと（参議院も、内閣に対する問責決議を行うことはできるが、それは法的拘束力を持っておらず決定的なものではない）、また、参議院で否決された案でも、衆議院で特別多数決により再可決された場合には法律となること（59条2項）からすれば、参議院の否決がそれ自体として衆議院の解散を正当化しうるとすることには疑問である。佐藤功教授も、解散が必要かつ正当である場合の1つとして、「参議院が衆議院およびその支持の上に成立している内閣に対して反対する立場をとり、しかも衆議院が三分の二の多数によって参議院の反対を排除することができないときに、衆議院において三分の二以上の議席を獲得するために総選挙に訴える必要がある場合」を挙げ、要件を限定している（佐藤（功）・概説415頁）。
>
> 　もっとも、参議院が、内閣提出の重要法案を否決するという方法で、内閣を総辞職に追い込む手段をもっているのに対し、内閣は、参議院に対して対抗手段をもっていないという問題を指摘し、「参議院からは政党色を払拭する制度の組立を図ると同時に、参議院が重要法案を否決したとき、内閣は衆議院の解散により国民の判断を仰ぎ、内閣支持派が勝った場合には参議院はその結果を尊重するという慣行を確立するとか、あるいは、そのような選挙で三分の二を獲得することも必ずしも困難ではない選挙制度を導入するとかの方策を法律レベルで考える必要があろう」と指摘する見解も存する（高橋・後掲[2001]175頁）。

【参考文献】
　　大石眞『立憲民主制』（信山社、1996）
　　近藤敦『政権交代と議院内閣制』（法律文化社、1997）
　　高橋和之「議院内閣制——国民内閣制的運用と首相公選論」ジュリ1192号（2001）
　　　171頁以下
　　長谷部恭男「首相公選論・何が問題か」『世界』690号（2001）46頁以下
　　樋口陽一「議院内閣制の概念」憲法の争点（新版）180頁以下
　　水島朝穂『武力なき平和——日本国憲法の構想力——』（岩波書店、1997）
　　宮沢俊義『憲法と政治制度』（岩波書店、1968）

第9章　裁判所と「司法権」

　裁判（jurisdiction）の原語であるラテン語のjuris dictioは、「法を語る」という意味をもつ。かつて明文の法が存在しなかった時代には、裁判こそが法を作り出すものであり、初期の法は裁判例の集積から生成してきた。法体系の整備された現在では、裁判が法そのものを作り出すことは少なくなっているものの、「裁判」と「法」との関係はなお重要であり続けている。近代立憲主義は、こうした裁判にかかわる権限を国家権力の一部として取り込み、憲法上のコントロールの下においている。本章では、裁判にかかわる権限である「司法権」とそれの担い手である裁判所について論じる。

1　裁判所の地位と性格

(1)　司法の意義
(a)　司法の概念

　日本国憲法76条1項は「すべて司法権は、最高裁判所及び法律の定めるところにより設置する下級裁判所に属する」と定め、裁判所を司法権の担い手としている。司法権は、立法権（41条）、行政権（65条）とならぶ国家権力の1つとして権力分立原理の一翼を担う概念であるが、政治部門である立法権・行政権に対し、「法の支配」や「法治国家」を実現する上で重要な役割を担う権力であるという意味で、他の二権とは異なる非政治性を特徴としている。

　ここでいう司法の概念については、その意味や内容について憲法上明文の規定があるわけではないが、「具体的な争訟について、法を適用し、宣言することによって、これを裁定する国家の作用」とされるのが通例である（清宮・憲法I 335頁）。より厳密にいえば、当事者間に法に関する紛争や権利の侵害が生

じている場合に、当事者からの適法な訴訟提起を契機として、独立の裁判所が適切な手続の下に、紛争解決を目的として、何が法であるかを判断し、正しい法の適用を拘束力をもって保障する作用が、司法権の行使によって行われる司法作用ということになろう。

(b) 具体的事件性の要件

これらの要素のうち、司法の観念の核心にあたるとされ、とりわけ重要視されてきた要素が「当事者間の具体的な争訟が存在していること」（具体的事件性の要件）である。この要件は後述する「法律上の争訟」と結びついて、日本における司法の観念を特徴づけてきた。しかし、具体的事件性の要件が不可欠の要件であるか否かは、司法という作用を憲法上どのように位置づけるかによっても見方が異なるであろう。そもそも具体的事件性は司法のおよぶ範囲・対象の問題であり、司法の観念そのものとはかかわりないとする見解もある（樋口編・講座憲法学⑥28頁）。また、司法を憲法32条が保障する「裁判を受ける権利」との関係性を重視して限定的に解すれば、具体的事件性の要件を重視して私権救済的な機能を司法に求めることになるであろうし、これに対して、司法を裁判を受ける権利との関係を中心とするものの、それだけにとらわれず法秩序全体の保障機能を有するものと解すれば、必ずしも具体的事件性にこだわる必要はない（この点、裁判を受ける権利をどのような射程で捉えるかも問題となろう）。マッカーサー草案で「司法」が「国民の権利の防塁」（草案68条）と位置づけられていたことからすれば、前者の理解がもともとの発想ということもできるが、司法の観念が流動的なものであることを考えれば、現在においてもその理解が適切であるかは検討の余地があるように思われる。最近では、紛争当事者の範囲を拡大する解釈や実務がみられるようになってきており、その意味では後者のような理解も十分成り立ちうる。後者の場合、抽象的審査（後述(2)）も司法の観念の中に包摂することが可能であるが、これは違憲審査制（81条）との関係で問題となる（詳しくは、第10章「違憲審査制」1(1)を参照）。

(2) 司法権の範囲および対象

(a) 裁判所の裁判権限

かつて大日本帝国憲法下では、通常の裁判所の裁判権限に属するのは、私法上の権利義務にかかわる民事裁判と、国家の刑罰権の発動にかかわる刑事裁判

に限られるとされ、私人と行政機関との紛争にかかわる行政裁判は、特別に設置された行政裁判所の裁判権限に属するものとされていた（61条）。これは、行政事件の裁定を行政権に属するものと考えるフランスなどの制度にならったものである。

しかし、日本国憲法76条2項は「特別裁判所は、これを設置することができない。行政機関は、終審として裁判を行ふことができない」と定め、行政裁判所を設置すること自体を禁じ、また行政機関による終局的な裁定をも禁じている。これによって、日本国憲法の下では、通常の裁判所が民事裁判、刑事裁判と並んで行政裁判についても裁判権限をもつこととなり、司法権の範囲は著しく拡大した。こうした考え方は、「法の支配」の原則に従って、あらゆる法的紛争の解決を通常の裁判所に委ねるイギリス・アメリカ型の制度にならったものとされている。

(b) 法律上の争訟

司法権の範囲・対象をめぐる議論においてとりわけ重要な意味をもってきたのが、「具体的な争訟」が存在していることという、いわゆる具体的事件性の要件である。この要件は、裁判所法3条が定める「法律上の争訟」という用語と密接に結びついている。この法律上の争訟について、通説は、①当事者間の具体的な権利義務ないし法律関係の存否に関する紛争で（事件性ないし争訟性の要件）、②法律を適用することで終局的に解決することができるもの（法律適用による解決可能性の要件）、という二要件を含むものと解している（野中他・憲法Ⅱ203頁）。判例も、後述する警察予備隊訴訟や「板まんだら」事件でこうした二要件の存在を示している。したがって、これらの二要件を満たさない訴訟は「法律上の争訟」にあたらず、裁判上の救済を受けられないこととなる。

①の要件との関係で、一般に、問題とされるのは、具体的事件性も権利侵害もないのに、抽象的に法令の解釈または効力を争う訴訟（抽象的審査）である。警察予備隊令およびそれに基づいて設置された警察予備隊の違憲性が争われた警察予備隊違憲訴訟（最大判昭和27年10月8日民集6巻9号783頁）で、最高裁は「わが裁判所が現行の制度上与えられているのは司法権を行う権限であり、そして司法権が発動するためには具体的な争訟事件が提起されることを必要とする。我が裁判所は具体的な争訟事件が提起されないのに将来を予想して憲法及

第9章　裁判所と「司法権」

びその他の法律命令等の解釈に対し存在する疑義論争に関し抽象的な判断を下すごとき権限を行い得るものではない」と判断し、抽象的審査が事件性の要件を欠くものであることを明らかにしている。ただし、具体的事件を前提とせずに出訴する制度を法が明文で認めている場合には、この要件の例外とされる。行政事件訴訟法で定められた民衆訴訟（5条）と機関訴訟（6条）はこうした例外にあたる。また、単なる事実の存否、個人の主観的意見の当否を争う訴訟や、学問上の論争なども①の要件を欠くとされる。ただし、①の要件が司法に内在する制約であるかは、前述のように、司法の観念をどのように解するかによる。

②の要件との関係では、純然たる信仰対象の価値、宗教上の教義に関する判断を求める訴訟や、宗教上の地位の確認の訴えなどが問題となる。これが問題となった事例としては「板まんだら」事件（最判昭和56年4月7日民集35巻3号443頁）がある。この事件は、創価学会に対して行われた正本堂建立のための寄付金の返還を創価学会の会員が求めた訴訟であったが、原告は返還の理由に正本堂に安置する本尊の「板まんだら」が偽物であることを挙げていた。最高裁は、「本件訴訟は、具体的な権利義務ないし法律関係に関する紛争の形式をとつており、その結果信仰の対象の価値又は宗教上の教義に関する判断は請求の当否を決するについての前提問題であるにとどまるものとされてはいるが、本件訴訟の帰すうを左右する必要不可欠のものと認められ……ることからすれば、結局本件訴訟は、その実質において法令の適用による終局的な解決の不可能なものであつて、裁判所法3条にいう法律上の争訟にあたらないものといわなければならない」と判断した。

しかし、宗教上の教義に関する判断などが司法権になじまないのは、法律適用による解決可能性がないというよりも、むしろ対象となっている事項が政教分離原則によって法的規律の対象からはずされていることに起因する（樋口編・講座憲法学⑥31頁）。これらの当否を裁判所が判断すること自体が政教分離原則に反するおそれがあるということが、司法権の介入を阻む根拠といえる。これらのことは、個人の主観的意見の当否を争う訴訟や、学問上の論争についてもいえることである。国家権力が主観的意見の正しさや、学説の正しさなどを決定することは、思想・良心の自由や学問の自由の保障に反するということになろう。したがって、②の要件は司法権に対する人権規定との関係で生じる限界

(3) 司法権の限界

原則として裁判所は以上のような「法律上の争訟」のすべてについて裁判権限を有するが、これには権力分立原理やその他の理由によって一定の限界がある。ここには憲法が明文で認めた例外や国際法に基づく例外と並んで、「事柄の性質上」司法権になじまないとされるものが含まれるとされる。以下では、便宜上、①統治機構の諸原理から生じる限界と②人権規定との関係で生じる限界とに区別して論じることとする。

(a) 統治機構の諸原理から生じる限界

司法権は、権力分立原理や国民主権原理との関係から、その行使が限界づけられる。

第1に、国会ないし各議院の自律権に属する行為が、司法権の例外として挙げられる。国会または各議院の内部での懲罰や、定足数、議決の有無といった議事手続は、本来他の国家機関から監督や干渉を受けないものであり、その意味で司法権といえども干渉すべきではないとされる。この点、議院規則違反の疑いがある議決によって可決された法律の無効性が主張された警察法改正無効事件（最大判昭和37年3月7日民集16巻3号445頁）において、最高裁は「同法は両院において議決を経たものとされ適法な手続によつて公布されている以上、裁判所は両院の自主性を尊重すべく同法制定の議事手続に関する所論のような事実を審理してその有効無効を判断すべきでない」として訴えを斥けている。しかし、明らかに国会の議決に重大な手続違反などがある場合には、それ自体が民主主義のプロセスを歪める可能性があるため、司法権の行使が認められる余地はあると思われる。

第2に、政治部門の自由裁量に委ねられていると解されている行為については、それが明らかに裁量権の範囲を逸脱しているか、裁量権を濫用している場合でない限り、司法権になじまないとされる（立法裁量・行政裁量）。これは、とりわけ経済政策立法や社会権の実現に際しては、それらについての専門知識を有する政治部門の判断が優先されるべきだとの理解に基づく限界であり、堀木訴訟最高裁判決（最大判昭和57年7月7日民集36巻7号1235頁）でも用いられている。また、議員定数不均衡訴訟でもこうした自由裁量が広く認められる傾向

にある。ただし、こうした自由裁量の多用は、ともすれば司法の本来的な意義を低下させるおそれもあり、人権の実効的救済という面からも裁量権の範囲の確定には慎重である必要がある。

　第3に、「統治行為」あるいは「政治問題」と呼ばれる事項については、司法権が及ばないとされることがある。最高裁は、抜き打ち解散の効力が問題となった苫米地事件最高裁判決（最大判昭和35年6月8日民集14巻7号1206頁）において、「直接国家統治の基本に関する高度に政治性のある国家行為のごときはたとえそれが法律上の争訟となり、これに対する有効無効の判断が法律上可能である場合であつても、かかる国家行為は裁判所の審査権の外にあり、その判断は主権者たる国民に対して政治的責任を負うところの政府、国会等の政治部門の判断に委され、最終的には国民の政治判断に委ねられているものと解すべきである」と述べ、統治行為の存在を認めた上で、これを「司法権の憲法上の本質に内在する制約」と捉えた。しかし、統治行為を司法権に内在する制約と捉えることは、人権保障の面からも問題がある（この点について詳しくは、第10章「違憲審査制」3 (4)を参照）。

(b)　人権規定との関係で生じる限界

　司法権は、人権保障との関係で、一定の事項については介入を控えざるをえないことがある。それは、とりわけある団体が人権規定によって自律的判断権限を認められている場合に生じる。これはかつて「部分社会」論と呼ばれた問題であり、団体内部の紛争であって、団体の自律的な判断が尊重されるべき場合には、司法審査を控えるべきとされる。部分社会の例としては、地方議会、大学、政党、宗教団体などが挙げられるが、地方議会については、むしろ権力分立原理に基づく自律権の問題とすべきであり、ここでは取り上げない。

　大学は部分社会の典型とされる。憲法23条が定める学問の自由は「大学の自治」を含むものと理解されるが、これによって大学は憲法上自律性が認められるべき存在と位置づけられる。大学の自治に司法権があまりに介入すると、それは結果的に学問の自由をも危険にさらすことがある。この点、大学の単位不認定処分が問題となった富山大学事件（最判昭和52年3月15日民集31巻2号234頁）で、最高裁は、大学は「一般市民社会とは異なる特殊な部分社会を形成している」ため、「単位授与（認定）行為は、他にそれが一般市民法秩序と直接の関係

を有するものであることを肯認するに足りる特段の事情のない限り、純然たる大学内部の問題として大学の自主的、自律的な判断に委ねられるべきものであつて、裁判所の司法審査の対象にはならない」として、部分社会の法理を採用した。ただし、この場合でも、退学処分などの懲戒処分に関しては、その処分の重要性や人権保障の面から、司法権が及ぶと考えるべきであろう。

　政党に関しては、党員の除名処分などが問題となる。これが争われた共産党袴田事件（最判昭和63年12月20日判タ694号92頁）で、最高裁は、政党には「高度の自主性と自律性を与えて自主的に組織運営をなしうる自由を保障しなければならない」と述べ、その上で「一般市民法秩序と直接の関係を有しない内部的な問題にとどまる限り、裁判所の審判権は及ばない」と判断して、部分社会の法理を採用している。政党の場合、結社の自由が司法権行使の限界となると思われるが、私的な団体とはいえ政党が民主主義を実現する上で重要な役割を担っていることから考えれば、安易に部分社会の法理を導入すべきではないように思われる。

　宗教団体についても、結社の自由を根拠にその自律的判断が尊重されるが、この点「板まんだら」事件控訴審判決（東京高判昭和51年3月30日判時809号27頁）は、部分社会の法理による司法審査の排除の主張に対して、「宗教団体内部の紛争が法的紛争であるかぎり、これにつき法的判断を加えることは、裁判所が当然にその権限としてなすべきこと」だとの判断を下している。

　いずれの場合も、部分社会の法理をあまり過大に認めないことが肝要である。部分社会の法理を一般的に承認することは、司法権の及ばない領域を広げすぎるおそれがある。団体に人権規定によって自律的判断権限が認められるといっても、これは絶対的なものではありえないし、また他者（とりわけ団体内部の個人）の人権との関係で制約を受けるべきものである。このとき部分社会の法理をあまりに広範に認めると、個人の「結社（団体）からの自由」が不当に制約されることにもなりかねない。部分社会の法理を考える際には、法治主義や人権保障との関係も考慮してその範囲を限定すべきである（樋口・憲法184頁）。

2 裁判所の構成・活動・権限

(1) 裁判所の構成

日本国憲法76条１項は司法権の担い手として、「最高裁判所及び法律の定めるところにより設置する下級裁判所」を予定している。これに基づき、裁判所法２条は、高等裁判所、地方裁判所、家庭裁判所、簡易裁判所の４種の下級裁判所を定めている。これらの憲法および法律で定められる各裁判所の関係については、審級制度が採用されており、一般には、同一の事件について地方裁判所・高等裁判所・最高裁判所の各裁判所で審理を受けられる三審制となっている。家庭裁判所は、地方裁判所と審級上は同ランクにあるが、家庭事件や少年事件の審判について裁判権限をもつ。簡易裁判所は、少額軽微な事件について裁判権限をもつ第一審裁判所である。

(2) 最高裁判所

最高裁判所は、憲法によって直接要請される裁判所であり、その構成についても憲法79条１項が、「その長たる裁判官及び法律の定める員数のその他の裁判官」によって構成され、長たる裁判官（最高裁判所長官）以外は内閣が任命すると定める。長官は、内閣の指名に基づいて天皇が任命する（6条2項）。裁判所法は、最高裁判所判事の員数を14人としており（5条3項）、これに長官を加えた15人が最高裁判所を構成する。最高裁判所の裁判官は国民審査に服するが（79条2項）、それ以外は定年に達するまで身分を保障され、任期の定めはない。

最高裁判所は、「上告」および「訴訟法において特に定める抗告」について裁判権を有する終審裁判所である（裁判所法7条）。現行法上、上告は、①判決に憲法の違反または憲法の解釈の誤りがある場合（刑訴法405条1号、民訴法312条1項）、②最高裁判所の判例と相反する判断がなされた場合（刑訴法405条2号）、③専属管轄に関する規定に違反した場合や口頭弁論の公開の規定に違反した場合など（民訴法312条2項）に行われる。最高裁判所は、これらの上告について最終的な判断を下すとともに、裁判所の法解釈を統一する機能も有しているとされる。また、後述するように、81条によって法令等の憲法適合性を判断する終審裁判所でもある。

最高裁判所は、大法廷（15名全員の裁判官の合議体）または小法廷（5名の裁判官の合議体）で裁判を行う。どちらで裁判を行うかは、最高裁判所の定めるところによるが、裁判所法10条によって、憲法適合性審査や、判例変更の場合など、一定の場合には、大法廷で裁判が行われなければならない。

(3) 下級裁判所

高等裁判所は、全国に8カ所設置され、控訴・抗告および上告についての裁判権をもつ（裁判所法16条・17条）。高等裁判所を構成するのは、長官と相応な員数の判事であり（同15条）、裁判は原則として3人の合議体で行われる（同18条）。高等裁判所長官の任免は天皇の認証事項であるが（憲法7条5号、裁判所法40条2項）、それ以外の裁判官の任命は最高裁判所の指名した者の名簿によって内閣が行う（憲法80条1項）。なお、高等裁判所を含む下級裁判所の裁判官の任期は10年で、再任されることができる（80条1項）。

地方裁判所は、都道府県庁所在地等に設置され、通常の訴訟事件の第1審裁判所であるほか、簡易裁判所の判決に対する控訴等について裁判権をもつ（裁判所法24条）。相応な員数の判事および判事補によって構成され（同23条）、裁判は事件の性質に応じて1人の判事による単独裁判、または3人の判事の合議体で行われる（同26条）。

家庭裁判所は、家事審判法および少年法で定められる事件の審判等を行う（裁判所法31条の3）。相応な員数の判事および判事補で構成され（同31条の2）、原則として1人の裁判官による単独裁判が行われるが、法律で定められた場合には合議体で事件を取り扱う（同31条の4）。

簡易裁判所は、民事事件では行政事件を除き訴額が90万円を超えない請求、刑事事件では罰金以下の刑にあたる罪または選択刑として罰金が定められている罪など比較的軽微な事件の裁判権をもつ（裁判所法33条1項）。相応な員数の判事によって構成され（同32条）、裁判は1人の裁判官で行う（同35条）。

なお、現在採用されている三審制が憲法上の要請であるか否かについて、最高裁は「憲法は、審級制度を如何にすべきかについては、81条の規定以外何等規定するところがないから、同条規定の点以外の審級制度は立法をもって適宜にこれを定むべき」との立場をとっている（最判昭和31年7月26日民集10巻8号1116頁）。この考え方に従えば、憲法が要請しているのは81条に基づく憲法事

件についての下級裁判所から最高裁判所への上訴だけであり、それ以外の審級については立法裁量だということになろう。しかし、近時では、裁判を受ける権利をより実質的に論じる立場から、裁判官による手続保障の違反があった場合には、上訴可能性が開かれるべきことが憲法上要請されるとの解釈も示されている（松井・後掲159頁）。

3　司法権の独立

(1)　司法権の独立の意義

裁判が公正に行われ、人権保障が確保されるためには、なによりもまず、裁判を担当する裁判官がいかなる外部からの圧力・干渉をも受けずに職責を果たすことが重要である。そのため、司法権独立の原則は、近代立憲主義の大原則として広く受け入れられてきた。日本国憲法もこの考え方に立って、司法権の独立を強く保障している。司法権の独立が要求される根拠としては、①司法は非政治的な作用であり、政治性の強い立法・行政からの干渉を受けやすいこと、②司法は、裁判を通じて国民の権利を保護することを任務とするため、多数決原理によって特徴づけられる政治部門とは距離をとって、少数者の保護を図る必要があること、などが挙げられる。

司法権の独立という考え方は、2つの異なるレベルでの保障を意味する。ひとつは、司法権が立法権・行政権から独立していること（広義の司法権の独立）であり、いまひとつは、裁判官が裁判をするにあたって、独立して職権を行使すること（狭義の司法権の独立）である。これらのうち、後者の「裁判官の職権の独立」が司法権の独立の核心にあたるとされており、憲法76条3項は、後者の意味での司法権の独立を特に保障している。

(2)　広義の司法権の独立

広義の司法権の独立は、司法権に対して政治部門が干渉し、司法の政治的中立性を害してしまうことを防ぐという趣旨から、憲法上、当然の前提として認識される。広義の司法権の独立が問題となった事例として、大日本帝国憲法下での大津事件が挙げられる。

1891年に起こった大津事件では、来日中のロシア皇太子を負傷させた警察官

に対して、当時の政府が外交上の配慮から日本の皇族に対する罪を適用して死刑に処すよう大審院に働きかけたが、大審院長の児島惟謙がこれに強く抵抗し、結果的に、刑法の規定に従って無期徒刑が下された。法をまげてでも死刑を要求する政府に対して、この干渉に屈せず、法の趣旨を貫徹したという意味で、児島の行動は「護法の神」にふさわしいものであったといえる。しかし、その一方で、児島は裁判の担当判事に対して刑法の規定に従うよう説得を行っており、裁判官の職権行使に干渉したという点では、後述の裁判官の職権の独立との関係で問題をはらむものであった。

また、浦和充子事件で、参議院法務委員会が国勢調査権の行使という建前で裁判所の特定の判決を取り上げて批判したのに対し、最高裁判所は「司法権の独立を侵害」するとして、参議院に抗議し、吹田黙禱事件では、公判中に被告人などが黙禱を行ったのを制止しなかった裁判官の訴訟指揮を、国会の裁判官訴追委員会が問題としたことに対して、黙禱を禁止しなかったことは裁判官弾劾法2条が定める「職務に著しく違反し、又は職務を甚だしく怠ったとき」という罷免事由にはあたらず、また、審理中の裁判に関する調査は裁判干渉となるおそれがあるとの申し入れをした。さらに、1969年に自由民主党が、都教組事件最高裁判決などを標的として、「偏向裁判」を問題とするための特別委員会を設置する構想を示した際には、最高裁判所事務総長が「係属中の事件への批判となったり、裁判所に対する人事介入になるならば、裁判の独立を脅かす」との談話を公表した。これらも広義の司法権の独立との関係で、最高裁判所が外部に向けて反応を示した例ということができるであろう。

(3) 裁判官の職権の独立

憲法76条3項は、「すべて裁判官は、その良心に従ひ独立してその職権を行ひ、この憲法及び法律にのみ拘束される」と定め、裁判官の職権の独立を定めている。これが司法権の独立の核心であることは前述したとおりであるが、この条文については、解釈の対立が見られる。

(a) 「良心」の意味

まず、「良心」の意味が問題となる。通説は、ここにいう良心とは、19条で保障されるような裁判官の個人的・主観的良心ではなく、「裁判官としての」職業的・客観的良心であると解する（客観的良心説・良心二元説）（芦部・憲法327頁）。

これに対して、主観的良心説と呼ばれる立場は、良心を二元化するアプローチを批判し、究極的には法の解釈・運用も裁判官の個人的・主観的良心に依拠せざるをえないとする（杉原・憲法Ⅱ376頁）。この点、日本国憲法の人権思想やそれに基づく法体系に対して批判的な思想をもつ裁判官がいた場合が問題となる。たとえば、宗教上の信念から、離婚や妊娠中絶に反対の思想をもっている裁判官がいた場合、主観的良心説の立場からは、これらについて適切な判断が下せなくなる可能性がある。しかし、この想定は、あくまで「良心」の解釈に限定した場合のものである。76条3項の解釈上、その後に続く「この憲法及び法律にのみ拘束される」をあわせて考えれば、裁判官はたとえそのような思想をもっていようとも、実定法秩序には拘束されるのであって、裁判がねじまげられる可能性は少ないといえる（樋口・憲法412頁）。したがって、76条3項を全体としてみれば、主観的良心説も成り立ちうるように思われる。客観的良心説が良心を二元的なものと捉えるという、多少現実離れした想定から出発していることや、「裁判官としての良心」を要求することによって、裁判官に対する思想・信条差別が正当化されるおそれがあることからすれば、主観的良心説が妥当であろう。

(b) 「独立して職権を行う」の意味

次に、「独立して職権を行う」の意味が問題となる。これは、裁判官は他者からのいかなる干渉・圧力にも屈せず、自律的に行動すべきことを意味するが、ここでの干渉・圧力には、立法権・行政権によるものはもとより、司法権内部での指示・命令も含まれる。したがって、問題となるのは、①国会や内閣からの干渉・圧力、②上級審裁判所ないし同一裁判所の長などからの干渉・圧力、③国民による干渉・圧力である。

①については、浦和充子事件が例として挙げられる。浦和充子事件での参議院法務委員会の調査は、「裁判官の刑事事件不当審理等に関する調査」（後に「検察及び裁判の運営に関する調査」に改められた）との名目で行われており、特定の裁判官およびその裁判判決を批判する目的であったことは明らかである。

②については、吹田黙禱事件、平賀書簡事件が例として挙げられる。吹田黙禱事件では、最高裁判所が、国会に対して審理中の裁判に関する調査は裁判干渉となるおそれがあるとの申し入れをする一方で、全国の裁判所に宛てて、

「法廷の威信について」という通達を出し、当該裁判長の訴訟指揮を「まことに遺憾」とした。最高裁判所はこれについて「事件の裁判にいかなる影響を及ぼすものでない」と断っていたものの、やはり裁判官の職権の独立が脅かすものであったといえるであろう。平賀書簡事件は、長沼ナイキ訴訟の際に、札幌地裁の平賀所長が、事件を担当する福島裁判長に対して自衛隊の違憲審査を抑制するための書簡を送った事件である。福島裁判長が不当な干渉であるとして書簡を公表したため、最高裁判所は「裁判の独立と公正について国民の疑惑を招き、誠に遺憾」とする所信を発表し、平賀所長を注意処分とした。

　③については、国民やマス・メディアによる裁判批判が問題となる。こうした裁判批判が司法権の独立を害するのではないかという議論もあるが、ただし、これはむしろ国民の表現の自由の問題であって、裁判批判が制限されるのは、裁判の公正確保に対して「明白かつ現在の危険」を及ぼすような場合に限られる、とするのが通説的見解である（芦部・憲法328頁）。国民による干渉・圧力が裁判官に対する実力行使などをともなうものでなく、言論のレベルにとどまるのであれば、これを制約する理由はないであろう。なお、国民による干渉・圧力という観点からは、後述する裁判員制度も問題となりうる。

(4)　司法の自律

　裁判所は、本来の裁判権行使のほかに、その自律的判断が認められる権限を憲法上有している。これは、司法権の独立を確保するために、裁判機構の運用を可能な限り裁判所の自律に委ねる趣旨であり、とりわけ、司法権に対する立法権・行政権からの干渉を排除するところにその中心的な意義がある。このような権限として、司法行政権と規則制定権がある。

(a)　司法行政権

　司法行政権は、裁判所の人的・物的施設を設営管理する作用とされるが、その中心にあるのは人事行政権である。大日本帝国憲法下では、行政機関である司法大臣が司法行政権を有していたが、人事行政権などを行政に委ねていては裁判官の職権の独立が有名無実なものとなりかねないため、日本国憲法ではこれを最高裁判所の権限としている。憲法80条1項は、下級裁判所裁判官について、「最高裁判所の指名した者の名簿によって」内閣が任命権を行使するとしており、このとき内閣は名簿で指名されていない者を裁判官に任命することはで

きない。また、裁判官の分限や懲戒についても、78条後段が、それを行政機関が行うことを禁じているため、最高裁判所または高等裁判所によって行われる。

(b) 規則制定権

規則制定権は、憲法77条1項が「最高裁判所は、訴訟に関する手続、弁護士、裁判所の内部規律及び司法事務処理に関する事項について、規則を定める権限を有する」と定めていることから認められる権限である。このような権限は、その性質上、実質的意味の立法であるため、本来は立法権に属するものではあるが、前述のように司法権の独立を確保するという目的から、憲法が41条の例外として認めている。規則事項をめぐっては、規則と法律との関係が問題となることがある。従来は、ここに列挙された事項は必ず最高裁判所規則によって定められなければならないとする専属事項説もあったが、現在では、法律で定めることもできるとする説（競合事項説）が通説・判例となっている（芦部・憲法323頁）。競合事項説に立つ場合には、法律と規則とでどちらの効力が優先するかが問題となるが、これについては、規則に法律より強い効力を認める規則優位説、両者の効力を「後法は前法を破る」という関係にあるものと見る同位説もあるが、41条の趣旨からしても、形式的効力については法律が優位するとする法律優位説が妥当であろう。ただし、法律優位説に立つ場合でも、規則事項はなるべく規則で定めるのが望ましいといえるであろう。

(5) 裁判官の身分保障

裁判官の職権の独立を実効的に確保するためには、裁判官がその身分を保障されている必要がある。憲法は78条で「裁判官は、裁判により、心身の故障のために職務を執ることができないと決定された場合を除いては、公の弾劾によらなければ罷免されない」と定め、裁判官の罷免を分限による場合と弾劾による場合に限定している。これを受けて、分限について裁判官分限法が、弾劾については裁判官弾劾法が、それぞれ定めを置いている。また、79条6項と80条2項では、裁判官の報酬について、在任中減額されることがないことを定めている。憲法では、罷免と報酬の減額についての保障しか存在していないが、裁判所法はこれを意に反する転官、転所、停職にも及ぼしている（裁判所法48条）。これらが憲法上も保障されるべきかは難しいところであるが、裁判官の職権の独立を確保するという趣旨からすれば、これらも含めて解することも可能であ

ろう。

　裁判官の懲戒については、憲法78条後段が「行政機関がこれを行ふことはできない」と定める。懲戒は「職務上の義務に違反し、若しくは職務を怠り、又は品位を辱める行状があつたとき」に、裁判官分限法に基づいて行われる。

　なお、最高裁判所の裁判官については、後述するように、国民審査による罷免という、特別な罷免事由が付け加えられている。

4　司法の民主的統制

> **設例**　憲法82条は裁判の公開原則を定めているが、「営業の秘密」の保護を訴訟によって求めようとすると、裁判の公開によって、訴訟の過程で営業秘密が一般に開示されてしまうという問題が生じる。そこで、国会は「営業の秘密」が争点となっている訴訟については、これを全面的に非公開とする法案を可決した。これは憲法違反とならないであろうか。

(1)　最高裁判所裁判官の国民審査

　憲法79条2項は「最高裁判所の裁判官の任命は、その任命後初めて行はれる衆議院議員総選挙の際国民の審査に付し、その後10年を経過した後初めて行はれる衆議院議員総選挙の際更に審査に付し、その後も同様とする」として、最高裁判所裁判官に対する国民審査制を定める。また、3項では「前項の場合において、投票者の多数が裁判官の罷免を可とするときは、その裁判官は、罷免される」と定め、国民審査の結果を罷免事由としている。この制度の趣旨は、内閣の任命に対して、国民の民主的コントロールを及ぼすところにあり、憲法15条1項が定める公務員の罷免権の発動と理解される。

　ただし、国民審査の法的性質については争いがある。通説・判例は、これを解職（リコール）の制度と解するが、これに対して、解職とともに任命の事後審査としての性格も併せもつとする説も有力である（芦部・憲法321頁）。この点、任命後初めて行われる国民審査については、どちらかというと任命の事後審査としての性格が強く、その後の国民審査については解職としての性格が強く出

るため、この意味で両者の性格を併せもつと考えるのが妥当であろう。

現行制度では、国民審査の方法として、罷免を可とする裁判官について×印をつけ、罷免を可としない場合には何も記さない方式が採用されているが、これはどちらかというと国民審査を解職制と捉える傾向が強いためであり、任命の事後審査の役割も考えるのであれば、信任のときに〇、不信任（罷免）のときに×、棄権のときには何も記さない、という方式がより適切であると思われる。

(2) 裁判の公開

憲法82条１項は「裁判の対審及び判決は、公開法廷でこれを行ふ」と裁判の公開原則を定めている。これは裁判を市民に対して公開することで、裁判の公正と裁判に対する批判可能性を確保するための原則であり、近代裁判制度にとって不可欠の要素となっている。国家権力に対する国民の民主的コントロールを実現するためには、なによりもまず国家権力行使の透明性を確保する必要があり、司法権における透明性確保の手段がこの公開原則であるといえよう。

ここにいう対審とは、民事裁判においては口頭弁論手続を意味し、刑事裁判では公判手続を意味する。裁判の公開は、これらの過程が誰でも傍聴可能な状態に置かれることであるが、裁判官が合議体で行う裁判の評議は公開されない（裁判所法75条）。

憲法82条２項は、「裁判所が、裁判官の全員一致で、公の秩序又は善良の風俗を害する虞があると決した場合には、対審は、公開しないでこれを行ふことができる」と定め、公開原則の例外を定めるが、それに続けて「但し、政治犯罪、出版に関する犯罪又はこの憲法第三章で保障する国民の権利が問題となつてゐる事件の対審は、常にこれを公開しなければならない」として公開原則が形骸化しないよう配慮している。

裁判の公開原則との関係で問題となるのは、裁判の傍聴の自由である。この自由は、国民の知る権利や表現の自由、報道の自由などと密接な関連をもつが、明文規定があるわけではなく、また公開原則から権利を導き出すことができるかが問題となりうる。実際、裁判所傍聴規則は、傍聴についてさまざまな規制を設けている（人数制限、服装制限など）し、それ以外の制限も存在する（裁判所法71条の２、法廷等の秩序維持に関する法律など）。かつては法廷でメモを取ることが一般に禁止されていたが、これが問題となった法廷メモ事件（レペタ事

件）最高裁判決（最大判平成1年3月8日民集43巻2号89頁）は、裁判の公開原則から傍聴の自由といった権利が導き出されるかについては、「各人が裁判所に対して傍聴することを権利として要求できることまでを認めたものでないことはもとより、傍聴人に対して法廷においてメモを取ることを権利として保障しているものではない」としてこれを否定したが、法廷でメモを取る自由を「憲法21条1項の規定の精神に照らして尊重されるべき」として、「特段の事情のない限り、これを傍聴人の自由に任せるべきであり、それが憲法21条1項の規定の精神に合致する」と述べた。

(3)　裁判員制度

司法に対する国民の民主的コントロールとの関係では、近時「国民の司法参加」という観点がクローズアップされるようになっている。これを受けるかたちで、2004年に「裁判員の参加する刑事裁判に関する法律」（裁判員法）が公布され、2009年5月までに施行されることとなった。裁判員法が定める裁判員制度は、その1条が「国民の中から選任された裁判員が裁判官と共に刑事訴訟手続に関与することが司法に対する国民の理解の増進とその信頼の向上に資することにかんがみ」と定めることからもわかるように、国民の司法参加を促進し、それによって司法に対する国民の民主的コントロールを及ぼそうとする制度である。

裁判員法は、地方裁判所において、死刑又は無期の懲役若しくは禁錮に当たる罪に係る事件か、またはこれ以外で、裁判所法26条2項2号に掲げる事件であって、故意の犯罪行為により被害者を死亡させた罪に係るものが審理される場合、裁判官3人、裁判員6人からなる合議体によってこれを取り扱うと定める（2条）。この合議体は、有罪・無罪の決定および量刑の判断を行い（6条2項）、その決定および判断は、「構成裁判官及び裁判員の双方の意見を含む合議体の員数の過半数の意見による」（67条1項）。なお、裁判員は、地方裁判所の管轄地域の有権者から無作為に選出される（13条以下）。

このような裁判員制度は、ヨーロッパ諸国に見られる参審制にならったものと理解することができる。アメリカなどで採用される陪審制（一般国民から選ばれた陪審員が、正式起訴をするかを決定したり、審理に参加して評決したりする制度）や参審制は、司法に対する国民参加の制度であるが、これを採用すること

が日本国憲法上認められるかについては、76条3項や32条および37条1項（公平な裁判所で裁判を受ける権利）との関係で、かねてから議論があった。陪審制については、裁判官が陪審の評決に拘束されないことを条件にこれを合憲とする考え方が通説であったが、素人が裁判官と合議体を構成して裁判のあらゆる過程に参加する参審制については違憲とする説が一般的であった（戸波・憲法360頁以下）。このことからすれば、裁判員法6条2項および67条1項の規定は違憲と評価される可能性が高いといえるだろう。

　しかし、近時では、こうした裁判員制度を積極的に支持する見解も増えてきている（笹田・後掲177頁以下）。それによれば、憲法には下級裁判所の裁判官を職業裁判官に限定するという明文規定をもたないし、32条・37条1項は公平な「裁判所」で裁判を受ける権利を保障するものであって、必ずしも職業裁判官による裁判を受ける権利を保障しているわけではないとされる。また、76条3項との関係についても、裁判官が合議体の内部で他の意見に従わねばならないことまで禁じるものではないから、裁判官が裁判員の評決に拘束されても裁判官の職権の独立を害するものではないとされる。

　他方で、このような条文解釈とは別に、国民の司法参加には、司法と民主主義との関係に関する別の問題もある。裁判員法が成立するにあたってしばしば強調されたのが、司法権には「民主的正統性」がないという主張であった。裁判員制度は、裁判に国民を参加させることで、司法権に欠如していた民主主義的要素を補充しようとする試みである。これは、司法制度改革審議会の意見書が「一般の国民が、裁判に参加し、裁判内容に国民の健全な社会常識がより反映されるようになることによって、国民の司法に対する理解・支持が深まり、司法はより強固な国民的基盤を得ることができるようになる」と述べていることでも明らかであろう。

　しかし、こうした民主主義的要素の組入れに対しては、学説上強い批判もある。これまで憲法学は、司法権の本来の意義を、民主主義の採用する多数決原理に対抗してでも個人の権利・自由を擁護する点にあるとしてきた。多数決原理に基づく民主主義と個人の権利・自由の擁護とは、ともに「個人の尊厳」に仕えるものではあるが、ときに対立する。このとき、司法の民主主義的要素を強調することは、ともすれば政治的・社会的少数者の権利・自由の保護をない

がしろにしてしまう可能性がある。ここに、民主主義を行動原理とする政治部門と、個人の権利・自由の擁護を行動原理とする司法部門とが分けられている理由があるともいえるであろう。この意味では、司法の領域に民主主義的要素を持ち込むことには慎重になるべきであるように思われる。

【解説】　設例のような問題は、とりわけ知的財産権の保護との関係で生じやすい。特許権侵害などを主張しようとすると、裁判の過程で、特許の内容を特定して、それにかかわる不法行為などを主張・立証しなければならないため、どうしても秘密開示の必要性に迫られる。このとき、82条の公開原則を厳格に適用すれば、対審が一般に公開されてしまうため、秘密はもはや「公然の秘密」となってしまう。82条2項は公開原則の例外を定めてはいるが、それは「裁判官の全員一致で、公の秩序又は善良の風俗を害する虞があると決した場合」に限られている。ここにいう「公の秩序又は善良の風俗を害する虞がある」場合は、対審を公開することが公共の安全を害するおそれがある場合や人心に著しい悪影響を及ぼす場合と解されており、その意味では営業秘密の保護をここに含めることは難しいといえるだろう。しかし、だからといって営業秘密が問題となっている場合にも公開原則を厳格に適用すべきとしたのでは、結局、営業秘密を守るために訴訟を控えざるを得なくなり、実効的な権利保障が損なわれることにもなろう。

　これらの調整を図る解釈の道筋としては、「公の秩序又は善良の風俗」の範囲を拡大する方向がありうる。たとえば、営業秘密などを29条の財産権の一内容と位置づけ、それを公序に含まれると解する説などがこれにあたる。あるいは、82条と32条で保障された裁判を受ける権利との関係性を重視して、裁判を受ける権利が実質的に制約されるような場合には、公開原則が後退するとの方向性もありうる。その場合、32条からは「非公開審理で裁判を受ける権利」が導き出されるということになろうか。

　この問題については、あまり憲法学上の議論の蓄積がないが、重要なのは、裁判の公開が目的とする裁判の透明性確保という要請と、32条によっても保障されるべき裁判による権利救済の可能性との調整である。この際、営業秘密にかかわる裁判を全面的に非公開とすることは憲法の趣旨に反する。したがって、被侵害利益の重要性や損害の回復困難性を考慮に入れた衡量が立法者には求められるというべきであろう。

　なお、知的財産訴訟の審理に関しては、特許法が改正され、裁判官が全員一

致で①侵害の有無についての判断の基礎となる事項であって、当事者の保有する営業秘密に該当するものについて、当事者等が尋問を受ける場合において、②当事者等が公開の法廷で当該事項について陳述をすることにより、当該営業秘密に基づく当事者の事業活動に著しい支障を生ずることが明らかであることから、当該事項について十分な陳述をすることができず、③当該陳述を欠くことにより、他の証拠のみによっては当該事項を判断の基礎とすべき特許権または専用実施権の侵害の有無についての適正な裁判をすることができないと認める場合には、裁判所は、当該事項の尋問を公開しないで行うことができると定められた（特許法105条の7）。

【参考文献】
　兼子一・竹下守夫『裁判法（第四版）』（有斐閣、1999）
　笹田栄司『裁判制度』（信山社、1997）
　佐藤幸治『現代国家と司法権』（有斐閣、1988）
　高橋和之『立憲主義と日本国憲法』（有斐閣、2005）
　樋口陽一・栗城壽夫『憲法と裁判』（法律文化社、1988）

第10章　違憲審査制

　違憲審査制は、憲法の最高法規性を保障するための重要な制度である。憲法には罰則がなく、国家機関が憲法に反する行動をとってもそれが直接処罰の対象となることはないため、かつては憲法無視の政治に対して憲法は無力であった（たとえば、ナチスの授権法がその典型である）。こうした経験を踏まえて、第２次大戦後に制定された憲法の多くは、憲法の最高法規性を保障するために違憲審査制を採用した。本章では、日本国憲法が採用した違憲審査制について、その特徴を中心に論じる。

1　付随的違憲審査制

(1)　日本国憲法81条の解釈
(a)　付随的審査説と抽象的審査説
　日本国憲法81条は、「最高裁判所は、一切の法律、命令、規則又は処分が憲法に適合するかしないかを決定する権限を有する終審裁判所である」と定める。これが日本における違憲審査制度の根拠条文である。81条の解釈においては、これが付随的違憲審査制を定めたものか、それとも抽象的違憲審査制を定めたものかという点が、憲法制定当初から議論となっていた。
　81条は付随的違憲審査制を定めた条文だと見る立場（付随的審査説）は、以下の理由を挙げる。①憲法制定過程からも、日本の制度はアメリカの制度にならっていると考えるのが自然である。②81条は「第６章司法」の章に定められているが、司法とは伝統的理解によれば、「具体的な紛争の解決」という作用を中心に据えるものと理解されており、違憲審査権もこうした作用に付随したものと解される。③抽象的違憲審査が認められるためには、少なくとも提訴要件や裁判の効力に関する規定が憲法上定められていなければならない（野中他・

憲法Ⅱ256頁）。

これに対して、81条は抽象的違憲審査制を定めた条文だと見る立場（抽象的審査説）は、81条は最高裁判所に特別な抽象的違憲審査権をも付与する趣旨だと解する。その根拠としては、①81条が、一般的な司法権に関する規定である76条とは別に、とくに最高裁判所だけに違憲審査権を付与する趣旨であること、②司法概念は必ずしも「具体的な紛争の解決」という作用にのみ拘泥するものではないこと（たとえば、客観訴訟の法定はその例証であるとされる）、などが挙げられる。

判例は、警察予備隊違憲訴訟（最大判昭和27年10月8日民集6巻9号783頁）で付随的審査説を採用している。社会党書記長が原告となり、警察予備隊設置の違憲無効確認を求めて、直接、最高裁に出訴したこの訴訟において、原告は最高裁が「一般の司法裁判所としての性格と憲法裁判所としての性格を併せ有する」ことを主張し、81条は抽象的審査をも容認していると主張したが、最高裁は、最高裁判所の違憲審査権は司法権の範囲内で行使されるものであり、現行制度化では「特定の者の具体的な法律関係につき紛争の存する場合においてのみ」違憲審査が行えるとして抽象的審査の可能性を否定した。

この判決を契機として付随的審査説が通説・判例となり今日に至っているが、これによって学説上の対立が決着を見たわけではない。前述した二説に加えて、憲法は最高裁に抽象的違憲審査権を付与するか否かについて否定も肯定もしておらず、立法によってこれを付与することも可能であるという説（非決定説ないし法律事項説）も主張され、さらに議論は複雑になっている。しかし、どの説も81条の解釈として決定的なものとはなりえていない。付随的審査説についていえば、①を否定することはできないものの、②は司法概念そのものが流動的である上、いわゆる「具体的事件性の要件」をあまりに硬直的に理解しすぎている。また、抽象的違憲審査制を採用するドイツでは、「司法」の章に抽象的違憲審査権が定められていることも②に対する反証となろう。抽象的審査説については、やはり憲法上、抽象的違憲審査権行使の諸条件がまったく定められていないことが問題となるであろうし、さらに①の論旨からすると、下級裁判所の違憲審査権を認める場合（後述2参照）、これを付随的違憲審査権として、76条ないし司法権概念そのものから導き出さなければならないが、一般的な司法

権についてそのような解釈が可能であるかは疑問である。また、非決定説ないし法律事項説は、抽象的違憲審査権の付与を立法に委ねることとなるが、違憲審査権という憲法保障制度の中でも重要な権限の付与が完全に法律事項とされることには疑問の余地がある。

(b) 「憲法の沈黙」

結局のところ、この問題の帰趨は、憲法が抽象的違憲審査権の付与について何らの規定も置いていないという「憲法の沈黙」をどのように理解するかにかかっている。このとき問題解決の方向性を提供するのは、実効的な人権保障をいかに実現すべきか、という視点に他ならない。憲法秩序の保障という場合、それが抽象的な憲法保障というかたちをとろうとも、個別的な権利保障というかたちをとろうとも、その根底にあるのは人権保障という目的である。人権保障を実効的なものとするためには、他の基本原理、とりわけ憲法の具体化にとっての基本原理である国民主権との関係から論じる必要がある。国民主権原理を過度に損なうようなやり方での人権保障は実効的なものとはいい難い。憲法の沈黙も、国民主権原理と人権保障との実践的調和が図られるような方向で理解するべきである。この意味では、憲法があえて抽象的違憲審査権について明文で規定していない以上は、原則としてこれを否定する趣旨と解するのが妥当であろう（樋口・栗城・後掲233頁以下）。

したがって、81条の解釈としては付随的審査説を基本とすることになるが、ただし、この場合でも、付随的違憲審査と抽象的違憲審査とを二律背反的なものとして理解すべきではない。両者はそれぞれ長所・短所をもちあわせており、その区別自体も相対的なものである。司法概念および「具体的事件性の要件」の理解の仕方によっては、付随的審査制の下で抽象的審査に類似した審査を行うことも可能であり、前述のように、部分的にはそれが実現されてもいる。国際的なレベルで両者の合一化傾向が指摘される現状では、むしろ両者の区別を緩やかに解した上で、何が81条の下での実効的人権保障にとって必要であるかを議論すべきであろう。

(2) 付随的審査制の機能——司法消極主義と司法積極主義——

判例・学説の81条解釈の結果、日本国憲法での違憲審査制は、基本的に付随的審査制として運用されている。付随的審査制は、伝統的な司法概念に立脚す

るものであり、どちらかというと私権保障型の制度である。しかし、前述したように、現在では、付随的審査制の下でも、個人の人権を保障することを通じて憲法秩序そのものを保障するという意味が強くなっており、付随的審査制の機能についてもそれに応じた変化が見られる。

付随的審査制において特徴的な点として、従来しばしば指摘されてきたのは、司法の謙抑的態度である。これは、前述した国民主権原理と人権保障との緊張関係を根拠として、立法府をはじめとする政治部門の判断を尊重して、違憲審査権行使を控えめにするという態度であり、「司法消極主義」の立場とよばれる。これに対して、抽象的審査制の下では、政治部門の推進する政治的過程が憲法に適合しているか否かを、裁判所が積極的にコントロールすることが求められるため、「司法積極主義」が妥当するといわれる。

日本の場合、最高裁の違憲判断は、諸外国と比較しても極端に少なく、法令そのものを違憲と判断したのは、これまで7件しかない。このため、日本の違憲審査制においては司法消極主義がとられているといわれる。しかし、日本の違憲審査制の場合、たしかに違憲判断には消極的であるが、必ずしも憲法判断には消極的とはいえない部分もあるので注意が必要である。すなわち、「念のため」判決などに見られるように、憲法判断には踏み込みつつ、合憲判決を出すことがしばしばあるのである。したがって、日本の違憲審査制は合憲判断を下すに当たっては積極的で、違憲判断については消極的という特徴をもつ。このことは、日本の違憲審査制が、政治部門の憲法運用を正当化するという側面において、重要な役割を担ってきたことを意味している。

この点を踏まえれば、単純に司法の消極主義と積極主義とを対立させ、司法積極主義の採用を求める議論は方向性を誤っているといえる。むしろ、憲法判断の消極／積極主義と違憲判断の消極／積極主義とのレベルの違いを意識しつつ、どのような道筋が実効的な人権保障にとって有用であるかを見極める必要がある。その意味では、政治部門の政治的過程に対して適切な配慮をもちつつも、人権保障にとって必要であればあえて司法の謙抑にこだわらず、積極的な違憲判断を行うことが現代の違憲審査制には求められているといえよう。

なお、司法の謙抑との関係では、憲法判断を行うに際して、それに見合った法技術が用いられることがあるが、それについては後述する（後述3）。

2　憲法訴訟の主体と対象

> **設例**　海外に在住する日本国民（在外国民）であるＡは、公職選挙法が在外国民に対して衆参両議院選挙にあたって比例代表選出議員への投票しか認めていないことは憲法の定める選挙権を侵害するものだと考え、公選法を改正しない国会の怠慢を主張して国家賠償請求訴訟を提起した。Ａの請求は認められるか。

(1)　憲法訴訟の主体

　81条は、一見すると、違憲審査権をもつのは最高裁判所だけであり、下級裁判所にはその権限がないとする趣旨であるかのようにも読める。実際、憲法草案を審議した帝国議会で、政府はそうした説明をしており、憲法制定当初の学説にはそう解するものも見られた。しかし、81条に深い影響を与えたアメリカの制度が参考にされるにしたがって、違憲審査権は下級裁判所によっても行使されうるという考え方が定着した。

　こうした理解は、各種訴訟法にも示されている。民事訴訟法312条１項や刑事訴訟法405条は、下級裁判所の判決に憲法の解釈の誤りがあることを理由として、最高裁判所への上告を認めているが、これは立法者が下級裁判所も違憲審査権をもつとの解釈を採用していることを示すものである。かりに、下級裁判所には違憲審査権が認められないとするのであれば、法令が憲法に適合するかしないかが下級裁判所で争われた場合、違憲審査を行えない下級裁判所はその争点だけを最高裁判所に移送して、それについての判断を仰ぐという手続が必要になるはずである。

　また、判例もこの立場をとる（最大判昭和25年２月１日刑集４巻２号73頁）。ただし、最高裁は、76条３項・99条・97条などを根拠に下級裁判所の違憲審査権を肯定しており、81条については、下級裁判所が違憲審査権を有することを否定する趣旨ではないと述べるにとどまる。学説でも、このような最高裁の立場を支持する傾向があるが、前述したように、一般の司法権を根拠に違憲審査権

が導き出せるかは疑問である。たしかに、違憲審査権は司法権に「付随する」ものではあるが、司法権に当然に「包摂される」ものであるとまではいえないであろう。たとえば、大日本帝国憲法57条1項における「司法権」の解釈の下では、憲法裁判は「わが憲法の全く認めない所」であるとされていた。もちろん、司法権概念の流動性からすれば、このような明治憲法下での解釈をそのまま受け入れることはできないが、一般の司法権から当然に違憲審査権が導き出せるとするのは、81条をとくに定めた意味が矮小化される恐れがある。違憲審査権が司法権に当然に「包摂される」とする解釈は、おそらく、アメリカのMarbury v. Madison 事件判決が、裁判官の法令審査権を憲法上明文のないまま認めたことに影響を受けているものと考えられるが、Marbury v. Madison 事件判決も、一般の司法権に関する規定から直接に違憲審査権を導いたわけではなく、より高次の憲法原理を引き合いに出さざるをえなかったのであり、その意味では、81条という特別な規定をもつ日本国憲法とは同列には論じられないであろう。したがって、少なくとも日本国憲法では、81条を根拠として、下級裁判所の違憲審査権を肯定するのが妥当である。最高裁判所が違憲審査権をもつ「終審」裁判所であるということからは、その前審たる下級裁判所も違憲審査権をもつと解しても差し支えないであろう。

(2) 憲法訴訟の対象
(a) 法律・命令・規則・処分

81条が違憲審査の対象として規定するのは、「一切の法律、命令、規則又は処分」である。ここにいう「法律」とは、形式的意味の法律、つまり国会の議決により制定される法律のことを意味するが、地方議会の制定する条例もここに含まれる。「命令」とは、議会の議決を要せずに、行政機関によって制定される法形式であり、政令、総理府令、省令、総理府および省庁の外局が発する規則・命令、会計検査院規則、人事院規則、あるいは地方公共団体の長の制定する規則などが含まれる。「規則」とは、日本国憲法が特に明文で認めている規則という名の法形式を意味し、国会各議院の制定する議院規則（58条2項）および最高裁判所またはその委任を受けた下級裁判所が制定する規則（77条）がこれにあたる。そして「処分」とは、具体的・個別的な法規範を定立する行為を総称するものである。主として行政機関の処分を意味するが、それ以外のあらゆ

る国家機関の処分もここに含まれると解してよい。裁判所の裁判がここにいう「処分」に含まれるかは見解が分かれるが、処分に含まれ違憲審査の対象となると解すべきである。裁判所も、国家機関である以上は憲法によるコントロールの下にあるのであって、その行為が（とりわけ手続的な面で）憲法に反するものである場合には、当然に違憲の問題が生ずるというべきであろう。

　81条で定められた違憲審査の対象の解釈については、一方で、81条で明記されたもの以外の国家行為は違憲審査の対象とならないのかが問題となりうるし、また、他方で、81条で明記された国家行為についてはすべて違憲審査の対象となるのかも問題となる。前者においてとりわけ問題視されるのが、条約と立法不作為であり、後者において問題となるのが、いわゆる統治行為の問題である。統治行為については、後述する（後述3）。

(b) 条　　約

　条約は81条で明記されていない国家行為である。条約に対する違憲審査の可能性を考える場合、まず考慮しなければならないのが、国内法体系における憲法と条約との優劣関係である。これについては条約優位説と憲法優位説とが対立するが、もし条約が効力の点で憲法に優位すると考えるのであれば、そもそも条約の違憲審査は論理矛盾であり、その可能性を論じる必要がない。これに対して、憲法が条約に優位するとの見解をとる場合、条約の違憲審査の可能性が生じることになるが、ここでも条約の違憲審査を承認するか否かで意見は分かれる。否定説は、①条約が81条で除外されていること、②国家間の合意であり、一国の意思で効力を失わせることができないこと、③政治的な内容をもつものが多いこと、などを理由に、条約の違憲審査を否定する。肯定説からは、①憲法優位の建前を貫徹するのであれば、とりわけ条約によって憲法の基本原理が損なわれるような場合、条約の違憲審査ができなければならないこと、②条約といえども、国内では国内法として通用する以上は、81条にいう「法律」に準じるものとして扱われるべきこと、などが主張される（芦部・憲法355頁）。条約が国内政治にとって重要な影響を与えるものであることや、条約によって憲法の基本原理が切り崩される可能性が否定できないことからすれば、やはり憲法優位説を貫徹した上で、条約の違憲審査を認めるのが妥当であろう。これは、国際法であろうとも、国内法であろうとも、それらが究極的には人権とい

う共通の価値を志向するものであるということからも帰結される。

(c) 立法不作為

　立法の不作為が違憲審査の対象となるかも、やはり学説上対立がある。違憲審査が裁判作用の一環であるとすれば、違憲審査は公権力による積極的な活動（作為）を対象として、事後的に行われることが原則となる。しかし、違憲審査を単なる裁判作用としてだけではなく、実効的な人権保障全体にかかわる作用として捉えるのであれば、むしろ公権力が実効的人権保障を怠っているような事態そのものを違憲審査の対象とすべきであるといえよう。後者の立場に立つ場合、公権力の消極的な活動（不作為）も違憲審査の対象に含まれる。たとえば、憲法により、明文上または解釈上、一定の立法をなすことが義務付けられているにもかかわらず、正当な理由もなく、相当の期間を過ぎても、立法（改正・廃止を含む）がなされないような場合、これは実効的な人権保障に反すると評価せざるをえない。とはいえ、立法不作為に対する違憲審査を全面的に認めることには問題もある。裁判所が立法者などの不作為について違憲判断を下すということは、ともすれば国民主権原理に対する過度の介入になりかねない。ここにおいても、国民主権原理と実効的人権保障との実践的調和が図られねばならないであろう。この点、判例は、立法の不作為に対する違憲判断が認められる要件として、①立法をなすべき内容が明白であること、②事前救済の必要性が顕著であること、③他に救済手段が存在しないこと、あるいはこれに加えて④相当の期間が経過していること、などを挙げている（たとえば、東京高判昭和60年8月26日行集36巻7・8号1211頁、札幌高判昭和53年5月24日高民集31巻2号231頁など）。ただし、最高裁は立法不作為に対する違憲判断の要件についてはこれまで明言しておらず、主として立法不作為を理由とする国賠請求の適否について述べるにとどまる（この際、立法不作為の違憲性の問題と、国賠法上の違法性の問題とは切り離されている）。実効的な人権保障にとって違憲審査制が果たす役割を考えれば、①－④の要件を前提に、立法不作為に対する違憲判断も認められるべきである。

【解説】　設例の事案でAは、公職選挙法が在外国民に対して選挙区選出議員への投票を認めていないことの違憲性とそれに基づく国家賠償を主張している。

> こうした国会の立法不作為に対する司法審査を考える場合、とりわけ問題となるのは、いかなる訴訟類型によって立法不作為を争うかである。立法不作為を争う手段としては、設例のような国賠請求が多用される。この点、1985年の在宅投票制度廃止訴訟で最高裁は、立法不作為の違憲性の問題と立法不作為が国賠法上違法の評価を受けるかの問題とを区別して、たとえ違憲の疑いがあってもそれだけで国賠法上違法の評価を受けるものではないと述べ、立法不作為を国賠請求訴訟で争う途を著しく限定した（最判昭和60年11月21日民集39巻7号1512頁）。しかし、その後、下級審を中心に85年判決の枠組みを相対化し、立法不作為に基づく国賠請求の条件を緩和する動きが見られた。たとえば、熊本ハンセン病訴訟で熊本地裁が、らい予防法による患者の隔離という極めて重大な自由の制限が問題となっているという点を重視して、立法不作為を理由とする国賠請求を認めている（熊本地判平成13年5月11日判時1748号30頁）。2005年には、最高裁も在外国民選挙権制限訴訟で、公職選挙法が在外国民に対して選挙区選出議員への投票を認めていないことを憲法15条などに違反するとした上で、「立法の内容又は立法不作為が国民に憲法上保障されている権利を違法に侵害するものであることが明白な場合や、国民に憲法上保障されている権利行使の機会を確保するために所要の立法措置を執ることが必要不可欠であり、それが明白であるにもかかわらず、国会が正当な理由なく長期にわたってこれを怠る場合など」には例外的に国会の立法不作為も国賠法上違法の評価を受けると述べて、国賠請求を認めている（最大判平成17年9月14日）。これによって、立法不作為を国賠請求で争う可能性が拡大されたといってよい。

3 憲法判断の方法

(1) 基本的ルール

　日本の現行法上、違憲審査について、その開始要件、手続、方法、効力などを定めた特別な規定はほとんど存在していない。このようなものとしては、わずかに裁判所法10条や、最高裁判所事務処理規則12条・14条などがあるにすぎない。このため、前述したように、違憲審査は、民事訴訟、刑事訴訟および行政訴訟といった通常の訴訟手続の中で、付随的に行使されることになる。しかし、違憲審査は法令を適用して具体的な紛争を解決するという一般の裁判作用

とは異なる特別な作用であり、その行使にあたっては特別な方式や技術が必要となる。とりわけ、付随的審査制の下では、国民主権原理と実効的人権保障との実践的調整の観点から、裁判所は政治部門の憲法運用を評価するにあたってできるだけ慎重であるべきだとの基本的なスタンスが生じる。こうした基本的スタンスの下で、違憲審査をどのように行使すべきかを示した考え方として、アメリカで唱えられた「ブランダイス・ルール」がある。

ブランダイス・ルールは、1936年のアシュワンダー事件判決で、ブランダイス判事が補足意見で述べた、裁判所は裁判で問題となっている事件の適切な解決にとって必要不可欠なとき以外には憲法判断を行わない、という必要性原則から生じた7つのルールのことを指す。7つのルールは、具体的には、次のものである。

① 裁判所は、談合的な非対立的訴訟手続においては、立法の合憲性について判断をしない。

② 裁判所は、憲法問題を、それを決定する必要が生じる前に、前もって取り上げない。

③ 裁判所は、憲法に関する準則を、それが適用される明確な事実が要求する以上に広く公式化しない。

④ 裁判所は、憲法問題が記録によって適切に提出されていても、もし事件を処理することができる他の理由が存在する場合は、その憲法問題には判断を下さない。

⑤ 裁判所は、法律の施行によって侵害を受けたことを証明しない者の申立に基づいて、その法律の効力に判断を下さない。

⑥ 裁判所は、法律の利益を利用した者の依頼で、その法律の合憲性に判断を下さない。

⑦ 国会の法律の効力が問題になった場合は、合憲性について重大な疑いが提起されても、裁判所が憲法問題を避けることができるような法律の解釈が可能かどうかを最初に確かめることが、基本的な原則である。

このブランダイス・ルールは、違憲審査制そのものがもつ本質的制約（①、③、⑤、⑥）と、付随的審査制に特徴的な司法の謙抑的態度（②、④、⑦）とを、ともに含んだ内容となっており、その意味で、アメリカの制度と枠組みを同じ

(2) 憲法判断回避の準則

ブランダイス・ルールは、全体として違憲審査をできるだけ回避するという内容になっているが（広義の憲法判断回避の準則）、その中でも④ルールと⑦ルールはとくに（狭義の）「憲法判断回避の準則」と呼ばれている。これは、具体的事件の解決に際して、法令の違憲審査が求められ、しかも違憲審査の要件がみたされている場合に、(a) 違憲審査を行った上で、この結果に基づいて具体的事件を解決する方法と、(b) 法令の合憲性・違憲性とは無関係な他の理由によって具体的事件を解決する方法とが選択可能であるとして、裁判所は、常に (b) の方法を選択すべきことを意味する。

日本の裁判例で、このような手法をとって憲法判断を回避したものとして、恵庭事件札幌地裁判決（札幌地判昭和42年3月29日下刑集9巻3号359頁）がある。恵庭事件は、自衛隊の通信線を切断した者が、自衛隊法121条にいう「防衛の用に供する物を損壊」したとして起訴された事件であり、被告人は裁判の中で自衛隊法および自衛隊そのものの違憲性を主張していた。しかし、裁判所は、憲法判断に踏み込まず、通信線は自衛隊法121条の「防衛の用に供する物」に該当しないことを理由に、被告人を無罪とした上で、「……被告人両名の行為について、自衛隊法121条の構成要件に該当しないとの結論に達した以上、もはや弁護人ら指摘の憲法問題に関し、なんらの判断を行う必要がないのみならず、これをおこなうべきでもないのである」と述べた。

憲法判断回避の準則は、付随的審査制をとるアメリカで発展した必要性原則を厳格に適用しようとするものであり、国民主権原理と実効的人権保障とを実践的に調整するという意味で、重視されるべきルールである。しかし、他方で、この準則をあまりにも硬直的に理解してしまうと、憲法判断そのものが消極的になり、かえって人権保障を後退させてしまうおそれもある。したがって、この準則の適用にあたっては、次の2つのことが注意されるべきであろう。まず、第1に、法令の解釈によって、憲法判断を回避するにしても、法令の解釈にはおのずから限界があるのであって、その文言や他の条文との関係、あるいは立法目的からあまりにも逸脱した解釈によって憲法判断を回避すべきではない。この点、恵庭判決が、自衛隊法121条の「防衛の用に供する物」には通信線が含

まれないと解したことには、解釈の限界を超えているとの批判がある。そして、第2に、この準則が適用される余地のある事件であっても、事件の重大性や権利救済にとっての憲法判断の必要性を十分に考慮し、場合によっては、憲法判断に踏み込むことも認められなければならない。この点、長沼ナイキ訴訟第1審判決（札幌地判昭和48年9月7日判時712号24頁）が、国家権力が憲法秩序の枠を越えて行使され、重大な憲法違反が生じているような場合にまで憲法判断回避の準則が適用されると、「かりに当面は当該事件の当事者の権利を救済できるようにみえても、それはただ形式的・表面的な救済にとどまり…、真の紛争の解決ないしは本質的な権利救済にならないばかりか、他面現実に憲法秩序の枠をこえた国家権力の行使があった場合には、裁判所みずからがそれを黙過、放置したことになり、ひいては、そのような違憲状態が時とともに拡大、深化するにいたるとともにこれを是認したのと同様の結果を招くことになる」と述べていることが注目される。

(3) 合憲限定解釈

次に、ブランダイス・ルールの⑦ルールにいう「裁判所がその憲法問題を避けることができるような法律の解釈」に対応した法技術として、法令に複数の可能な解釈があるときには、違憲とならないように法律の意味を限定的に解釈して具体的事件に適用することで、より妥当な解決をはかるという、「合憲限定解釈」の手法がある。合憲限定解釈は、法令が合憲の部分と違憲の部分とをあわせもっているような場合に、解釈によって違憲の部分を切り捨て、法令が適用される範囲を合憲の部分だけに限定するという手法である。この手法を用いれば、法令をストレートに違憲とはせずに、違憲的な適用を排除することで、現実レベルでの個人の権利侵害を防ぐことが可能となる。したがって、合憲限定解釈は、司法の謙抑と人権保障を同時に実現することのできる手法として評価に値するものである。

日本の裁判例においても、こうした手法が用いられた判例が数多く存在する。たとえば、地方公務員の争議行為を禁止し、争議行為のあおり行為を処罰の対象とする地方公務員法の規定の合憲性が争われた都教組事件最高裁判決では、これらの規定を争議行為の一律禁止、あおり行為の一律処罰と解すると違憲の疑いが生じるとしながらも、「……法律の規定は、可能なかぎり、憲法の精神

にそくし、これと調和しうるよう、合理的に解釈されるべきものであって、この見地からすれば、これらの規定の表現のみに拘泥して、直ちに違憲と断定する見解は採ることができない」と述べ、禁止される争議行為および処罰されるあおり行為の範囲を限定した（最大判昭和44年4月2日刑集23巻5号305頁）。

合憲限定解釈が前述のようなメリットをもつとしても、やはり適用の仕方によっては憲法上の問題を生じる。合憲限定解釈は解釈によって法令の適用範囲を限定するものであるため、法令の文言が不明確になることを避けられない。とりわけ刑罰規定の合憲限定解釈が行われた場合、犯罪構成要件の明確性が損なわれるおそれがある。また、精神的自由権を広汎な文言で制約する法令について合憲限定解釈を認めると、萎縮効果が排除できなくなるおそれがある。したがって、これらのケースについては合憲限定解釈を用いるべきではない。さらに、合憲限定解釈は法令そのものについては存続を許すことになるため、後になって解釈の変更が行われる可能性を否定できない。このため、合憲限定解釈の多用は、かえって人権保障を不安定なものとすることがありうるという意識をもつ必要があろう。

(4) 「統治行為」の法理

さらに、司法の謙抑的態度があらわれた論理として、高度に政治的な国家行為については、たとえ法的判断が可能であっても裁判所の判断をさしひかえるという、いわゆる「統治行為」あるいは「政治的問題」の法理がある。これについては、政治部門の判断尊重、こうした問題についての司法の審査能力の欠如、司法の政治的中立性などさまざまな根拠が示されているが、一定の事項をそもそも違憲審査（司法審査）の対象から排除するという意味で、最も国民主権原理への配慮があらわれた法理と見ることができる。

これまで日本の裁判例において統治行為にあたるとされたものとして、衆議院の解散、日米安保条約、自衛隊の設置・運営などがある。しかし、学説上、統治行為を認めるかどうかについては争いがある。肯定説は、統治行為の法理を司法権ないし違憲審査権にとっての内在的制約として理解するが、否定説は、むしろ法治主義の原則と司法審査の貫徹こそが憲法の要請であると解して、統治行為の法理を否定する。また、これらの中間に位置する説として、個別的・実質的な根拠があり、他の論拠（たとえば機関の自律権など）によって説明でき

ないもののみを統治行為と認める限定的肯定説も有力である（芦部・憲法315頁）。しかし、「高度に政治的」という基準は不明確に過ぎ、これを場当たり的に用いることは法治主義の要請と真っ向から対立することとなろう。少なくとも、一定の事項を最初から違憲審査の対象から外すことは、人権保障の面から否定されるべきである。すなわち、統治行為とされる事項についても、違憲審査の対象とした上で、審査がどの程度及ぶかを論じる必要がある。

4　違憲判断の方法

(1)　違憲審査の流れ

　通常の訴訟においては、裁判所は問題となっている具体的事件に関する事実（司法事実ないし判決事実）を確定し、その事実について法令を適用し判断する。しかし、違憲審査の場合には、適用すべき法令そのものの合憲性が問題となっているため、まず、その法令の基礎を形成し、その合理性を支えるような事実が存在するかどうかを審査する必要がある。このような事実のことを「立法事実（legislative facts）」という。立法事実を十分に検討しない違憲判決は、事実的基盤を失い、ひいては説得力を失うことにもなりかねない。また、他方で、立法時に妥当であった立法事実も、時の経過とともにその妥当性を失っている可能性があるため、裁判時にその合理性を審査することは、憲法保障の面からも重要である。立法事実は、なぜ人権が制約されねばならないのかという理由を客観的に示すものであるため、これについての審査は、立証責任の所在の違いこそあれ、あらゆる人権制約立法について十分に行われる必要がある。その意味で、立法事実の審査は、違憲審査権を有する裁判所に当然に課される責任である。

　こうした立法事実の審査が行われ、その上で立法事実についての主張に合理的根拠がないとの理由から、違憲判断が下された例として、薬事法違憲判決（最大判昭和50年4月30日民集29巻4号572頁）がある。薬事法が薬局開設にあたって適正配置を求めていることを受けて広島県条例が100メートルの距離制限を設けたことが、職業選択の自由（22条）などに違反しているとの主張がなされた事件において、最高裁は、立法者の「薬局を自由に開設させると、薬局

の競争が激化し、結果的に品質の悪い医薬品が国民に供給される」という主張について、「単なる観念上の想定にすぎず、確実な根拠に基づく合理的な判断とは認めがたい」と述べ、薬事法の適正配置規定を違憲とした。

次に、立法事実が認められた場合、それをふまえて法令の規制目的と規制手段の関連性を審査することになる。たとえ立法事実があるとしても、規制手段が規制の目的を達成するために必要かつ適切なものでなければ、合憲とはいえない。この審査には、規制されている権利の性質などに応じて、様々な類型・密度がある。違憲審査基準論といわれるものがそれにあたる。精神的自由権と経済的自由権とでその制約立法に対する審査の厳格度を変える「二重の基準」論（第15章5（4）（a）参照）がその代表である。

(2) 違憲判断の方法

(a) 法令違憲

判決の中で違憲の判断が下される場合、その方法にはいくつかの類型がある。

まず第一に、問題となっている法令の規定そのものを違憲と判断する、法令違憲の方法がある。これは違憲判決の最も典型的な判決手法ということができるが、法令そのものを違憲とする点で、国民主権原理との緊張関係が最も強くあらわれる判決手法でもある。最高裁で法令違憲の方法がとられた例としては、尊属殺重罰規定違憲判決、薬事法違憲判決、衆議院議員定数不均衡違憲判決、森林法違憲判決、郵便法違憲判決、在外国民選挙権制限違憲判決が挙げられる。なお、事前抑制の法理や明確性の法理など法令の文面において審査を行う文面審査の方法がとられる場合には、違憲判断の方法としても、法令違憲の方法しかないこととなる。

(b) 適用違憲

これに対して、法令そのものを違憲とはせず、その適用方法を違憲と判断する方法として適用違憲の方法がある。これは、法令は合憲とされるが、その法令の用い方が違憲との判断を受けるという点で合憲限定解釈と密接に結びつく。ただし、合憲限定解釈が法令の意味を限定することで違憲という結論を回避する手法であるのに対し、適用違憲は法令の規定を問題となっている事件に適用するかぎりで違憲とすることによって法令違憲を回避する手法である点で、両者は異なる。付随的審査制の基本的な考え方からすれば、法令の規定そのもの

を違憲としなくとも事件の処理が可能であるならば、適用違憲の手法をとる方が、国民主権原理との緊張関係も緩和され、望ましいこととなる。

　適用違憲には大別して3つの類型がある。まず、①法令の合憲限定解釈が不可能である場合に、そうした法令を問題となっている事件に適用したかぎりにおいて違憲とする類型がある。これは、本来的には法令違憲に含まれるともいえるが、当該法令が他の事件においては合憲的に適用される余地を残している場合には、とりあえず本件についてその適用を違憲とする手法であり、その意味で適用違憲とされる。猿払事件第1審判決（「本件被告人の所為に、国公員法110条1項19号が適用される限度において、同号が憲法21条および31条に違反するもので、これを被告人に適用することができない」）が、この例である（旭川地判昭和43年3月25日下刑集10巻3号293頁）。次に、②法令の合憲限定解釈が可能であるにもかかわらず、限定解釈をしないで適用した場合に、その適用行為を違憲とする類型がある。こうした例としては、全逓プラカード事件第1審判決（「右各規定〔人事院規則14−7第5項4号・6項13号〕を合憲的に限定解釈すれば、本件行為は、右各規定に該当または違反するものではない。したがって、本件行為が右各規定に該当または違反するものとして、これに右各規定を適用した被告の行為は、その適用上憲法21条1項に違反するものといわなければならない」）がある（東京地判昭和46年11月1日行集22巻11・12合併号1755頁）。そして、③基本的に合憲の法令を、違憲的に解釈適用した場合に、その適用行為を違憲とする類型がある。第2次教科書検定訴訟第1審判決（「教科書検定制度は、それ自体は違憲あるいは違法と断ずることができない」が、具体的な検定が「教科書執筆者としての思想（学問的見解）内容を事前に審査するものというべきであるから、憲法21条2項の禁止する検閲に該当し」、それに基づく「本件各検定不合格処分は、いずれも憲法21条2項および教育基本法10条の各規定に違反し、違憲、違法である」）が、この例とされる（東京地判昭和45年7月17日行集21巻7号別冊1頁）。

　　(c)　違憲確認判決

　法令違憲とも適用違憲とも区別される手法として、違憲確認判決の手法がある。違憲審査の前提からすれば、法令が裁判官によって違憲と判断される場合、それを適用した具体的行為も無効との評価を受けることになるが、特別な事情がある場合に限り、法令の違憲だけを宣言し、適用については有効とすること

がある。これが違憲確認判決の手法であり、「事情判決」の手法とも呼ばれる。違憲判断の方法としては、きわめて例外的であり、違憲判決を下すことがかえって立法府の正常な構成・活動を阻害するような場合にのみ認められるべきものである。判例においては、これまで、議員定数不均衡訴訟で多用されてきた。1976年の衆議院定数不均衡違憲判決（最大判昭和51年4月14日民集30巻3号223頁）が、「当該選挙は憲法に違反する議員定数配分規定に基づいて行われた点において違法である旨を判示するにとどめ、選挙自体はこれを無効にしないこととするのが相当」であるとしているのが、この例である。この点、1985年の衆議院定数不均衡違憲判決（最大判昭和60年7月17日民集39巻5号1100頁）が「違憲の議員定数配分規定によつて選挙人の基本的権利である選挙権が制約されているという不利益など当該選挙の効力を否定しないことによる弊害、右選挙を無効とする判決の結果、議員定数配分規定の改正が当該選挙区から選出された議員が存在しない状態で行われざるを得ないなど一時的にせよ憲法の予定しない事態が現出することによつてもたらされる不都合、その他諸般の事情を総合考察し、いわゆる事情判決の制度（行政事件訴訟法31条1項）の基礎に存するものと解すべき一般的な法の基本原則を適用して、選挙を無効とする結果余儀なくされる不都合を回避することもあり得るものと解すべきである」と述べていることが注目される。

5　違憲判決の効力

(1)　個別的効力と一般的効力

付随的審査制の下では、違憲審査が具体的紛争の解決のために行われるという建前から、違憲判決の効力は当該事件のみに限定されるとするのが通例である（個別的効力）。これに対して、抽象的審査制においては、憲法保障という観点から、いったん違憲と判断された法令は、当該事件だけにとどまらず、一般的に効力を失う（一般的効力）。日本の違憲審査制についても、それが付随的審査制を採用している以上、最高裁で違憲判決が確定したとしても、それは個別的効力を有するに過ぎないと解されており、学説においても個別的効力説が通説となっている。これは、違憲判決が一般的効力をもつとすると、一種の消極

的立法作用を担うこととなり、憲法41条に抵触するおそれがあることを根拠としている（芦部・憲法359頁）。

しかし、これに対しては、いったん違憲と判断された法令がその後も存続することには憲法保障上の問題はないのか、という疑問が生じる。合憲限定解釈のところでも述べたように、法令が存続すれば、その後の判例変更の可能性があるため、人権保障が不安定になりかねない。この点、憲法98条1項が「この憲法は、国の最高法規であつて、その条規に反する法律、命令、詔勅及び国務に関するその他の行為の全部又は一部は、その効力を有しない」と定めていることを根拠に、一般的効力説を主張する見解も存在している。

ここでも、国民主権原理と人権保障との実践的な調整が図られなければならない。国民主権への配慮という観点からすれば、やはり裁判所の違憲判断は、法律の改廃のような国会の立法作用と同じ直接的効果をもつべきではないであろう。したがって、直接的な法的効果という意味においては個別的効力説が妥当である。しかし、実効的人権保障の観点からは、裁判所の違憲判断が、98条1項および99条を通じて、政治部門に対して間接的な効果を生じることも考えられてよいであろう（樋口・栗城・後掲346頁以下）。すなわち、違憲判断が下された以上、政治部門はその判断を尊重し、その法令が一般的に効力を失うような状態を作り出す必要があると考えられる。こうした間接的効果は、とりわけ審査方法や判決手法と密接に関連する。文面審査の方法による法令違憲の場合には、政治部門に対して法令の改廃を促す効果が最も強くなるであろうし、それに対して、適用違憲（①類型）の場合は、その効果がより弱いものとしてあらわれることになる。実効的人権保障を裁判所だけに要求される機能と解するのではなく、国家機関全体に課された目標と理解すれば、このような解釈をしてしかるべきであろう。

(2) 遡及効と将来効

最高裁が法令の違憲判決を下した場合、違憲の効果はいつから発生するのかという問題がある。この点、一般的効力が認められている場合でも、違憲判決の遡及効を認めると法的安定性が阻害されるため遡及せず（法律を制定当初から無効とはしない）、個別的効力の場合には、問題となっている具体的事件での違憲法律の適用が排除されるにとどまると解されてきた。しかし、実効的人権保

障の観点からすれば、国民の権利・自由の保障にとってプラスになる場合には、違憲判決の効果が一般的に遡及すると考える余地もある。とりわけ、人権の重大な制限を内容とする法令（たとえば刑事実体法）については、一般的に制定の時点に遡ってその効力が否定されるべきであるし、それに基づく救済措置が講じられるべきであろう。この点、存続殺重罰規定違憲判決後の実務が遡及効を認めず、個別恩赦のみで対応したことには救済の面で問題がある。

なお、違憲判決の効力が当事者にも遡及しないという純粋将来効が憲法上認められるかは問題である。純粋将来効は具体的紛争の解決を実現しないため、そもそも司法作用において例外となる。たとえば、議員定数不均衡訴訟で多用される事情判決は将来効判決に含めて考えられるが、こうした将来効を認めるためには、当事者の権利救済にとって必要とされることの実質的判断や将来効を担保する何らかの方策（たとえば、合憲となりうるための条件の提示）などが必要となるであろう。

【参考文献】
　芦部信喜編『講座憲法訴訟　第1巻〜第3巻』（有斐閣、1987）
　高橋和之『憲法判断の方法』（有斐閣、1995）
　ドイツ憲法判例研究会編『憲法裁判の国際的発展』（信山社、2004）
　戸松秀典『憲法訴訟』（有斐閣、2000）
　樋口陽一・栗城壽夫『憲法と裁判』（法律文化社、1988）

第11章　地方自治

日本国憲法第8章には、地方自治の諸規定を置いている。民主主義にとって地方自治は大変重要なものと認識されているが、地方自治に関する憲法条項は、日本の統治システムの中でどのような意味を持っているのであろうか。ここでは、この第8章の規範的意味や、地方自治の実際の制度についてふれていく。

1　憲法と地方自治

(1)　歴史的背景
(a)　明治憲法期

日本における地方自治制度の成立に大きな役割をはたすのが、府県制や市町村制であるが、こうした制度は明治期にしかれることとなった。ただし、そのときの憲法状況を見るならば、明治憲法には地方自治に関する規定を設けてはいなかった。これについて明治憲法制定当初には、地方自治に関する規定を憲法典に設けようとする動きもあり、起草過程では構想されていたようである。しかし、こうした地方制度規定については、憲法政治にとって重要な意味を持たないと判断されたことから、最終的には削除されたようである。

1890年に敷かれた府県制・郡制では、府県や郡に国の行政官庁として知事や郡長がおかれたものの、それらのメンバーは中央から任命されるなど、国による統制が強く及んでいた。また1880年に成立した市制や町村制では、それぞれ市会・町村会が置かれ、その構成員は選挙による議員で組織されていたものの、それぞれの市長・町村長については、住民による直接選挙ではなかった。特に市長については、市会の推薦する候補者の中から内務大臣が選任するといった方法を採用しており、現在の地方自治システムには程遠いものであった。

(b) 日本国憲法期

こうした明治期の状況に対し、日本国憲法の制定過程では、日本の統治システムにおいて「民主主義の学校」ともいうべき地方自治を確立すべく、マッカーサー草案に「第8章　政府（Local Government）」が挿入されることとなった。同草案87条には、各地方自治体（の住民）が各々の「憲章」（各自治体の定める憲法のようなもの）を定めることを予定していた。こうした憲章制定規定は、日本が連邦制を志向しなかったこともあり、紆余曲折を経てなくなった。とはいえ現在の日本国憲法第8章には、「地方自治」の章が置かれることとなり、国家運営における地方の役割や重要性が憲法的に承認されることとなった。このことは、日本国憲法が地方自治を強く保障することの証左といえる。

具体的制度については、それまでの都制、府県制、市町村制に新たな改正を行うことで対応した。特に重要となるのが、まず自治権の強化である。これにより自治体は、一応、完全自治体としての地位を与えられることとなった。さらに国からの監督権を限定するなどして、団体自治の強化を図った。次に住民自治の強化である。例えば、都道府県知事や市町村長の選任については住民の直接選挙としたり、さらに直接請求などの制度を法律により設けたりすることで、住民の政治参加を促すシステムに転換された。

こうした制度を支える根源的根拠となるのは、憲法における「地方自治」規定であり、さらにこうした憲法の趣旨に基いてより具体的な制度の確立のために制定されたのが、日本国憲法と同時に施行されることとなった「地方自治法」（1947年5月3日施行）である。上記に述べた具体的な制度の多くは、この地方自治法を直接的な根拠としている。

(c) 近年の動き

以上のような戦後の地方自治体制は、明治期のそれに比べれば、より民主的な制度になったといえる。しかしながら戦後の地方自治に関しては、各自治体とも完全自治体などといわれながらも、予算など国に依存していることもあり、必ずしも理念に沿ったものとはいえなかった。そして特に、法的制度としての「機関委任事務」の存在が、こうした状況を後押ししてきたといえる。機関委任事務とは、地方自治体の長などに国の地方出先機関として事務を執行させる制度であった。こうして実際の各自治体における事務は、都道府県で7〜8割、

市町村で約3～4割がこの機関委任事務になっていたともいわれている。機関委任事務の問題は、国が自治体に対して包括的な指揮監督権を持つなどしていたがために、国と都道府県・市町村長との関係や、都道府県と市町村との関係が上下の関係にあるかのような印象を与えてきた点にある。

こうしたこともあり、国会の衆参両院は、1993年に「地方分権の推進に関する決議」を行い、次いで1995年には、地方分権推進法を制定した。その後、1999年には「地方分権の推進を図るための関係法律の整備に関する法律」（地方分権一括法）を定め、大規模な地方自治法の改正を図った。ここでは、これまであった機関委任事務制度を中心とする行政事務に関して、機関委任事務制度を廃止しつつその他の事務区分も再構成して、新たに自治事務と法定受託事務とに区分するなどの措置が取られた。

(2) 地方自治の本旨

憲法92条には「地方公共団体の組織及び運営に関する事項は、地方自治の本旨に基いて、法律でこれを定める」と規定される。これは、地方自治に関しては法律であれば何でも制定できるということではなく、「地方自治の本旨」に反するような法律は作ることができないということを意味する。ここからは国家統治における地方自治の重要性を憲法が確認していると読むことができる。

「地方自治の本旨」とは通常、「住民自治」と「団体自治」が保障されていなければならないことを意味すると理解されている。住民自治とは、その地域の住民の責任や判断の下に、住民の意思に従って地方の政治・行政が行われなければならないことをいう。団体自治とは、地方の政治や行政が、国からは独立した地方公共団体の事務として行われなければならないことをいう。

(3) 地方自治権の性質

すでに見てきたように、現在の日本では憲法が地方自治に関する諸規定を有していることからも、地方自治が憲法的根拠を持つものとして理解されている。ところが、実定法上の根拠以前の問題として、こうした地方自治権の起源は、何に求められるのかといった議論がこれまで展開され、いくつかの学説が提示されてきた。主なものとして、固有権説・承認説・制度保障説が挙げられる。

固有権説とは、個人に人権が自然権的に認められるのと同様に、各地域の地方公共団体にも自治権が固有の権利として認められるという考え方である。こ

の考え方の根底には、地域における統治が前国家的なものであるといった思考が存在している。こうした考え方から帰結されるのは、国家による自治権の侵害の禁止といった、強い自治権を保障することにつながる考え方である。

これに対し承認説とは、近代国家が基本的には中央集権的な体制として成り立っていったことからも、地方自治は国家により承認されて初めてその権限を与えられるとする考え方である。この考え方は、自治権を限定的に考える方向に向かうことになる。ただしこの考え方に対しては、国家が地方自治の内容を自由に定められるといった考え方に帰結することからも、日本国憲法の下では、自治権を憲法的に保障したことが無意味になってしまうという批判が見られる。

以上の固有権説と承認説との中間的な考え方として提示されるのが、制度的保障説である。この考え方は、地方の権限を自然権的なものとする固有権説のような捉え方を排除する一方で、地方自治が憲法上の制度として認められることからも、国家がそれを不当に侵害するような政策をすることも禁止されるといったものである。この考え方が、現在の通説的な見解として通常紹介される。しかしこの説に関しては、制度的保障としての地方自治の大前提には、中央集権国家があることになるが、国家については地方分権を最大限認めるような統治構造もありえるとして、先に中央集権国家ありきの議論を行うことへの批判も提起される。こうしたこともあり、近年では、憲法原理としての人権保障や国民主権といった原理から地方自治の保障を再度とらえる新固有権説ともいうべき学説が登場している。

2 地方公共団体の組織

> **設例** 各市町村長を各市町村議会による議決によって選出するような制度を法律改正により設けることは可能であるか。また東京23区の各区長を各区議会による議決によって選出する制度を同じように設けることは可能であるか。

(1) 地方公共団体の種類

日本国内に居住する場合にわれわれは通常、いずれかの都道府県、またその

都道府県内に存在している市町村に住所を持つことになる。こうした都道府県や市町村のことを通常「地方公共団体」と称している。こうした意味での地方公共団体は、憲法や法律に基づき、一定の区域と住民を持ち、その区域内の事務を自主的に行うこととなる。

しかしより厳密にいえば、地方自治法に従うと、地方公共団体には「普通地方公共団体」と「特別地方公共団体」の２つの種類がある。この場合、都道府県や市町村は、普通地方公共団体にあたる。一方、特別地方公共団体には、特別区（東京23区のこと）、財産区、地方開発事業団、地方公共団体の組合（一部事務組合、広域連合、全部事務組合、役場事務組合）などが含まれている。後者の場合には、特別区を除き、一定の区域と住民を常に持つわけではない。なお、普通地方公共団体および東京都23区のことをあわせて「地方自治体」ということもあるがこれは法律上の文言ではない。

図　「普通地方公共団体」と「特別地方公共団体」

```
                  ┌─普通地方公共団体─┬─都・道・府・県
                  │                   └─市・町・村
地方公共団体──────┤
                  │                   ┌─特別区                      ┌─一部事務組合
                  └─特別地方公共団体─┤─地方公共団体の組合──────────┤─広域連合
                                      ├─財産区                      ├─全部事務組合
                                      └─地方開発事業団              └─役場事務組合
```

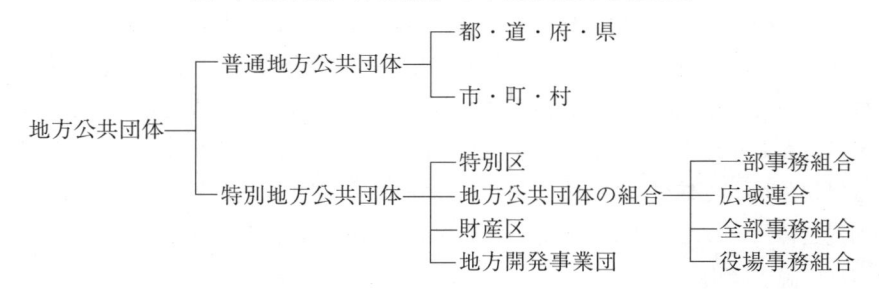

(2)　特別区に関する問題

憲法93条２項は、「地方公共団体の長、その議会の議員及び法律の定めるその他の吏員は、その地方公共団体の住民が直接これを選挙する」と定めている。憲法第８章にいう「地方公共団体」は、通常、普通地方公共団体のことを指すといわれている。そこで都道府県や市町村における長や議会議員の選任については、住民の直接選挙が憲法により要請されているため、もしこうした直接選挙以外の方法でそれらの公職につく人を選出するとなると、それは憲法に違反することとなる。こうしたことから、特別地方公共団体にあたる特別区である東京23区の区長や区議会議員の選出については、直接選挙によることが憲法上要請されているか否かが問題となるが、これが実際に問題となったのは、東京

23区の区長の選出をめぐってである。この問題は、特別区を憲法93条2項における「地方公共団体」と見るか否かが争点となる。

　特別区の長たる区長は、地方自治法の制定当初は住民の直接選挙によるものとされていた。しかし、1952年、地方自治法の改正により、特別区の区長は「特別区の議会が都知事の同意を得てこれを選任する」（（旧）281条の3第1項）とされた。こうした選出方法は、間接選挙にあたることからも、特別区の憲法上の地位の問題がクローズアップされた（なお、区長の選任については、1974年の再度の地方自治法の改正により、直接公選制が復活している）。

　この問題について、都の特別区は憲法上の地方公共団体にあたらないとするのが通説的見解であるとされる。最高裁も「地方公共団体といい得るためには、単に法律で地方公共団体として取り扱われているということだけでは足らず、事実上住民が経済的文化的に密接な共同生活を営み、共同体意識をもっているという社会的基盤が存在し、沿革的にみても、また現実の行政の上においても、相当程度の自主立法権、自主行政権、自主財政権等地方自治の基本的権能を附与された地域団体であることを必要とするものというべきである」（最大判昭和38年3月27日刑集17巻2号121頁）とし、東京都の23区はこうした要件に必ずしもあてはまらないとして、憲法上の地方公共団体にあたらないとする。しかしながら、①都道府県や市町村が、東京の区制に比べて、そうした要件に直ちに適合するのかどうかは必ずしも明確ではないことや、②他道府県民や特別区以外に住む東京都の住民については、地方公共団体の長に関して、各都道府県の知事と各市町村長とを選出する選挙に参加できる一方で、東京23区の住民は都知事選しか参加できないといったことを鑑みた場合に、東京23区も憲法上の地方公共団体としてとらえるべきであるとする考え方が現在では非常に有力である。

> 【解説】　憲法は、地方公共団体の長については、その地方公共団体の住民が直接選挙すると定めている（93条2項）。これを受けて、現在の制度では、各自治体の長は住民の直接選挙で選ばれている（この点に関して、国レベルでは議院内閣制であるが、地方では大統領制的な首長選出方法が取られているのも日本の地方自治制度の特徴でもある）。
>
> 　設例に挙げた市町村はこの地方公共団体に当然にしてあたることからも、間

接選挙制度を市町村長の選出に用いることは明らかな憲法違反となるので、設例のような制度の導入のための法律を制定することもまた、憲法に違反するといえる。

一方、東京23区は、地方自治法上の特別地方公共団体の1つである特別区にあたり、この特別区が憲法上の地方公共団体にあたるかどうかについては争いがある。そして、これにあたるかどうかにより結論が変わることとなる。もし特別区が憲法上の地方公共団体にあたらないとすれば、設例のような間接選挙制度を設ける法律を制定することは合憲となる。反対に特別区も憲法上の地方公共団体にあたるとすれば、設例のような間接選挙制度を設けることは憲法違反となる。この点すでに本文で見たように、これまでの判例・通説は、前者のように特別区を憲法上の地方公共団体と見ない傾向にある。しかし、特別区の機能は市町村との同程度であり、特別区を市町村と別扱いをすることは不合理であるともいえ、こうした考え方からは設例のような制度のための法律制定はやはり違憲といえるのではないか。

3 （普通）地方公共団体の権限

(1) 地方公共団体の事務

以上のように分類される地方公共団体であるが、ここでは主に普通地方公共団体の事務について見ていくこととする。

憲法94条には、「地方公共団体は、その財産を管理し、事務を処理し、及び行政を執行する権能を有し、法律の範囲内で条例を制定することができる」と規定され、地方公共団体の事務について憲法的な権限を与えている。

こうした事務について地方自治法は、①地域における事務と、②地域における事務以外の事務であって法律やこれに基づく政令により処理することとされているものとに区別している（2条2項）。また地方自治法は、先に見た機関委任事務の廃止に伴い、事務を自治事務と法定受託事務とに区分した（2条8項・9項）。このうち法定受託事務には、国と都道府県または市町村との関係において問題となる事務（第1号法定受託事務）と、都道府県と市町村との関係において問題となる事務（第2号法廷受託事務）とがあるが、便宜上、ここでは第1

号法定受託事務の法文の定義を挙げると次のようになる。

「法律又はこれに基づく政令により都道府県、市町村又は特別区が処理することとされる事務のうち、国が本来果たすべき役割に係るものであつて、国においてその適正な処理を特に確保する必要があるものとして法律又はこれに基づく政令に特に定めるもの。」（2条9項1号）

これに対して自治事務とは、それ以外の事務のことをいう（2条8項）。このように自治事務の定義を積極的なものとせず、控除的なものにとどまることの理由には、法的受託事務以外については全て、本来的に地方が行う自治事務であるとする積極的意味を持たせるといったことが挙げられる。

(2) 条例の制定
(a) 制定権の概要とその機能

地方公共団体は、その団体（地域）にのみ適用されるきまりを作る権限を与えられている。地方公共団体が定めうるこうしたきまりを自主法という。憲法94条には、地方公共団体は法律の範囲内で条例を定めることができるとあるが、地方自治法によれば、地方議会が制定するそれを特に「条例」という。

こうした憲法規範は、各地域の住民の権利義務について独自に規制を行うためには、地域住民の代表である地方議会により制定される条例によらなければ行えないということを意味する。その一方で、条例では、国の法令に関しない限りにおいて多様なきまりを制定することができ、その団体（地域）に関連する人々に義務を課し、彼らの権利を制限することも可能である。

このように地方公共団体に条例制定権があることにより、条例の中には、事実上、法律以上の効果をもつことで、一定の社会問題を解決したものもある。例えば、水質汚濁に関する国の基準はかつてあまり効果的なものが整備されておらず、各自治体は、独自に厳しい基準を持つ公害対策条例を制定し、公害を減らす努力を行っていた。こうしたことからも、現在の国の水質汚濁防止法3条3項には「都道府県は、……条例で、……（本条1項の）排水基準で定める許容限度よりきびしい許容限度を定める排水基準を定めることができる」とあり、国の基準を超えて各自治体が独自の基準を策定することをできるような立法的解決がなされている。

また、地方公共団体の政策には、国に先駆けて行われ、国が後追いをするこ

ともありえる。例えば、情報公開制度を最初に整備したのは他ならぬ地方公共団体であり、各自治体の整備が一定程度行われた後に、国の情報公開法が定められた。こうした各自治体が制度を策定する際に用いる法形式が条例である。条例にはそうした利点が存在し、現在でもこうした条例制定権の重要性は変わっていない。

しかしながら、憲法の文言に従って考えた場合には、法律よりも条例の方が厳しい基準を設けることはできるのかといった疑問は常に出てくるのであって、このことが憲法論として1つの争点となっている。以下ではいわゆる「上乗せ条例」の問題を中心に取り上げることとする。

(b) 「上乗せ条例」

「上乗せ条例」とは、ある事柄について国の法令に定める規制よりも厳しい規制を行う条例のことをいう。こうした条例の制定が憲法に定める「法律の範囲内」での条例の制定という文言に反しないかというのがその問題である。

これについては、かつては「法律先占論」という考え方が有力であった。これは、条例の内容については、国の定める法令とは少しも矛盾することは許されず、また、基準などについていえば、国の法令による基準以上のものはもちろん、以下のものも含めて、条例が定めることもできないといった考え方である。この考え方によれば、この「上乗せ条例」は違法となる可能性がきわめて高い。しかし、近年の学説の傾向はむしろ、こうした条例の意義も認めつつ、法律に反してはならないとする条件を緩和し、国の法令がこうした厳格な規制基準を条例で定めることを禁じるなど、明確な表示がない限り、こうした上乗せ条例は適法なものと解する傾向にある。また判例では、最高裁が、いわゆる徳島市公安条例事件において次のように述べている。

「条例が国の法令に違反するかどうかは、両者の対象事項と規定文言を対比するのみでなく、それぞれの趣旨、目的、内容及び効果を比較し、両者の間に矛盾牴触があるかどうかによつてこれを決しなければならない。例えば、ある事項について国の法令中にこれを規律する明文の規定がない場合でも、当該法令全体からみて、右規定の欠如が特に当該事項についていかなる規制をも施すことなく放置すべきものとする趣旨であると解されるときは、これについて規律を設ける条例の規定は国の法令に違反することとなりうるし、逆に、特定事

項についてこれを規律する国の法令と条例とが併存する場合でも、後者が前者とは別の目的に基づく規律を意図するものであり、その適用によつて前者の規定の意図する目的と効果をなんら阻害することがないときや、両者が同一の目的に出たものであつても、国の法令が必ずしもその規定によつて全国的に一律に同一内容の規制を施す趣旨ではなく、それぞれの普通地方公共団体において、その地方の実情に応じて、別段の規制を施すことを容認する趣旨であると解されるときは、国の法令と条例との間にはなんらの矛盾牴触はなく、条例が国の法令に違反する問題は生じえない」（最大判昭和50年9月10日刑集29巻8号489頁）。

こうしたことからも、「上乗せ条例」は、憲法に反しないと見るのが通常の見方である。

(3) 行政監視と市民救済

> **設例** 自治体の設置する公的オンブズマン制度の限界について、憲法論の観点から述べよ。

地方自治における住民自治の理念からは、市民のための施策とそのための制度設計が求められることもあり、行政システムは、常に住民に監視されながら改善されなければならない。こうした観点から、地方自治制度に関しては、行政監視や市民救済の手続もまた、いろいろと置かれることとなる。

(a) 行政監視システム

国による地方公共団体に対する行政監視制度としては、総務省行政評価局の行政監察がある。これは、総務省（またはその関連機関）が、国の機関や国から業務委託を受けている地方公共団体等の業務実態を調査し、その改善策を関係機関に勧告をするものである。勧告に強制力はないものの、これを受けた機関は改善策をとり、総務省にその後の状況報告をしなければならない。

一方、地方公共団体内部の行政監視制度としては、まず、市民による「事務の監査請求」がある。これは、地方自治法12条2項により各自治体にのみ認められる手続きである。この手続きには、有権者の50分の1以上の連署が必要となる（同法75条）。次に、「住民監査請求」がある。この制度は、地方自治体による不正や違法な公金の支出などの会計上の問題がある場合、住民が監査委員

に監査を請求する制度である（同法242条1項）。この制度もまた地方レベルのみで認められているものである。この制度については、住民1人でも請求を行える一方、行政事務全般の監査は求めることができない。

さらに近年では、1997年の地方自治法改正により、新たに外部監査制度が設けられ、地方自治体が外部の弁護士や公認会計士と監査契約を結び、外部の視点からの行政チェックを実施する制度が設けられている。

(b) 市民救済システム

以上の行政監視は、国の法令により、地方公共団体に関する独自の制度が定められているが、一方、市民救済については、国の法令による地方独自の制度が設けられてはいない。人々の権利救済システムには、国の法律で定められているものが多い。例えば、国家賠償法に基づく賠償請求や、行政事件訴訟法に基づく行政訴訟、行政不服審査法に基づく行政不服申立の手続き等がある。地方による公権力の行使の違法性に関する問題も、こうした国と同様の法システムに頼ることとなる。しかし、こうした手続きには、利用条件が厳格で手続きも複雑であり、審理が長期化し、救済率が低く、コストがかかるといった問題もある。こうしたことから各自治体でも、市民の権利救済のための独自のシステムの構築の試みが行われてきている。こうした動きの中で特に注目されるのが、自治体による公的オンブズマン制度の設立である。

オンブズマンとは、スウェーデン語で「代理人」を指し、もともとスウェーデンの議会に設置された行政監視や人権擁護のための機関のことをいう。日本では、民間で設置するオンブズマン（民間オンブズマン）と公的機関の設置するオンブズマン（公的オンブズマン）とに大きく二分され、後者について、いくつかの自治体が、条例や要綱に基づいて設置している。公的オンブズマンとは通常、①地方自治体などの公的機関が設置し、②行政から独立し、③第三者もしくは市民の立場に立ち、④市民の苦情申立て等に基づき行政活動の合法性・妥当性の調査を行い、⑤地方自治体の制度や政策に対する改善の是正勧告・意見表明をすることを任務とする制度、またはその身分にある個人のことをいう。

公的オンブズマン制度のメリットは、裁判所などに比べて、利便性や即効性を期待できる点や、違法性だけではなく不当性に関する判断もできる点にある。また、公的オンブズマンに対する市民の苦情申立ては、市民1人1人が自身の

立場から行政の制度改革ができる可能性を持つ。さらに行政がオンブズマンからの提言を遵守することで、行政の改革にもつながる。しかし一方で、公的オンブズマン制度は、各自治体が条例などを制定することで実施されるにすぎず、このシステムが裁判所にとって代わるような権限を持つわけではない。つまり、オンブズマンが行政側の改善点を提示する場合、行政はこの判断に沿う努力が求められるものの、そこから国の法律上の義務がただちに生じるわけではない。市民からすれば法的権利が発生するわけではないという点に注意が必要である。

　ただ各自治体のこうした試みは、憲法に定める地方自治をよりいっそう実質的なものとすることにもなり、憲法学においても注目されているといってよい。

> **【解説】** 外国（スウェーデンなど）での国家レベルでのオンブズマン制度などは、憲法により設置されている場合が多いことから、憲法との抵触問題が生じないが、日本での（国レベルではそもそも導入されていない）地方レベルでの公的オンブズマン制度については、その合憲性が問題となる。その点で1つ大きな問題は、こうした制度では、権利の確定を行う司法機関のようなことはできないという点である。憲法76条には、日本における司法権はすべて最高裁判所及び下級裁判所に属するとある。また裁判所以外の機関の行う裁判なども一部見られるが、少なくとも国法上、各自治体に裁判権に近い制度を保障することを予定していないといえることからも、こうした権限を自治体自身が（条例や要綱により）オンブズマンに与えることはできないといえる。また、オンブズマン制度自体がそうした憲法・法律上の制度ではないことも、オンブズマンの調査権などの行使に関し、特に各自治体の区域内の民間機関・民間人に対する調査については強制的に行うことはできず、もし行うようなことになれば憲法上の人権侵害が問われることにもなる。

4　住民投票

住民投票には、①憲法で定められるものと、②そうでないものとが見られる。
　①は、地方自治特別法に関する住民投票である。憲法95条は「一の地方公共団体のみに適用される特別法は、法律の定めるところにより、その地方公共団

体の住民の投票においてその過半数の同意を得なければ、国会はこれを制定することができない」と規定する。この実例としては、1940年後半〜50年代前半にかけて制定された「○○都市建設法」といったものに見られる。ただしこれらの法律の内容は、特に住民投票にかける必要のないものであったのではないかとの指摘がなされる。一方、北海道開発法（1950年）といった法律は、国土計画の一環としての北海道開発を目的としているということから、地方自治特別法にあたらないとされ、国会の議決のみで制定された。

　②は、各自治体の定める条例に基づいて行われる住民投票である。こうした住民投票は、その地域に関する重大な政策決定（大規模な開発や、市町村合併）を行う際に住民の意見を聞く方法として近年しばしば見られるところである。憲法はこうした住民投票制度について否定はしていないものの、憲法にも地方自治法にも住民投票の実定的な根拠規定を見ることはできない。こうしたことから学説では、住民投票は、法律上の議会や長の権限に反しない限りで認められるのであって、その結果に法的拘束力を持たせることはできないと解されている。

【参考文献】
　新井誠「地方自治体と市民」藤井俊夫・黒川哲志『はじめての行政法』（成文堂、2005）
　岡田信弘「「地方自治の本旨」の再定位」高見勝利・岡田信弘・常本照樹編『日本国憲法解釈の再検討』（有斐閣、2004）
　小山剛「地方自治の本旨」小山剛・駒村圭吾編『論点探求憲法』（弘文堂、2005）
　初宿正典・大沢秀介・高橋正俊・常本照樹・高井裕之編著『目で見る憲法（第2版）』（有斐閣、2003）
　高橋和之『立憲主義と日本国憲法』（有斐閣、2005）

第12章　人権の思想と源流

　人権・自然権とは、1つの思想ないし価値であり、近代法の大系を構成する重要な要素の1つである。現在では、国内法のみならず国際法でも人権思想が確認されうるが、ここに至るまで、概念の発生、法への編入、保障範囲の拡張や強化等の経緯を経てきた。本章では、人権思想の歴史的な発展を概観した上で、人権概念に関するいくつかの理論的な問題点を検討する。

1　人権の歴史

(1)　自然権思想

　人権とは、人間が自律的な個人として生まれながらに当然に有する固有の権利（自然権）を意味している。人権の観念は、17、18世紀の自然権思想の強い影響の下で認められるに至ったものである。なかでもJ.ロックは、「自然状態には、これを支配する一つの自然法があり、何人もそれに従わねばならぬ。この法たる理性は……すべての人類に、一切は平等かつ独立であるから、何人も他人の生命、健康、自由または財産を傷つけるべきではない、ということを教えるのである」（ロック・後掲12頁）と述べ、生来的に自由かつ平等な個人という人間像を基点に「社会契約論」を展開したのであった。

　自然権としての人権思想は、18世紀後半の近代人権宣言を生み出す思想的源となった。アメリカでは、最初の人権宣言であるヴァージニア権利章典（1776年6月）や独立宣言（1776年7月4日）が人権思想を宣明している。また、フランスでも、「人および市民の権利宣言」（1789年）が制定され、自然権思想が取り入れられている（訳については、高木他・宣言集、樋口他・憲法集参照）。

(2) 社会権の保障

　人権宣言によって保障された自然権は経済的自由権を中心に構成され、やがて資本主義発展の法的基礎となっていった。しかし、資本主義の発展に伴って、資本家と労働者との間に強者と弱者の関係が生じ、階級・階層の分化を生じさせた。こうした事態に対応するために、憲法は社会的・経済的弱者のための社会権を保障するようになりそれ以前の消極国家から積極国家・社会国家へという国家像の転換が達せられた。ここでは、旧ソ連の「勤労し搾取されている人民の権利の宣言」（1918年1月）およびこれを基礎とする「ロシア社会主義連邦ソビエト共和国憲法」（同年7月）、また、ドイツのワイマール憲法（1919年）が重要である。

(3) 人権の国際的保障

　社会権の登場とともに現代的特徴として指摘されるのは、人権の国際的保障である。第2次世界大戦前においては、人権保障はもっぱら国内問題であると考えられ、国際法による人権の保障はあまり見られなかった。ところが、ナチズムやファシズムの残虐な戦争による人権侵害の経験を経て、各国国内における人権尊重の実現が、国際社会における平和の維持にとって不可欠と考えられるに至った。国際連合憲章（1945年）や世界人権宣言（1948年）等である。ただし、後者は直接的な法的拘束力を持たないとされている。

　それに対し、締約国を法的に拘束する国際的な条約も定められている。特に、国際人権規約（1966年国連総会採択、1976年発効）が重要であろう。これは、「経済的、社会的及び文化的権利に関する国際規約」（社会権（A）規約）、「市民的及び政治的権利に関する国際規約」（自由権（B）規約）、「市民的及び政治的権利に関する国際規約の選択議定書」から成る。日本は、1979年に社会権規約と自由権規約を批准している。また、日本が批准している重要な人権条約として、「難民の地位に関する条約」（1981年批准）、「あらゆる形態の人種差別撤廃に関する国際条約（人種差別撤廃条約）」（1995年批准）、「女子に対するあらゆる形態の差別の撤廃に関する条約（女子差別撤廃条約）」（1985年批准）、「児童の権利に関する条約（子どもの権利条約）」（1994年批准）等がある。これらの条約の批准に際して、国内法が改正されたり新法が制定されたりすることもある。例えば、国際人権規約、難民条約批准に伴って、社会保障関係法における国籍要件が撤

廃された。また、女子差別撤廃条約の批准に伴い、国籍法における父系優先主義から父母両系主義への改正がなされ、さらに男女雇用機会均等法が制定された。

　地域的な人権保障の傾向も見られ、「ヨーロッパ人権条約」（1953年発効）、米州人権条約（1978年発効）、「アフリカ人権憲章」（1986年発効）等が制定されている。

2　人権の概念と「人権批判」

> **設例**　少数民族・先住民・移民等のマイノリティー集団の保護のために、次のような制度を法律で規定することが、「人権」概念との関係でいかなる問題を引き起こすのかという点について、検討しなさい。
> ①　先住民族のために、居住してきた土地に対する権利や、そこに存する資源に対する権利、また、伝統文化を維持・発展させる権利等を保障する制度。
> ②　特定の集団やそれに属する個人について、当該集団の歴史・伝統・文化・言語等を自ら教育し、また、そのような教育を受けることを保障する教育制度。

(1)　「人」一般の権利としての人権

　人権は、人間である以上当然に有する権利を意味するが故に、封建的な身分制秩序の下では保障され得るものではなかった。歴史的に、人権は、国家＝国民主権原理によって身分制秩序が破壊され、それにより「人」一般としての個人が解放されて初めて成立しうるものであった。いわば、絶対的な集権国家が人権の主体を誕生させたといえるのであり、このプロセスを完成させたのが近代市民革命である。そのため、主権と人権は、「一方では密接な相互連関、他方では強度の緊張関係に置かれながら」、「近代憲法にとっての二大基礎原理となったのである」（樋口・憲法Ⅰ28頁）。

　人権を「人」一般の生来の権利として理解する限り、イギリスの「マグナ・カルタ」（1215年）、「権利請願」（1628年）、「人身保護法」（1679年）、「権利章典」（1689年）はいまだ人権の宣言を内容とするものではなかったといわざるを得な

い。なぜならば、そこで規定されていた権利・自由は、イギリス国民ないしその一部が徐々に獲得してきた権利と自由を意味するもので、人間である以上当然に有する権利を宣言したものではなかったからである。また、イギリスの「議会主権」成立の結果、立法権に対して対抗できなかった点で、権力によって侵されない人権とは性質を異にしていたからである（杉原・後掲13頁以下）。

(2) 人権概念の「限定」と「拡張」

　日本国憲法上の「基本的人権」と「人権」とは同一の概念であろうか。この点、憲法が、「人」一般の権利としての人権を哲学的な背景としつつ、参政権や社会権等を含めた「基本的人権」を保障しているとする理解がある。この趣旨は、憲法11条や97条等に表れていると主張する。このような理解の仕方は、「人権というよび名を限定的に使うことによって『切札としての人権』を確保しようとする立場（『人権』概念の質的限定）」と「人権の発展史を素直にうけとって、人権を広義に解しようとする立場（『人権』概念の量的拡張）」とのうち、前者の立場に属するものといえるであろう（樋口・憲法155頁）。

　人権概念を限定的に用いる立場は、その帰結として、次の点などを指摘する。第1に、「人」一般の権利という意味での人権は、本来参政権とは区別さるべきものである。参政権は、「人」の権利ではなく、年齢等によって条件づけられた「市民」の権利だからである（1789年人権宣言における「人」の権利宣言と「市民」の権利宣言との区別を参照。Déclaration des droits de *l'homme et du citoyen*!）。第2に、人権は社会権とも異なる。社会権の保障は、「人」一般ではなく、特定のカテゴリーに属する者（「労働者」など）の権利を意味するものだからである。第3に、従来から容認されてきた「法人の人権」という定式化には問題がある。第4に、人権には、「公共の福祉」を根拠とする制約をくつがえす、「切り札」としての意義が認められる（長谷部・憲法104頁、120頁以下参照）。

　他方、自由権、参政権、社会権全て含むものとして人権を理解する立場もある。これは、人権を「人が人格的自律の存在として自己を主張し、そのような存在としてあり続ける上で不可欠な権利」と定義し、人権か否かの判断を、人格的自律の存在性やそれに必要な条件に関わるかどうかを基準にして行うべきとする考え方である（佐藤（幸）・憲法392頁以下）。この意味での人権は、基本的人権と同義ということになろうし、また、この立場は、「『人権』概念の量的拡

張」を主張するものといえるであろう。

この人権概念を拡張する見解は、拡張のプロセスを次のように3つのレヴェルに分けて説明する（佐藤（幸）・憲法393頁）。第1のレヴェルが「背景的権利」である。これは、「それぞれの時代の人間存在に関わる要請に応じて種々主張されるもの」で、第2のレヴェルの人権を生み出す母体として機能する。第2のレヴェルが「法的権利」である。これは、「背景的権利」の内容が明確で特定化しうるものとなった場合で、かつ、特に憲法の基本権体系と調和するように特定の条項に根拠を見出しうるときに認められる人権である。第3のレヴェルが「具体的権利」である。これは、裁判所に対して保護・救済を求めることができる権利である。第2の「法的権利」が、第3の「具体的権利」とイコールではないことに注意が必要である。いわゆる「新しい人権」の中には、「背景的権利」から「法的権利」を経過して「具体的権利」として認められるものも存するのに対し、憲法上明文の根拠を有する人権であっても、「具体的権利」性を持たない権利が存在しうる。

(3) 「人権批判」の問題

人権に対してさまざまな観点から批判が寄せられていることにも留意する必要がある。例えば次のような批判が見られる。第1に、「社会主義」、「反植民地主義」、「フェミニズム」による人権批判である。この立場は、人権が、ブルジョアジーによる労働者階級の搾取、植民地への帝国主義的支配、女性（femme）に対する男性（homme）の優位といった、理念から乖離した実態を覆い隠すイデオロギーにすぎなかったのではないかと主張する。

第2に、「社会連帯主義」や「共同体主義」による人権批判である。この立場は、人権の背後にある、自律し社会から孤立した個人という人間観（「強い個人」）は、人間が常に社会の中で生きてきたのであり、また生きなければならないという事実、ないし個人は自らが所属する共同体の歴史や伝統などによって規定された存在であり、そのアイデンティティは共同体を特徴づける共通善によって部分的に構成されているということに照らし、「偽」であると主張する。

第3に、「自律」の前提たる「強い個人」という人間像に対する批判である。この立場は、人権は自律した個人が自ら自己決定を下すというところに価値を見出すものであるが、しかし、本来的に自己決定に任せておくべきではない領

域があるのではないか（生命倫理）、あるいは自己決定をすることができない弱者（幼児、高齢者、一定の障害を持った人）は排除されてしまうのではないか（「弱い個人」）といった点を指摘している。

　第4に、「多文化主義」による人権批判である。これは、人権とは、白人優位のヨーロッパ中心主義に基づくイデオロギーであり究極の抑圧であって、非ヨーロッパ社会の文化的固有性の尊重とそれへの平等な配慮が必要ではないかと主張している。これらの批判に対しては、指摘を真摯に受け止め、かつそれを超えて人権の普遍的価値を主張し、擁護し続けなければならない。

【解説】　特定のマイノリティー集団に認められる、マジョリティー集団とは異なる文化や言語等を使用し維持する権利を、一般に「集団の権利」と呼ぶことがある。これは、マイノリティー集団に対して、国家の内部あるいは国際社会で、文化的固有性の尊重ないしそれへの平等な配慮を求めることを認めようとする「多文化主義」を背景とするものである。設例は、このような権利が、「人」一般の権利としての人権概念とどのような関係にあるのかを考えようとするものである。

　集団の権利には、特定の集団に属するが故にその構成員に保障される個人的権利と、集団内部で文化を維持・尊重していくために保障される共同体の権利とが含まれうる。これらの権利は、諸文化の間の平等や個々の文化の重要性を尊重し合い、過去において行われてきた「同化政策」に対し反省を迫りうるものとして、重要な意義を有している。しかし、他方で、「人」一般の権利として認められるものでないが故に、人権として承認することは困難であり、また、その普遍的価値によってこそ個人の自由や平等を獲得しうるとする近代法思想と緊張関係に立つ。

　そのため、次のような問題点が生じることとなる。第1に、集団の権利は、それを望まない個人に対しても強制的に特定の生き方の文脈を押しつけることとなり、個人の自律とは結びつかない。第2に、集団として保護される共同体と保護されない共同体との間での不平等、また、集団としての保護を望まない共同体に対する保護の押しつけなどの問題が生じうる。強まる個別性の要求に対しては、基本的に、普遍的な価値を維持することこそが重要とする視点で対応すべきであろう。二風谷ダム判決については、札幌地判平成9年3月27日判時1598号33頁以下参照。

3 人権の性質と分類

(1) 基本的人権の分類

憲法上の基本的人権は、その列挙の仕方が論理的・体系的なものではなく、解釈によって類型化される必要がある。類型化より各基本的人権の特性が明らかになり、その保障を確実にすることができるからである。そこで、基本的人権を次の3つに大別する。すなわち、国家の干渉を排除し個人の自由な意思決定・活動を保障する妨害排除請求としての自由権（国家からの自由）、国民の国政に参加する権利たる参政権（国家への自由）、資本主義の高度化に伴う弊害から社会的・経済的弱者を保護する社会権（国家による自由）である。

この分類を踏まえて日本国憲法上の人権をさらに類型化すれば、次の6つになる（芦部・憲法学Ⅱ81頁）。第1に、「国家からの自由」である。これには、精神的自由権（19条～21条・23条）、経済的自由権（22条・29条）、人身の自由（18条・31条・33条～39条）がある。第2に、「国家への自由」である（15条）。第3に、「国家による自由」である（25条～28条）。第4に、様々な性質の権利を含む「包括的基本権」である（13条）。第5に、平等権とともに平等原則としての性格を併せ持つ「法の下の平等」である（14条）。最後に、歴史的経緯や性格において他の権利から区別される受益権（国務請求権）である（16条・17条・32条・40条）。

(2) 人権と法律との関係

(a) 「国家による自由」の実現

自由権の場合、「国家からの自由」としてのみ理解することについては留保が必要である。他の国家での権利保障の態様を見る限り、国家が積極的活動を通じて妨害排除を実現する場合があるからである。これを「国家からの自由」に対して「国家による自由」と呼び得るとすれば、フランスの「公的自由」の概念やドイツの「基本権保護義務」論は、自由権保障における国家の積極的役割を認めるものとして、ともに「国家による自由」に位置づけることができるであろう。

ここで「公的自由」とは、実定法によって認められかつ保障される自由権・

自己決定権を意味し、議会が法律の制定を通じて積極的に自由を保障することを求める「法律尊重主義（légalisme）」・「法律中心主義（légicentrisme）」に基づく概念である。公的自由は、①誤りを犯さない一般意志が、すべての者の保護と安寧とを目的とする法律の源となるとする理念、すなわち「法律は一般意志の表明である」とするJ.J.ルソーの理念によって正当化され（歴史的正当性）、また、②立法府は他の国家機関に比べて、国民の多元的な意見をより代表する機関であり、また、その立法手続は、委員会や会議での討議あるいは第2院の修正を通じて世論に開かれていること等によっても正当化される（民主的正当性）。

次に、「基本権保護義務」とは、「基本権は、国に対して、各人の基本権法益を第三者の侵害から保護するための積極的措置を命じる」という法理である。この法理は、ドイツの判例・学説を通じて展開されたもので、①「人間の尊厳は不可侵である。これを尊重し、かつ、保護することは、すべての国家権力の責務である」と規定する基本法1条1項「人間の尊厳」、②国による対内的・対外的安全の保障を国家の第1の目的とする「国家目的論的・国家学的基礎づけ」、③基本権は防御権の保障を第1次的意味とするが、同時に、基本権の保護を命じる客観的価値秩序をも定立したとする「基本権の客観法的側面」等によって基礎づけられている（小山・後掲［1998］1頁、170頁以下）。

(b) 日本国憲法と「国家による自由」

憲法規範の中には、人権規定（主観法）の他に、公権力に対し一定の作為・不作為を命令したり禁止したりする規定（客観法）がある。後者の内容には、①人権保障の前提となる「実定制度」の創設を求めるものや、反対に、②人権を侵害する「実定制度」の創設を禁止するものがありうる。このうち「実定制度」の創設により実現される自由が、「国家による自由」と位置づけられる。①の例として、「表現の自由」のための「放送制度」、「契約の自由」のための「契約制度」、経済的自由権のための「私有財産制度」、「婚姻の自由」のための「家族制度」、「教育を受ける権利」のための「教育制度」、「選挙権」のための「選挙制度」、「裁判を受ける権利」のための「裁判制度」等がある。他方、②についての日本国憲法上の例として、「表現の自由」を侵害する「検閲制度」、「信教の自由」を侵害する「国教制度」、「法の下の平等」を侵害する「貴族制度」等がある。

日本国憲法にも「国家による自由」の考え方を導入し、自由権的基本権と法律との間に親和的関係を見いだそうとする立場が主張されている（小山・後掲[2004]参照）。しかし、日本国憲法の下で「国家による自由」を強調することには慎重でなければならない。なぜならば、わが国では、立法者を含めておよそ国家権力主導の人権保障に対する危惧は、パターナリズム的国家干渉を呼び起こし、人々の公権力依存傾向を助長する等の障害をもたらすからである。また、「国家による自由」は「国家への自由」が十分に保障されていて初めて実現可能なものであるにもかかわらず、わが国では、代表者意思と民意との乖離や利益誘導政治を背景とする金権腐敗などから参政権の実質的内容が形骸化しているからである（芦部・憲法学Ⅱ89頁、佐藤（幸）・憲法387頁等参照）。もっとも、「国家からの自由」と「国家による自由」を二者択一として捉えることは妥当ではなく、人権規定を具体化する立法府の役割を承認しつつ、国家からの干渉を排除することの重要性を指摘し続けることは必要であろう。

(3) 人権と「制度」との関係

(a) 人権と「制度的保障の理論」

通常、法律により実定制度を創設する場合には、立法府に一定程度の裁量が認められることとなる。この点、立法権であっても「制度」の核心を侵害することはできないとし、当該「制度」それ自体を保障すべしとする「制度的保障の理論」がある。この理論は、法律によりさえすればどのようにでも人権を制限し得るとする「法律の留保」の思想（ワイマール憲法、明治憲法）に対し、立法権の専制から人権の本質的内容を保障するために主張されたものである。ここでいう「制度」とは、ある憲法が制定された時点で、すでにその国に存在していた特定の制度を意味する。

例えば、カール・シュミットは、「憲法」（①政治的統一と秩序の全体的状態、②憲法制定権力によって定立された国家的生活全般の根本法律的規律、即ち、最高・究極の諸規範の・ひとつの統一的・完結的体系。「絶対的憲法概念」とされる）と「憲法律」（憲法によって妥当しうる、個々の憲法規定。「相対的憲法概念」とされる）とに区別し、「憲法」によって保障される基本権、「憲法律」によって保障される諸権利、「憲法律」によって保護される制度を区別しなければならないと説く。その上で、制度そのものを廃止することは許されず、実質的な内容において制

度を消滅させるか、またはその本質的な存立を奪うような法律は違憲となると主張する。

(b)　制度的保障の理論の問題点

制度的保障の理論については、学説上、次のような立場が主張されている。第1に、制度的保障の理論それ自体は認めるとしつつ、それが認められる範囲について限定的に捉えようとする立場である。すなわち、①「制度の核心」の内容が明確であり、②制度と人権との関係が密接であるものに限って、制度的保障の理論が妥当すると考える（戸波・後掲［1984］）。その理由としてあげられるのは、制度的保障と人権保障との峻別自体は、憲法規定の法理論的体系化と法的特質の解明にとって有意味であること、「法律の留保」思想を否定する日本国憲法下では、制度の保障ではなく人権の保障を直接問題とするべきであるから、問題となりうる制度的保障については、人権と密接に関連するものに限定すべきであること、「制度の核心」の理解の仕方如何では、当該制度に関わる人権の保障を弱める機能を果たすおそれがあるため、その内容は明確でなければならないこと等である。

第2に、シュミット流の制度的保障論は日本国憲法の解釈の場面では不要として否定する立場である（赤坂・後掲32頁以下）。その理由として、そもそも人権規定は立法者による制度の構築を要請する規範をも含むのであり、「基本権」と「制度」とを峻別しない方が、人権規定についての内容豊かな解釈を可能にするということ、日本国憲法は無条件的に人権を保障しているのであり、制度的保障の理論をもち込むための前提が存在しないこと、それにもかかわらず、制度的保障論をもち込み、ある人権規定を「制度的保障」の規定と解するようになれば、人権保障の観点からは本来認められないはずの制限を容認することになりかねないこと等があげられる。

一般に、当該規定の性質が、制度的保障の理論との関連で問題となるものとして、①大学の自治（23条）、②私有財産制（29条2項）、③地方自治権、④政教分離原則（20条・89条）、⑤裁判公開原則（82条）等を挙げることができるが、それぞれの議論の場面で、制度的保障の理論に訴えることが真に必要なのかどうかが問われるべきである。

【参考文献】
　ジョン・ロック、鵜飼信成訳『市民政府論』（岩波文庫、1968）
　赤坂正浩「制度保障と人権」長谷部編・リーディングズ17頁以下
　杉原泰雄『人権の歴史』（岩波書店、1992）
　小山剛『基本権保護の法理』（成文堂、1998）
　小山剛『基本権の内容形成』（尚学社、2004）

第13章　人権の理論

　日本国憲法は、様々な権利や自由を保障している。ただ、当該権利規定が、どの範囲までの保障を要求するのか、どの程度の保障を必要とするのかについては明らかではない。本章では、人権保障の人的範囲の問題と限界の問題を取り扱うこととする。

1　人権の主体

(1)　国　　民
　憲法は第3章の表題で「国民の権利及び義務」とし、「国民」が基本的人権の享有主体であることを明らかにしている。「国民」たる資格は国籍といわれ、日本国籍取得のための要件を国籍法が規定している。

(2)　天皇・皇族

> **設例**　現行法では、天皇の退位の自由が認められていない。このことは、憲法上どのように評価されるかについて、論じなさい。

(a)　人権享有主体性
　天皇・皇族は、日本国籍を有する者でありながら、憲法、皇室典範その他の法律により一般国民とは異なる扱いをされている（皇位継承に関する男女平等の排除、婚姻の自由の制限、戸籍法・住民基本台帳法の不適用、一定の所得税・相続税の免除、選挙権・被選挙権を認められていないこと等）。そこで、天皇・皇族が人権享有主体としての「国民」に含まれるかどうか、天皇・皇族にも人権が保障されるかが問題となる。
　この点、否定説は、肯定説によれば、人権の理念が君主等の特権に対抗して

主張されたことの意味が曖昧にされてしまうこと、また、君主に人権を認めると、あまりに重大な人権制約を容認する枠組みを認めることになること等を根拠とする。しかし、矛盾の調整は、天皇制という「特別なもの」を特別なまま残すよりも、民主主義や人権という「普遍的なもの」を強調することで解消すべきものと思われ（完全なる「解消」は困難ではあるが）、ここでは肯定説を妥当としたい。これによれば、例えば、選挙権・被選挙権の制限は天皇の象徴たる地位から合憲と解される。もっとも、象徴たる天皇の政治的中立性ないし「国政に関する権能を有しない」こと（憲法4条）からすれば、天皇の選挙権に関しては、法律で選挙権を付与することも憲法で禁止されているものと解すべきである。また、天皇制が国民の総意に基づくものである以上、天皇は政治的に中立でなければならず、したがって、天皇の政治的表現の自由は制限されていると解される（戸波・憲法70頁、135頁）。

(b) 男系・男子主義の合憲性

皇室典範が皇位の継承を「皇統に属する男系の男子」に限定していること（1条）が憲法14条に反しないか。この点、天皇の地位への就任を「人権」や「平等」の保障外の問題として、違憲ではないとする説、皇室典範を改正して女帝を認めることは可能とする説、端的に違憲とする説などがある。仮に、皇室典範が憲法14条に違反しないとすれば、その区別に合理性が存在することが必要となる。通常、女帝否定の理由として、①男子主義は、男系主義とともに古来の伝統であること、②女帝の先例は例外であり結果も悪かったこと、③男系主義を前提として女帝を認めると、その子孫が皇位につかない以上、女帝は一代限りで、その一代だけが傍系に移るという結果になるが、それは皇位を不安定な状態におくことになること、④女帝の配偶者の選考や取り扱いをめぐり複雑な問題が生じること、⑤現状においては女性の公事担当能力は男子より劣ること、⑥君民の別が混淆してくること、⑦皇族の数は最小限が予算面・民主主義の精神から望ましいこと等が挙げられるが、これらの理由では、男女の区別に合理性を認めることは難しいように思われる。

【解説】　天皇の退位の自由をめぐっては、思想・良心の自由の観点から、退位の自由・身分離脱の自由の禁止を違憲の疑いがあるとする見解や、皇室典範の改

正によって退位の自由を認めることは可能とする説がある。また、立法論の問題とした上で、生前退位を認めることが皇位を政治的ないし党派的な対立にまきこむおそれがあることを考慮すべきとする説、さらに、天皇が政治的中立性を害する言説をとるなどの場合に対処するために生前退位の制度が必要とする説なども主張されている。

　この点、わが国の歴史において退位の史実が多いことを積極的に評価すべきではないかという点、また、天皇に精神もしくは身体の不治の重患があるときにも退位を認めないのは、皇嗣について同様の事態が発生すれば皇位継承の順序を変えることができる（皇室典範3条）としているのと均衡を失するという点、さらに、天皇にも人権享有主体性を認める立場を前提とすれば、人間としての自由な意思を尊重すべきであるという点等からして、生前退位は肯定すべきではないかと思われる。

(3) 法　　人
(a) 人権享有主体性とその根拠

　人権は元来「人」一般たる個人の権利であって、団体を予定していないものと考えられていた。しかし、経済・社会の発展に伴い、法人・団体が果たす役割の重要性が認識されるようになるにつれて、法人の人権享有主体性が認められるにいたる。ドイツでは、憲法が法人に人権享有主体性を認める旨明記している（ドイツ基本法19条3項）。法人に人権享有主体性を認める明文規定をもたない日本国憲法の下では、それを認めるとしても根拠が明らかにされなければならない。その根拠としては、①法人が現代社会の中で社会的実体として重要な役割を担っている点を挙げる見解、②法人の活動が自然人を通じて行われ、その効果は究極的には自然人に帰属することをも挙げる見解等が主張されている。他方、法人が個人の人権を抑圧する「社会的権力」として立ち現れうることに着目すれば、法人の人権享有主体性を否定する立場（樋口・憲法175頁）や適用可能な権利を個別に検討すべきとする立場（長谷部・後掲32頁以下）にも留意しなければならないであろう。

(b) 保障される人権の範囲

　人権規定は、性質上可能な限り法人にも適用されるべきである（性質説）。判例も、会社の政治献金の適法性が争われた八幡製鉄事件において、「憲法第三

章に定める国民の権利および義務の各条項は、性質上可能なかぎり、内国の法人にも適用されるものと解すべきである」と述べ、法人の人権享有主体性を認めている（最大判昭和45年6月24日民集24巻6号625頁）。

問題は、いかなる権利・自由が「性質上」法人にも適用可能といえるかである。具体的には、個人的にのみ行使できる人権（選挙権・被選挙権、生存権、18条・33条・34条・36条等の人身の自由）と、集団的にも行使できる人権（法の下の平等、経済的自由権、国務請求権、刑事手続上の諸権利、表現の自由や集会・結社の自由等の外面的精神的自由権等。最大判昭和44年11月26日刑集23巻11号1490頁［博多駅事件］参照）とを分け、後者が法人にも保障されるものと解すべきである。また、内容如何によっては幸福追求権（名誉権、プライヴァシー権））も、保障されるものと解すべきであろう。さらに、内面的精神的自由権（19条・20条・23条）については個人的にのみ行使できる人権ともいえるが、宗教法人は信教の自由を、学校法人は学問の自由を享有し得ると解されており、その限りで、法人も内面的精神的自由権を享有するものと解すべきである。判例は、いわゆる「ポストノーティス命令」の合憲性が争われた事件で、法人にも思想・良心の自由（19条）の適用が認められることを前提に、違憲の主張を退けている（最判平成2年3月6日判時1357号144頁）。

(c) 保障の限界

法人の人権保障は、個人と同程度というわけにはいかない。第1に、法人外の第3者との関係で社会的権力として現われる場合、第2に、法人の構成員との関係で相互の権利・自由が矛盾・衝突する場合に、制限を受けるものと解すべきである。判例は、八幡製鉄事件において、「会社は、自然人たる国民と同様、国や政党の特定の政策を支持、推進しまたは反対するなどの政治的行為をなす自由を有するのである」とするが（前掲最大判昭和45年6月24日）、第1の限界から問題がある。これらの自由は、政治的意思表明として憲法21条に基づく権利と解されるが（他に、参政権説や13条説等がある。判例は明確に述べてはいない）、それが法人にも保障されるかどうか、また、法律によって会社の政治献金の寄附を規制することは可能かどうかが問題となる。この点、法人にはこれらの自由は保障されないとする立場がある。この説では、法律により法人の政治献金を全面的に禁止することも可能と解することとなる。しかし、法人の政

治献金自体を認めつつ、合理的な範囲でその自由に規制を加えようとする見解が妥当であろう。

また、特定の政治団体へ寄付する目的で会員から特別会費を徴収することを決定した税理士会の決議の違法性が争われた南九州税理士会事件において、最高裁は、税理士会が公的な目的のために設立を義務づけられた強制加入団体であり、会員たる税理士には実質的に脱退の自由が保障されていないことを重視し、次のように述べた。「税理士会が政党など（政治資金）規正法上の政治団体に金員の寄付をすることは……税理士会の目的の範囲外の行為であり」、また、「政党など（政治資金）規正法上の政治団体に対して金員の寄付をするかどうかは、選挙における投票の自由と表裏を成すものとして、会員各人が市民としての個人的な政治的思想、見解、判断等に基づいて自主的に決定すべき事柄であるというべきである」から、本件決議は無効と解すべきである（最判平成8年3月19日民集50巻3号615頁）。これは、第2の限界の例である。

(4) 外 国 人

> **設例** 地方公共団体の多くは、募集要項に国籍条項を残している。その根拠となっているのが、内閣法制局による「公権力の行使または国家意思の形成への参画にたずさわる公務員となるためには、日本国籍を必要とする」（昭和28年3月25日法制局1発第29号）といういわゆる「当然の法理」である。この「当然の法理」を根拠として外国人の公務就任権を否定することができるかどうかについて、論じなさい。

(a) 人権享有主体性とその根拠

日本国籍を有しない外国人は、もとより「国民」には含まれない。そこで、外国人には人権享有主体性が認められないのかが問題となる。通説は、①人権の前国家的・前憲法的性格、および②憲法上の国際協調主義（98条）を根拠として、外国人にも性質上可能な限り人権を保障すべきと解している（肯定説・性質説）。これに対して、憲法上の条文で「何人も」と書かれているか、「国民は」と書かれているかによって区別しようとする文言説がある。しかし、この説には、国籍離脱の自由（22条2項）のように国民を前提とする権利が、外国人にも

保障が及ぶこととなってしまうこと等難点がある。判例も、マクリーン事件で「憲法第3章の諸規定による基本的人権の保障は、権利の性質上日本国民のみをその対象としていると解されるものを除き、わが国に在留する外国人に対しても等しく及ぶものと解すべき」であると述べ、性質説を採用している（最大判昭和53年10月4日民集32巻7号1223頁）。

(b) 保障される人権の範囲

外国人に保障される人権にはいかなるものがあるか。その性質上、以下に述べる権利を除く人権については、外国人にも保障されると解する点で概ね争いがない（指紋押なつ義務の合憲性に関する、最判平成7年12月15日刑集49巻10号842頁参照）。争いのある人権については、次の視点が重要となる。第1に、外国人の区別の重要性である。なかでも、「定住外国人」（一定期間日本に在住し、日本社会に生活の根拠をもち、その生活実態においていかなる国よりも日本と深く結びついている外国人）については、日本国民に準ずる人権保障が必要とされる。出入国管理及び難民認定法上の「永住資格者」、および1991年に制定された「日本国との平和条約に基づき日本の国籍を離脱した者等の出入国管理に関する特例法」上の「特別永住者」が、これに相当する。第2に、憲法解釈の可能性である。次の3説が可能である。①当該人権を外国人にも保障していると解する憲法保障説（国籍要件を違憲と解しうる）、②外国人に保障することを禁止しているとする憲法禁止説（国籍要件の撤廃が違憲となる）、③外国人にも保障するかしないかを立法府の判断に任せているとする憲法許容説（国籍要件は違憲の問題を生じない）である。

① 社会権　社会権の保障は、限られた財源の中で国が積極的給付をなすものであるため、元来、国民を保障の対象とするものである。ただし、実際の法律・運用の状況は、国籍要件を撤廃するものとなっている。まず、被用者保険（健康保険や厚生年金保険等）については、国籍要件のない内外人平等主義がとられ、社会手当（国民年金や福祉年金等）については、1981年の難民条約への加入以降、国籍要件が撤廃されている。さらに、生活保護についても、行政実務上、生活に困窮する外国人を国民に準じて取り扱うとされている。この点、社会権は、国籍要件ではなく社会構成員たることを基準にして保障されなければならず、定住外国人にも社会権を保障すべしと解する憲法保障説が存する

（同旨の下級審判決として、東京地判平成8年5月29日判タ916号78頁、東京高判平成9年4月24日判時1611号56頁参照）。他方、国民年金法上の「国籍要件」の合憲性が争点となった塩見訴訟で、最高裁は、憲法25条に関し「具体的にどのような立法措置を講ずるかの選択決定は、立法府の広い裁量にゆだねられており、それが著しく合理性を欠き明らかに裁量の逸脱・濫用と見ざるをえないような場合を除き、裁判所が審査判断するに適しない」とし、国民年金法「81条1項の障害福祉年金の支給対象者から在留外国人を除外することは、立法府の裁量の範囲に属する事柄とみるべきであ」るとした（最判平成元年3月2日判時1363号68頁）。学説の中にも、憲法許容説を採りつつ、立法政策によって社会権の保障を外国人にも及ぼすことを望ましいものと解すべきとする見解が存する。ここでは、最高裁判所の判決の趣旨が、憲法保障説を前提とするのか憲法許容説に基づくのかは明確ではないこと、仮に、憲法許容説を前提とするとしても、いわゆる定住外国人については、さらに憲法保障の立場から考えていくべきではないかということを指摘しておきたい。

② 参政権　国民主権原理からすれば、参政権の行使は「国民」に限定するのが憲法の要請であるといえる。その理由は、第1に、国民主権原理の意味は、「国家権力の正当性の究極の根拠が日本国民の意思に存し、日本国民が国の統治のありかたを最終的に決定すること」と解されること、第2に、国民主権の原理は、「単に公務員の選定罷免を決定する場面のみに日本国民が関与することで足りるものではなく、我が国の統治作用が主権者と同質的な存在である国民によって行われることをも要請していると考えられる」ことである（東京地判平成8年5月16日判時1566号23頁）。

選挙権・被選挙権を日本国民に限っている公職選挙法の合憲性が問題となる。この点、憲法許容説を支持する見解（戸波・憲法138頁等）、「定住外国人」につき憲法保障説を主張する見解（浦部・全訂59頁）、永住者（一般永住者および特別永住者）を「永住市民」として国民に準じた扱いをすべしとする永住市民権説（辻村・後掲、近藤・後掲等参照）等が主張されている。しかし、最高裁は、国籍要件につき合憲判断を下している（最判平成5年2月26日判時1452号37頁）。ただ、国政選挙と地方選挙とでは異なる考慮が必要である。地方選挙では、参政権の主体は「国民」ではなく「住民」であるため、定住外国人等に対して法律

で参政権を認めることは立法政策の問題として違憲とならないと解する余地がある（憲法許容説）。判例も、「我が国に在留する外国人のうちでも永住者等であってその居住する区域の地方公共団体と特段に緊密な関係を持つに至ったと認められるものについて、その意思を日常生活に密接な関連を有する地方公共団体の公共的事務の処理に反映させるべく、法律をもって、地方公共団体の長、その議会の議員等に対する選挙権を付与する措置を講ずることは、憲法上禁止されているものではないと解するのが相当である」と述べている（最判平成7年2月28日判時1523号49頁）。

また、自国の公務に携わる政治的権利についても問題となる。まず、公務就任権の憲法上の根拠が問題となろう。この点については、13条説、15条1項・14条1項・22条1項等の趣旨に徴し明らかであるとする説、15条1項説、14条1項説、職業選択の自由説などが主張されている。すべての公務員に関する公務就任権が、外国人に否定されているわけではないこと（1982年の国公立大学外国人教員任用法）が重要な示唆を与えるであろう。さらに、地方公共団体の公務員採用試験における「国籍条項」についても撤廃する動きが全国的にみられる。

【解説】「当然の法理」を根拠に、外国人の公務就任権を認めないことには、学説上批判が強い。東京高等裁判所も、定住外国人が東京都の管理職選考試験の受験を拒否されたという事件で、第1審判決（前掲東京地判平成8年5月16日）を覆し、一定の職種の公務員については、「これへの就任について、憲法22条第1項、第14条第1項の各規定の保障が及ぶものというべきである」とし、受験を拒否したことを違憲・違法と判断した（東京高判平成9年11月26日判タ960号79頁）。

しかし、最高裁は、上告審で原告の請求を退ける判断を示した（最大判平成17年1月26日ジュリ1288号（2005）34頁以下）。その理由として、①公権力の行使に当たる行為等を職務とする「公権力行使等地方公務員」については、「原則として日本の国籍を有する者が公権力行使等地方公務員に就任することが想定されているとみるべきであ」ること、②「普通地方公共団体が、公務員制度を構築するに当たって、公権力行使等地方公務員の職とこれに昇任するのに必要な職務経験を積むために経るべき職とを包含する一体的な管理職の任用制度を構築して人事の適正な運用を図ることも」、可能であること、③管理職任用制度の下で、管理職への昇任を日本国民に限ることは、「合理的な理由に基づいて日本国

民である職員と在留外国人である職員とを区別するものであり」、憲法14条1項に違反しないこと等が挙げられている。

本判決に対しては、公務就任の権利性について論じることなく、もっぱら「合理的な区別」の有無の問題に限定している点、そのため、「一体的な管理職の任用制度」の構築を自治体の裁量に任せるだけで、任用制度自体の憲法問題には判断が及んでいない点、また、そもそも、法律や条令の根拠なく受験資格の制限を行っていることが、法治主義の原則に違反するのではないかと思われる点など、問題が指摘されうる。

③　入国の自由・出国の自由・再入国の自由　　入国の自由については、外国人には保障されないと解されている。その理由として、外国人の入国の規制は、国際慣習法上、国家の裁量とされていること、また、国家は自国および自国民の安全と福祉のために外国人の入国を制限することができること等が指摘されている（前掲最大判昭和53年10月4日参照）。他方、出国の自由について判例は、憲法22条2項「にいう外国移住の自由は、その権利の性質上外国人に限って保障しないという理由はない」として憲法保障説を採る（最大判昭和32年12月25日刑集11巻14号3377頁）。しかし、出国の自由は、外国人には保障されないと解すべきである。なぜならば、入国の規制が国際慣習法上国家の裁量とされていることとの関係で整合性をとる必要があるからである。ただし、入国についてとは異なり、出国の自由は、憲法98条2項の「条約及び確立された国際法規」として誠実に遵守されるべきと解される（「国際人権規約［自由権規約］」12条、難民条約28条参照）。したがって、出国に関する国家の裁量権は、98条2項から制約される。

再入国の自由については、憲法22条の海外旅行の自由として保障すべきとする説もあるが、入国の自由についてと同様に考えるべきと解する。憲法は外国人に再入国の自由を保障しておらず、国際慣習法上の問題とする。ここでも98条2項の「条約及び確立された国際法規」として誠実に遵守されると解される（「国際人権規約［自由権規約］12条4項参照）。これに対し、判例は、森川キャサリーン事件において、憲法保障説を否定するとともに、自由権規約12条4項の「自国」とは「国籍国」を意味するとし、条約保障説をも否定した（最判平成4年11月16日集民166号575頁）。なお、1991年の法改正によって、特別永住者に再

入国の自由が認められた。

(c) 保障の限界

自由権、平等権、受益権は外国人にも保障されるが、国民と同程度に保障されるわけではない。特に、参政権的な性質をもつ政治活動の自由については、その限界が問題となる。この問題は、マクリーン事件で争点となった。判例は、「外国人に対する憲法の基本的人権の保障は‥‥外国人在留制度の枠内で与えられているにすぎない」とし、本件在留期間更新の不許可処分を違法ではないと判断した（前掲最大判昭和53年10月4日。同様に、国民の場合とは異なる制約を認める見解として、佐藤（幸）・憲法422頁、芦部・憲法学Ⅱ152頁等）。しかし、選挙や国民投票など一定の制度を前提とする権利行使の場合と自らの自由権の場合とを結びつけて考えることは妥当ではなく、「国民の政治的意思の自律的形成のうち、制度を通して行われるものについては、それに参加する者の範囲を限定し、制度を通さないで行われるものについては、それに参加する者の範囲を限定しないようにするのが最も妥当な解決のように思われる」と考えるべきであろう（栗城・後掲）。

(5) 未 成 年 者

未成年者も、当然に「国民」に含まれるが、成年者と異なり成熟した判断能力を持たないため、一定程度で人権の制約を受けることになる。例えば、選挙権の否定（15条3項）や選挙運動の禁止（公選法137条の2）等特定の人権の享有が認められない場合や、財産権（民法824条）や職業を営む自由（民法823条）等人権の享有は認められるが人権行使に親等の同意や代理が必要な場合がある。未成年者の人権が制約される根拠としては、後に述べる「限定されたパターナリスティックな制約」が妥当する。しかし、過度な制約は許されるべきではなく、人権の性質に従い、未成年者の心身の発達のための必要最小限度の制約に止まるべきと解される。

2　人権の限界

(1)　「公共の福祉」
(a)　人権制約の根拠としての「公共の福祉」

憲法は「侵すことのできない永久の権利」＝人権を保障するが、このことは、人権が絶対無制約であることを必ずしも意味しない。その制約の法的根拠が問題となる。この点、憲法13条は訓示規定として法的効力をもたず、「公共の福祉」は基本的人権の一般的な制約根拠とはならないとし、「公共の福祉」が基本的人権の制約根拠となり得るのは、それが特に規定されている22条・29条の場合だけと主張する見解がある（内在・外在二元的制約説）。ただ、この見解も、22条・29条以外の人権について制約が認められないというのではなく、それぞれの人権の性質上、当然に伴う内在的制約に服するとする。

しかし、13条の「公共の福祉」が基本的人権の一般的な制約根拠となることを認め、また、この「公共の福祉」は後述する自由国家的公共の福祉と社会国家的公共の福祉を含み、22条・29条は後者の公共の福祉が妥当する機会が多いことから特に再現されたにすぎないと解する見解が妥当である（一元的内在的制約説）。その理由としては、次の2点が挙げられ得る。①「公共の福祉」を基本的人権の一般的な制約根拠と考えない立場は、13条を訓示規定と考え法的効力を否定する。しかし、これではいわゆる新しい人権の根拠を13条の「幸福追求権」に求めることができなくなってしまう。②13条は「公共の福祉に反しない限り、立法その他の国政の上で最大の尊重を必要とする」と定め、必要最小限度の規制原理をも定めているため、法的効力を有するものと解すべきである。

(b)　「公共の福祉」の内容

「公共の福祉」とは、人権相互の矛盾衝突を調整する原理であり、その内容は通常次の2つに分類されている。すなわち、①各人に対して基本的人権を公平に保障するために必要な最小限度の規制を意味する「自由国家的公共の福祉」、②社会権を実質的に保障するために必要な経済的自由権への規制を意味する「社会国家的公共の福祉」である。ただし、自己決定権に対する制約は、他者の利益との対立から認められるものではないため、「公共の福祉」の2つの原理と

は異なる制約根拠を必要とする。そこで、自己決定権に対する制約を認める第3の根拠として、自己決定権を「自己加害」から保護するために例外的に自己の人権を制約する「限定されたパターナリスティックな制約」が主張されている（佐藤（幸）・憲法405頁）。このような理解に対して、人権相互の矛盾衝突以外にも「公共の福祉」に位置づけるべき場合があるのではないか、人権制約を正当化する事由が、本当に他者の人権との調整に限定されうるのか、とする疑問も指摘されている（長谷部・憲法113頁以下）。

「公共の福祉」を以上の2つないし3つの制約原理に区別することは、各種基本的人権の限界を明らかにすることに役立つ。しかし、「公共の福祉」を基本的人権の一般的な制約根拠と解する立場を前提としても、いかなる制約がどの程度まで認められるのかについては、別の考慮が必要であるし、また、「必要な最小限度」や「必要な」規制とはいってもその判断基準がいまだ不明確である。そこで、人権制約の限界を画定するために、違憲審査の基準として利益衡量論と二重の基準論が取り入れられるに至っている。

(2) 利益衡量論（比較衡量論）と二重の基準論

(a) 利益衡量論（比較衡量論）

利益衡量論とは、人権の制限によって得られる利益と失われる利益を比較衡量し、前者が大きい場合には人権の制約を合憲、後者が大きい場合には違憲とする判断手法をいう。初期の最高裁判例は、「公共の福祉」の具体的内容を明らかにしないまま、憲法12条・13条の「公共の福祉」によって人権規制立法の合憲性を認めていた（最大判昭和24年5月18日刑集3巻6号839頁、最大判昭和32年3月13日刑集11巻3号997頁［チャタレイ事件］等）。しかし、その後、この比較衡量論を用いて合憲性判断を行っている（最大判昭和41年10月26日刑集20巻8号901頁［全逓東京中郵事件］、最大決昭和44年11月26日刑集23巻11号1490頁［博多駅事件］、最大判昭和50年4月30日民集29巻4号572頁［薬局事件］等）。

比較衡量論については、必ずしも比較の基準が明確でないという点、すなわち、「人権の制限によって得られる利益」は、常に社会的利益として、個人的利益・特定の人々の「失われる利益」よりも価値が重いものとされ、利益をひろいあげる段階で結論が決まってしまうという点、したがって、比較衡量という言葉は、単に結論を正当化するためにだけ語られているという点が指摘されて

いる。そこで、その使用を認めるとしても、国家権力（裁判所）が第三者的な仲裁者として、同程度に重要な2つの人権を調整する場合（表現の自由とプライバシー権、表現の自由と名誉権、報道・取材の自由と公正な裁判の実現等）に限定して用いるのが妥当である（芦部・憲法学Ⅱ210頁）。

(b) 二重の基準論

この基準は、人権の中でも精神的自由と経済的自由との間に価値序列を認め、前者の規制はその合憲性を厳しい基準によって審査されるのに対し、後者の規制は立法者の裁量を尊重して緩やかな基準で合憲性を審査する理論である。この理論は、もともとはアメリカ合衆国最高裁のカロリーヌ判決中の脚注4で述べられたものであったが、わが国の違憲審査においても妥当するものであると解される。その根拠としては、①表現の自由を中核とする精神的自由権は、立憲民主主義過程の維持保全にとって絶対不可欠であるのに対し、経済的自由権は一般にそれほどの重要性を持たないといえる点（民主的政治過程論）、②経済的自由権の規制は社会・経済政策の問題と関係するが、裁判所にはそうした複雑な利益の調整と政策的な判断をする能力に乏しい点を挙げることができる。また、③「民主的政治過程の維持には直接に寄与しない権利であっても多数決によっては侵害しえない基本的権利、つまり切り札としての人権については、実質的価値選択に基づいて保障すべきだとの議論」を補完的に提示する説もある（長谷部・憲法126頁）。もっとも、二重の基準論の妥当性については、それに疑問を投げかける見解も見られることに注意が必要である。

精神的自由権の規制立法に使われる基準である「厳格な審査基準」とは、立法目的がどうしても必要な利益をもち、そこで採られた手段がその目的達成のために必要不可欠であることを要するものである。他方、経済的自由権の規制立法に使われる基準である「合理性の基準」とは、目的が正当なものであり、手段が目的との関連で著しく不合理であることが明らかでない限り合理性を否定できず、合憲とするというものである。判例の中にも、二重の基準論を採用したものが見られる（最大判昭和47年11月22日刑集26巻9号586頁［小売市場事件］、前掲最大判昭和50年4月30日、最判平成7年3月7日民集49巻3号687頁［泉佐野市民会館事件］）。

また、現在では経済的自由権について、消極目的による規制と積極目的によ

る規制とを分け、異なる基準で合憲性を審査するという考え方がとられている。ここで、消極目的規制（警察的規制）とは、自由な経済活動が社会公共に対してもたらす弊害を防止し、社会生活における安全の保障や秩序の維持を確保するための規制を意味し、積極目的規制（社会経済政策目的）とは、国民経済の円満な発展や社会公共の便宜の促進、経済的弱者の保護等の社会政策及び経済政策上の規制をいう（前掲最大判昭和50年4月30日等）。前者に使われる基準は、人権の規制が重要な目的によるもので、かつその目的と手段との間に実質的関連性を必要とするというものである（「厳格な合理性の基準」）。それに対し、後者に使われる基準は、立法府がその裁量権を逸脱し、当該規制措置が著しく不合理であることの明白である場合に限って違憲とするものである（「明白の原則」）。

3　人権と法関係

(1)　特別権力関係の理論とその問題点

　国民は、公権力による通常の統治関係とは別に、公務員の勤務関係、国公立大学学生の在学関係、受刑者の在監関係、伝染病予防法に基づいて強制入院させられた患者の国公立病院在院関係等のように公権力との特別の法律関係を結ぶこともある。この法律関係を「特別権力関係」という。特別権力関係においては、以下の法理論が妥当すると解されてきた。①公権力は当該関係に属する私人に対して、命令権・懲戒権等の包括的支配権を行使できる（包括的支配権）。②公権力は当該関係に属する私人に対して、一般国民として有する人権を法律の根拠がなくても制限できる（法治主義の排除）。③特別権力関係内部における公権力の行為に対しては原則として司法審査は及ばない（司法審査の排除）。この考え方を特別権力関係の理論という。

　これは、官僚層に対する国家への絶対的忠誠・服従の義務付けを正当化するものとして、伝統的な公法学により、特に19世紀後半のドイツで主張されてきた。しかし、これは、「国民主権を基盤に、徹底した人権尊重と法治主義の原理をとる日本国憲法下で、そのままで妥当するものとは到底解しえない」（佐藤(幸)・憲法430頁）。そこで現在では、特別権力関係の理論を修正する立場と否定する立場とが主張されている。否定説によれば、それぞれの法律関係において、

いかなる人権が、いかなる根拠から、どの程度制約されるのかを具体的に明らかにすることこそが重要とされている（芦部・憲法学Ⅱ249頁等）。

(2) 公務員の人権——判例・学説

> **設例** いわゆる「二重のしぼり」論について論じなさい。

(a) 人権の制約根拠

公務員の人権の制約例としては、政治活動の自由の制限（国家公務員法102条、人事院規則14－7、地方公務員法36条等）や労働基本権の制限（国家公務員法98条、地方公務員法37条、国営企業労働関係法17条等）を挙げることができる。これらは、一般国民の場合とは異なる制約であり、「公共の福祉」では説明できない。そのため、いかなる根拠に基づく制約かが問題となる。

この点、「全体の奉仕者」（15条2項）にその根拠を求め、公務員の職務上の地位やその職務内容、行為の具体的態様を個別に検討し、必要最小限度の制限が許されるとする説が存する（佐藤(功)・概説313頁）。初期の判例も、憲法13条の「公共の福祉」と「全体の奉仕者」を根拠として、公務員の労働基本権の一律禁止や政治活動の自由の制限を合憲と判断していた（最大判昭和28年4月8日刑集7巻4号775頁、最大判昭和33年4月16日刑集12巻6号942頁）。しかし、「全体の奉仕者」の規定は、公務員の職務上の指導理念にすぎず、人権の制約根拠までも予定するものではない。そこで、憲法が公務員関係という特別の法律関係の存在とその自律性を憲法的秩序の構成要素として認めていること（15条・73条4号）に求める見解（憲法秩序構成要素説）が妥当である。

(b) 制約の限界

公務員の人権に対する制約は、公務員関係の存立と自律性を維持するために必要かつ合理的な最小限度のものでなければならない。政党政治の下では、行政の中立性が保たれて初めて公務員関係の自律性が確保され、行政の継続性・安定性が維持されるといえるため、政治活動の自由の規制立法の立法目的は、「行政の中立性の維持」でなければならない。公務員の政治活動の自由に対する制限は、「行政の中立性の維持」という目的を達成するために合理的な必要最小限度の規制に限られるということになる。また、労働基本権に対する制約につ

いては、国民主権の下における公務員の基本理念（15条）、それに基づく公務員制度法定の要請（73条4号）、および財政民主主義（83条以下）などの憲法原理に支えられた公務員関係の存立と自律性を維持するための合理的にして必要最小限度のものであれば、憲法に反しないといえる。

(c) 合憲性判定基準

公務員の人権の規制立法についての合憲性判断は、いかなる基準に基づいて行われなければならないか。この点につき、「より制限的でない他の選びうる手段」（LRA）の基準に従い、それぞれの公務員の地位や職務権限等の相違を勘案して検討すべきである。具体的には、職務上の行為と職務外の行為の区別、勤務時間内の行為と勤務時間外の行為との区別、職員の担当する職務の相違、制裁の相違（刑罰か、懲戒事由か）の事情を挙げることができるであろう（芦部・後掲276頁以下）。したがって、一定の行為を全面一律に禁止しその違反を処罰する規定は違憲の疑いが強い。また、この基準によれば、規制法令自体を違憲と判断しなくとも、合憲限定解釈や適用違憲の手法により公務員の人権を保障する道が開かれることにもなり、妥当な結論が得られるものといえる（芦部・後掲283頁以下、315頁以下等参照）。

(d) 判例の立場

しかし、現在の判例は、このような基準を採用してはいない。まず、政治活動の自由の制限について、国公法102条および人事院規則14−7の合憲性が争われた猿払事件で、最高裁は次のように判示し、現行法の規制を合憲としている（最大判昭和49年11月6日刑集28巻9号393頁）。①公務員の政治的行為を禁止することは、「合理的で必要やむをえない限度にとどまるものである限り」合憲である。②司法審査に際しては、禁止の目的が正当か、目的と禁止される政治的行為との間に合理的関連性があるか、政治的行為の禁止により得られる利益と失われる利益とを比較し、前者が後者より重要かという3点から合憲性を判断する（「合理的関連性の基準」）。③「行政の中立的運営」と「これに対する国民の信頼」の確保という立法目的は「正当」であり、また、公務員の「政治的行為を禁止することは、禁止目的との間に合理的な関連性がある」。④公務員の政治的行為を禁止することは、「単に行動の禁止に伴う限度での間接的、付随的な制約にすぎず……、他面、禁止により得られる利益は、公務員の政治的中

第13章　人権の理論

立性を維持し、行政の中立的運営とこれに対する国民の信頼を確保するという国民全体の共同利益なのであるから、得られる利益は、失われる利益に比してさらに重要」である。

　また、労働基本権の制限については、国家公務員の争議行為の禁止の合憲性が争われた全農林警職法事件で、最高裁判決は、次のように述べて、労働基本権の一律かつ全面的な制限も合憲であると判断している（最大判昭和48年4月25日刑集27巻4号547頁）。①「公務員の給与をはじめ、その他の勤務条件は……国民の代表者により構成される国会の制定した法律、予算によって定められることとなって」おり、「公務員が政府に対し争議行為を行なうことは、……憲法の基本原則である議会制民主主義（41条・83条等参照）に背馳」する。②公務員の争議行為には市場の抑制力が働かず、一方的に強力な圧力となってしまう。③公務員の労働基本権の制限には、代償措置が講じられなければならないが、現行法による措置は、人事院制度などによって十分なものといえる。④合憲限定解釈は、かえって犯罪構成要件の保障的機能を失わせることとなり、憲法31条に違反する疑いがあるため、妥当ではない（同旨のものとして、最大判昭和51年5月21日刑集30巻5号1178頁［岩手教組学テ事件］、最大判昭和52年5月4日刑集31巻3号182頁［全逓名古屋中郵事件］）。

> 【解説】「二重のしぼり」論とは、争議行為を禁止しそのあおり行為を処罰する規定の合憲性に関し、処罰の対象となる行為は争議行為・あおりとも違法性の強いものに限られる、とする解釈手法をいう。争議行為、およびそのあおり行為を限定解釈することによって、処罰される範囲に対し二重にしぼりをかけようとするもので、LRAの基準と同様、妥当な考え方であると評価しうる。
> 　厳格な基準によって審査しようとする傾向は、上述した判例が形成される以前の判決の流れであった。すなわち、労働基本権の制限、政治活動の自由の制限それぞれについて、必要最小限度の原則を採用し、合憲限定解釈や適用違憲により被告人を無罪としていたのである。公務員の争議行為を制限する公共企業体等労働関係法17条1項の合憲性が争われた全逓東京中郵事件で、正当な争議行為は刑事制裁をうけないとして無罪とした判決（最大判昭和41年10月26日刑集20巻8号901頁）、また、公務員の政治活動の自由の規制については、前掲猿払事件において、刑罰の適用が必要最小限度の制約を超えるとして無罪とした

判決（旭川地判昭和43年3月25日下刑集10巻3号293頁、札幌高判昭和44年6月24日判時560号30頁）が出され、注目を集めた。

「二重のしぼり」論を採用した判決も、人権保障に積極的な流れの中に位置づけられる。争議行為を禁止する地公法37条及び争議行為をあおる行為等を処罰する同法61条4号の合憲性が争われた都教組事件、また、国家公務員の争議行為を禁止する国公法110条1項17号の合憲性が争われた全司法仙台事件で、最高裁は、「二重のしぼり」論を採用している（最大判昭和44年4月2日刑集23巻5号305頁、最大判昭和44年4月2日刑集23巻5号685頁）。しかし、こうした傾向は、全農林警職法判決以降、完全に否定されてしまっている。

(3) 在監者の人権——判例・学説

設例 拘置所に勾留中の死刑確定者が、死刑制度の是非に関して述べた文章を新聞に掲載するために、新聞社宛に郵送しようとした。ところが、拘置署長は、監獄法9条や昭和38年矯正局長依命通達「死刑確定者の接見及び信書の発受について」等を根拠に、この文書の発信を不許可とする処分を行った。ここに含まれる憲法上の問題点について、論じなさい。

(a) 人権の制約根拠

在監者の人権の制約根拠についても、公務員の人権の場合と同様に特別権力関係の理論に求めることは妥当でなく、憲法が在監関係の存在とその自律性を憲法的秩序の構成要素として認めていること（18条・31条・34条等）に求める立場が妥当である。

(b) 制約の限界

在監者の人権に対する制約は、在監目的を達成するために必要最小限度の合理的な権利・自由の制限に止めなければならない。その場合の在監目的は、監獄内の規律・秩序の維持、被拘禁者の逃亡・罪証隠滅の防止、暴行・自他殺傷の防止、さらに矯正教化（受刑者の場合）にあり、これに照らして現行法の合憲性を判断することになる。最高裁も、「未決勾留は、刑事訴訟法に基づき、逃走または罪証隠滅の防止を目的として、被疑者または被告人の居住を監獄内に限定するものであるところ、監獄内においては、多数の被拘禁者を収容し、こ

れを集団として管理するにあたり、その秩序を維持し、正常な状態を保持するよう配慮する必要がある。このためには、被拘禁者の身体的自由を拘束するだけでなく、右の目的に照らし、必要な限度において、被拘禁者のその他の自由に対し、合理的制限を加えることもやむをえないところである」と述べて、この趣旨を確認している（最判昭和45年9月16日民集24巻10号1410頁。同旨のものとして、最大判昭和58年6月22日民集37巻5号793頁［よど号新聞記事抹消事件］）。

(c) 合憲性判定基準

在監者の人権制約立法の合憲性判断については、監獄の特殊性を考慮に入れた上で、取締りの必要性が不当に強調されることを防止するために、ＬＲＡの基準が妥当であると解される。最高裁は、基本的には比較衡量論によりつつ、制約される人権の性質・程度に応じて具体的な基準を提示し判断しようとしている。未決拘禁者の図書・新聞閲読の自由に対する制約を合憲としたよど号新聞記事抹消事件で、最高裁は、各「自由に対する制限が必要かつ合理的なものとして是認されるかどうかは、右の目的のために制限が必要とされる程度と、制限される自由の内容及び性質、これに加えられる具体的制限の態様及び程度等を較量して決せられるべきものである」と述べた上で、閲読の自由に対する制約が問題となっていることを考慮し、次のように述べている（前掲最大判昭和58年6月22日）。

①「閲読の自由」は、憲法19条や21条の派生原理として当然導かれるものであること、また、未決勾留は、刑事司法上の目的のために必要やむをえない範囲で個人の自由を拘束するものであること、さらに、拘禁される者は、制約の範囲外においては、原則として一般市民としての自由を保障されるべき者であることから、「監獄内の規律及び秩序の維持のため」の閲読の自由の制限は、「右の目的を達するために真に必要と認められる限度にとどめられるべきものである」。②制限が許されるには、「当該閲読を許すことにより右の規律及び秩序が害される一般的、抽象的なおそれがあるというだけでは足りず、被拘禁者の性向、行状、監獄内の管理、保安の状況、当該新聞紙、図書等の内容その他の具体的事情のもとにおいて、その閲読を許すことにより監獄内の規律及び秩序の維持上放置することのできない程度の障害が生ずる相当の蓋然性があると認められることが必要であり、かつ、その場合においても、右の制限の程度は、右

の障害発生の防止のために必要かつ合理的な範囲にとどまるべきものと解するのが相当である」。

以上のように、閲読の自由の制約については、「相当の蓋然性」の基準をもって判断すべきであり、また、その制限を規定する監獄法31条2項、同法施行規則86条1項等については、右のような限定解釈が可能であることから、憲法に違反しないとしている。この「相当の蓋然性」の基準は、実質的にはLRAの基準と同旨とされ、学説によっても支持されている（芦部・憲法学Ⅲ276頁）。もっとも、本判決は、「具体的場合における前記法令等の適用にあたり……相当の蓋然性が存するかどうか、及びこれを防止するためにどのような内容、程度の制限措置が必要と認められるかについては、監獄内の実情に通暁し、直接その衝にあたる監獄の長による個々の場合の具体的状況のもとにおける裁量的判断にまつべき点が少なくない」として、広範な行政裁量を容認する点で問題を残している。

【解説】　ここでは、死刑確定者の人権を制約する目的は何か、人権制約の合憲性判断基準は何かが問題となる。また、厳格な判断基準を採用しても、裁判官が行政の立場で司法判断を行うことはできないとする先例に従えば、必然的に行政裁量の問題とされることになるため、この点も争点となろう。

死刑確定者の信書の発送に対する不許可処分の違法性が争われた事件で、最高裁は、拘置所長の裁量権の範囲内であり違法ではないと判断した。「死刑確定者の信書の発送の拒否は、死刑確定者の心情の安定にも十分配慮して、死刑の執行に至るまでの間、社会から厳重に隔離してその身柄を確保するとともに、拘置所内の規律及び秩序が放置することができない程度に害されることがないようにするために、これを制限することが必要かつ合理的であるか否かを判断して決定すべきものであり、具体的判断は拘置所長の裁量にゆだねられている」（最判平成11年2月26日判時1682号12頁）。

(4)　私人間における人権保障

(a)　問題の所在

憲法上の人権保障は、その伝統的な理解によれば公権力との関係で適用されるものであり、私人間では適用されないものとされていた。しかし、資本主義

の高度化に伴う社会的権力の登場により、私人間での人権保障の必要性が生じた。そこで、憲法上私人間でも直接保障される権利は別として（15条4項・18条・28条等）、人権が私人間でも直接に適用されるのか（直接適用説）、私的自治・契約自由の原則により相対化を伴って適用されるのか（間接適用説）という点が争われている。また、この問題は、近時、人権規定は本来的に私人間でも適用されるものと理解すべきとする見解や、人権規定は私人間では適用されないとする無効力説等からの新たな問題提起を受けており、議論は継続中である。

(b) 間接適用説

一般的には、間接適用説が採られている。これは、公序良俗に関する民法90条のような法律の一般条項・概括的条項に憲法の趣旨を取り込んで解釈・適用し、間接的に人権を私人間に保障しようとする見解である。その理由として、①直接適用説には、私的自治・契約自由の原則を害するおそれがあること、「国家からの自由」という人権観念の本質を弱めたり変質せしめる結果を招くおそれもあること等の問題点が存すること（芦部・後掲62頁以下、芦部・憲法学Ⅱ287頁以下）、他方、②間接適用説は、憲法原理の具体化ないし社会秩序の形成が、第１次的には国民の代表者である議会の権限事項だとする議会制民主主義の考え方と整合すること等を挙げることができる。

間接適用説の適用事例は、３つに整理されうる。①「法律行為」による人権侵害である（最大判昭和48年12月12日民集27巻11号1536頁［三菱樹脂事件］等）。②「事実行為」による人権侵害ではあるが、それが法令の概括的条項・文言や、会社の就業規則、私立学校の学則等に基づいてなされる場合である（最判昭和49年7月19日民集28巻5号790頁［昭和女子大事件］）。③「事実行為」による人権侵害である（東京地判昭和39年9月28日判時385号12頁［「宴のあと」事件］）。①の場合では民法90条、②の場合には法令・就業規則・学則上の概括条項、③の場合では民法709条を、それぞれ人権規定の趣旨を充填して解釈すればよい。または、③の場合に、アメリカ法上の「国家同視説」を援用することにより、憲法の効力を私人間に及ぼすべきとする見解が有力に主張されている（芦部・憲法学Ⅱ300頁、314頁以下）。

(c) 判　例

判例は、間接適用説を採用する。私企業が労働者の採用に際し、特定の思

想・信条を理由に使用期間後に採用拒否した三菱樹脂事件（前掲最大判昭和48年12月12日）、学生の政治活動が学生手帳に記載されている生活要録上の規定に違反するとしてなされた退学処分に対し、生活要録の違憲性が争われた昭和女子大事件（前掲最判昭和49年7月19日）、定年を男子満55歳、女子満50歳とする就業規則の違憲性・違法性が争われた日産自動車事件（最判昭和56年3月24日民集35巻2号300頁）等が重要である。日産自動車事件では、最高裁は、①日産自動車の「企業経営上の観点から定年年齢において女子を差別しなければならない合理的理由は認められない」、②「就業規則中女子の定年年齢を男子より低く定めた部分は、専ら女子であることのみを理由として差別したことに帰着するものであり、性別のみによる不合理な差別を定めたものとして民法90条の規定により無効であると解するのが相当である（憲法14条1項、民法1条ノ2参照）」と判示しており、結論においても妥当と解される。

　他方、これらの私人対私人の関係とは異なり、私人対国家との関係においても間接適用説が姿を見せる場合も存する。自衛隊基地建設のための用地取得に際して、国と私人との間で締結された売買契約の有効性が争われた百里基地事件で、最高裁は、「憲法9条は、その憲法規範として有する性格上、私法上の行為の効力を直接規律することを目的とした規定ではなく、人権規定と同様、私法上の行為に対しては直接適用されるものではないと解するのが相当であ」ると述べ、本件契約を有効と判示した（最判平成元年6月20日民集43巻6号385頁）。しかし、この判決に対しては、人権の私人間効力の問題は、本来私的自治に任されている領域に憲法上の人権規定をどのように適用するのかということを問うものであり、私的自治の領域に属さない国家には適用されるべきではないのではないかという疑念を払拭することはできないであろう。

【参考文献】
　芦部信喜『現代人権論』（有斐閣、1974）
　栗城壽夫「演習」法教95号（1988）81頁
　近藤敦『「外国人」の参政権――デニズンシップの比較研究』（明石書店、1996）
　辻村みよ子『市民主権の可能性』（有信堂、2002）第3章第4節
　長谷部恭男『テレビの憲法理論』（弘文堂、1992）

第14章 「人間の尊厳」——人権の「源」

人はなぜ生まれながらにして一定の権利をもつのか。人権の根拠づけや「源」を探求することは、憲法学のみならず、哲学・倫理学の領域にもかかわる難問である。本章では、第2次大戦後の憲法学において人権の「源」としての位置づけを得るにいたった「人間の尊厳」と日本国憲法上が採用する「個人の尊重」との関係を中心に、現代的な人権のあり方を論じる。

1 「人間の尊厳」と「個人の尊重」

(1) 人間の尊厳

人権とは、人間がただ人間であるということにのみ基づいて認められる、生来的な、不可侵かつ不可譲の権利だと考えられている。こうした人権が実定法上の概念として導入されたのは、18世紀の市民革命期である。たとえば、1776年のヴァージニアの人権宣言が、その1条において「すべての人は、生来等しく自由かつ独立しており、一定の生来の権利を有するものである。これらの権利は人民が社会を組織するにあたり、いかなる契約によっても、人民の子孫からこれを奪うことのできないものである。かかる権利とは、すなわち財産を取得所有し、幸福と安寧とを追求獲得する手段を伴って、生命と自由とを享受する権利である」(高木他・宣言集109頁) と述べるのは、こうした人権概念を表明したものということができる。

それでは、こうした意味での人権は、何によって根拠づけられるのであろうか。人間は、どうして「人間である」という理由だけで一定の権利をもつことができるのか。人権の根拠づけについては、これまでじつにさまざまな議論がなされてきた。人権思想において後の世に大きな影響を残したJ.ロックは、人権の根拠を自然法に求めたし、ドイツの哲学者であるI.カントは、人間の理

性に求めた。しかし、とりわけ第2次世界大戦後の人権思想においては、人権の根拠として「人間の尊厳（human dignity, Menschenwürde）」が広く受け入れられている（宮澤・憲法Ⅱ77頁以下）。

　人間の尊厳と人権との結びつきは、まず1945年の国際連合憲章で表現されている。国際連合憲章は、その前文で「基本的人権と人間の尊厳及び価値…に関する信念をあらためて確認」することを明らかにしている。ここでは、基本的人権と人間の尊厳とがともに、国際関係における基本理念として、同列に論じられているため、必ずしも「人権の根拠としての人間の尊厳」という思考が採用されているわけではないが、人間の尊厳が法理念として用いられたことは、その後の人権理論にとって大きな意味をもつものであった。

　人間の尊厳が人権の「源」として位置づけられるようになったのは、この後に制定された各国の憲法においてであった。その中でもとりわけよく知られているのが、ドイツが1949年に制定したボン基本法である。ボン基本法は、ヴァイマール憲法下でのナチスによる暴虐に直面したドイツが、意識的にそこからの転向を規範化したとされる憲法である。その最も直接的な表現として、ボン基本法1条1項は「人間の尊厳は不可侵である。これを尊重し、かつ保護することは、すべての国家権力の義務である」（樋口他・憲法集193頁）と定め、人間の尊厳を国家における最高価値と位置づけた。

(2) 個人の尊重
(a) 個人主義原理

　以上のように、世界的なレベルで見ると、人権の根拠としては「人間の尊厳」があげられることが多いが、日本国憲法には「人間の尊厳」という言葉が用いられていない。それに代わるものと考えられるのが、13条前段の「個人の尊重」である。13条前段は、「すべて国民は個人として尊重される」と述べるが、これは人間社会における価値の根源が個人にあるとし、他の価値との比較において、なによりもまず個人を尊重しようとする「個人主義原理」を採用したものと理解される（宮澤・憲法Ⅱ213頁以下）。

　個人の尊重によって導かれる個人主義原理については、その意味合いをどのように捉えるかという点で、さまざまな立場がありうる。もともと「個人主義」ということば自体が歴史的・社会的に実にさまざまな使い方をされており、そ

第14章 「人間の尊厳」——人権の「源」

の意味内容を確定するのは難しい。しかし、日本国憲法上の個人主義については、少なくとも次のことが指摘できよう。

　まず第1に、ここでいう個人主義は、「全体」のために個人を抑圧する全体主義を否定すると同時に、他人を犠牲にしてでも自己の利益を主張しようとする利己主義（エゴイズム）をも否定する。日本国憲法上の個人主義は、日本が戦前・戦中に全体主義的な国家体制をとっていたことに対する反省として採用されたものであり、全体主義を否定する趣旨であることは歴史的文脈からも明らかである。また、個人主義ということばはしばしば利己主義と混同され、批判の対象となるが、日本国憲法に関する限りこのような理解は否定される。それは13条の条文から読み取ることができる。13条は前段において個人の尊重を掲げるが、後段において「生命、自由及び幸福追求に対する国民の権利については、公共の福祉に反しない限り、立法その他の国政の上で、最大の尊重を必要とする」と述べ、日本国憲法上の基本的人権が個人という価値のみに立脚するものではないことを表明している。したがって、利己主義は日本国憲法では成立する余地がない。

　そして第2に、個人主義における「個人」とは、「種としての人間」とか、人間一般というような抽象的な存在ではなく、個別具体的なひとりひとりの人間を意味している。個人は、ひとりひとりが独自の人格をもつ、多様な存在である。そのため、各個人は他の誰とも違う「かけがえのない存在」として尊重されなければならない。これは、基本的人権の解釈において、多様な個人の存在を前提としなければならないことを意味する。すなわち、基本的人権の解釈に際しては、平均的な個人や多数派を形成する個人をその前提としてはならず、むしろそこからはずれる少数派が存在していることに配慮しなければならない。かつてJ.S.ミルは、思想および言論の自由との関係で、「仮りに1人を除く全人類が同一の意見をもち、唯一人が反対の意見を抱いていると仮定しても、人類がその1人を沈黙させることの不当であろうことは、仮りにその1人が全人類を沈黙させうる権力をもっていて、それをあえてすることが不当であるのと異ならない」と述べたが、これはあらゆる人権に当てはまる。この意味で、個人の尊重は、多元的な主体としての「かけがえのない個人」を憲法体制における最高価値と位置づける趣旨だと解するべきである。

(b) 「個人の尊重」における原理と権利

　ところで、このような内容をもつ個人の尊重は、いかなる法的性格をもつのであろうか。これまで、学説の多数は個人の尊重を「憲法の基本原理」を定めるものであるとして、その原理的性格を強調してきた（原理説）。すなわち、個人の尊重はすべての法秩序に対する原則規範としての意味をもち、国家権力の発動を拘束する客観法的理念だとされるのである。しかし、これに対して、個人の尊重規定は具体的権利を定めているとする見解も有力に主張されている（権利説）。権利説によれば、13条前段は単に原理を定めただけでなく、「個人として尊重される権利」をも保障しているとされる。この「個人として尊重される権利」が具体的にいかなる内容をもつかを確定することは難しいが、多くの場合、個別的な人権ではカバーすることのできない、個人の自律にかかわる権利として構想されている。

　両説を比較した場合、やはり個人の尊重規定を原理としてのみ捉えることには問題がある。個人の尊重規定が国家権力の発動を拘束する客観法的理念としての意味をもつとしても、そこで目指されているのはあくまで具体的な個人の保護である。人権論において、原理を主観的権利とまったく切り離して論じることは無意味であり、むしろ原理は主観的権利を補強ないし補完する意味合いをもつと考えるべきであろう。また、日本の裁判所が人権の制約根拠としてしばしば「社会通念」といった不明確な概念を持ち出す傾向をもつことからも、個人の尊重規定を主観的権利として捉える意味は十分にある。したがって、個人の尊重規定は原理的側面と権利としての側面とをあわせもつ規定と理解するべきである。

　なお、権利説の主張は、個人の尊重規定の「切り札」としての性格づけを帰結することがある。つまり、個人の尊重を定める13条前段には、13条後段と異なり、公共の福祉による制限が付されていないことを理由に、個人の尊重規定は公共の福祉によっても制約不可能な人権＝「切り札としての権利」を保障するものだと見るのである（長谷部・憲法155頁）。この見解には注目すべき点もあるが、個人の尊重規定が「切り札としての権利」だけを保障するものだと理解するのであれば、個人の尊重の意味合いを限定しすぎる可能性がある。本来、個人はあらゆる人権行使に際してその自律を尊重されるべきであり、これは公

共の福祉による制約が想定される場合であっても変わらない。その意味では、公共の福祉による制約は個人の尊重に適合したかたちで実現されるべきであるといえよう（たとえば、犯罪者の処遇について、個人の尊重にふさわしい配慮を求めることは当然である）。だとすれば、個人の尊重を公共の福祉による制約と完全に切り離してしまうことは、かえって人権保障に不利に働くおそれもあるというべきであろう。

(3) 人間の尊厳と個人の尊重

個人の尊重規定の解釈においてしばしば問題とされるのが、個人の尊重と人間の尊厳とは同じことを意味しているのか否かである。かつては、両者は趣旨を同じくするものであり、ともに人間主義（ヒューマニズム）に立脚するものと解する立場が一般的であった（宮沢・憲法Ⅱ213頁以下）。これは、両者の趣旨が「すべての人間を自主的な人格として平等に尊重しようとする」点にあることを根拠に、ことばの違いを超えて共通しており、それゆえにイコールで結んでよいと解する立場だということができよう。

これに対して、個人の尊重と人間の尊厳とは共通性があっても同様のものではないと解する立場もある。それによると、人間の尊厳とは人間だけに認められる価値を意味しており、それは個人という単位に認められるものではない。個人はあくまで「人間であるがゆえに」尊厳を有するのであって、個人そのものに尊厳があるわけではない（この意味では日本国憲法24条の「個人の尊厳」ということばは、それ自体論理矛盾ということになろう）。また、人間の尊厳は（少なくともドイツの多数説では）絶対不可侵とされているのに対し、個人の尊重は公共の福祉による制約に服する。したがって、個人の尊重と人間の尊厳とを同視することはできない、とされるのである（ヨンパルト・後掲書110頁以下）。

この問題は、個人の尊重と人間の尊厳とをそれぞれどのように理解するかによって、結論にかなりの振幅が出る。たとえば、前述したように個人の尊重規定を「切り札としての権利」を保障するものと見る立場に立てば、人間の尊厳の絶対不可侵性と共通することになり、両者は同一の内容をもつといえるであろう。また、近時ドイツにおいて人間の尊厳の絶対不可侵性に疑問を投げかけ、人間の尊厳も他の法益との衡量を免れないとする見解が有力に展開されていることからすれば、個人の尊重が公共の福祉による制約を受けると理解したとし

ても、両者は限りなく接近することとなろう。もちろん「人間」／「個人」、「尊厳」／「尊重」といったことばの違いは解消されないが、保障内容が接近する限りで、両者をまったく異なるものと理解する必要はないように思われる。むしろ、個人の尊重は、その前提として当然に人間の尊厳という要請を含んでおり、その上で個人の多様性への配慮を求める趣旨だと解するのが妥当である。その意味で、個人の尊重は人間の尊厳と同様の内容をもちながら、さらにその理念を一歩進めて、「かけがえのない個人」を重視するものだといえるのである。

2 人格権の生成と発展

(1) 生命・自由および幸福追求権

　13条後段が定める「生命・自由および幸福追求権」は、一般に、13条前段の個人尊重の原則と密接に結びつきながら、自然権思想に基づく包括的な権利を保障したものと説明されることが多い。なぜここで自然権思想が持ち出されるのかというと、それは、「生命、自由及び幸福追求に対する国民の権利」という文言が、とりわけアメリカ独立宣言における「われわれは自明の心理として、すべての人は平等に造られ、造物主によって、一定の奪いがたい天賦の権利を付与され、そのなかに生命、自由および幸福の追求の含まれることを信ずる」（高木他・宣言集114頁）という文言と類似しており、また、これがロックの自然権的プロパティ（生命、自由および財産）に関する議論と結びついているからに他ならない。日本国憲法の場合、アメリカ独立宣言のような明らかなキリスト教的発想は採用されていないが、こうした類似性のゆえに、13条後段は自然権的発想を当然の前提としていると考えられているのである。

　しかし、これに対して、自然権思想との直接的関連を否定しつつ、13条前段の「個人の尊重」だけを手がかりに「生命・自由および幸福追求権」を根拠づけるという方策も考えられる。すなわち、日本国憲法は国民の基本的コンセンサスの所産として「個人の尊重」をその基本価値に置いたのであって、「生命・自由および幸福追求権」もその基本的コンセンサスに根拠をもち、必ずしも自然権思想と直接結びつくものではないとするのである。もちろん、このように解する場合でも、思想的淵源としての自然権思想を一切否定することにはなら

ないが、憲法があくまで国民のコンセンサスの産物であることからすれば、それを超越する自然権思想を憲法解釈の場面にむやみに持ち出すべきではないであろう。

　日本国憲法制定当初の学説は、13条全体を単に倫理的な規範と解していた。それによると、13条は具体的な権利・自由に関する規定ではなく、むしろすべての権利・自由の基礎である個人の人格を尊重することを国政の基本として宣言したものに過ぎないとされる（美濃部・後掲167頁）。それゆえ、当時の学説は、「生命・自由および幸福追求権」から具体的な権利を導き出すことはできないと考えていた。こうした解釈は、「生命・自由および幸福追求権」があまりに抽象的であること、そして日本国憲法は14条以下に詳細な個別的人権規定を置いているため、13条後段が具体的権利を保障したものとする意義に乏しいと考えられたことに起因するものと考えられる。

　しかし、1960年代以降、学説や下級審判決の中で13条（とりわけ後段）を積極的に解釈するものが現れるようになる。そこでは、とりわけ、憲法上の人権カタログが決してあらゆる基本的人権を網羅的に定めたものではなく、「個人の尊重」から要請される権利は明文のものだけに限られないことが主張され、そうした不文の人権の根拠として「生命・自由および幸福追求権」が位置づけられたのである。そして1969年の京都府学連事件最高裁判決（最大判昭和44年12月24日刑集23巻12号1625頁）が、13条を根拠に「肖像権」を導き出すにいたって、13条後段は具体的な権利として承認されるようになった。現在では13条後段を倫理的規範と見る立場はもはや存在しないといってよい状況にあり、13条後段を「新しい人権」の根拠規定として積極的に位置づけるのが一般的である。

(2)　人格権の概念

　「生命・自由および幸福追求権」は、「個人の尊重」と結びついて、個人の人格価値そのものを重要な保護法益としていると考えられる。このことから、「生命・自由および幸福追求権」が保障する具体的権利として「人格権」という概念が導き出されることになる。この人格権は広狭さまざまの意味合いで用いられる多義的な概念であり、その具体的内容も、人格価値の内実が多種多様であることから、確定が困難とされる。人格権は、最も広い意味では「個人の尊重」に根拠をもつあらゆる権利・自由を意味することになるし、狭い意味では

個人の名誉・氏名・肖像などの人格と直接的なつながりをもつ利益にかかわる権利・自由を意味することになる。一般には、この両者の中間的な意味で人格権が用いられることが多く、その場合、人格権には個人の人格的利益に加えて生命・身体に関する権利が含まれるものと理解される。

人格権は、とりわけドイツ法において発展した概念である。もともとは個人の人格的価値を保護する私法上の権利として承認され、その後憲法上の人権としても確立されていった。ドイツにおいて人格権が憲法上の権利として認められるために大きな役割を果たしたのは、「各人は、他人の権利を侵害せず、かつ、憲法的秩序または道徳律に違反しない限りにおいて、自己の人格を自由に発展させる権利を有する」と定めるボン基本法2条1項であった（樋口他・憲法集193頁）。ここで示される「人格の自由な発展の権利」が、ボン基本法1条1項の「人間の尊厳」と結びついて、「一般的人格権」という包括的な権利を承認することとなったのである。ここで言われる一般的人格権は、明文の規定によっては完全に把握されないが、人間の尊厳と深く関係する人格的生活領域およびその基本的諸条件の維持にかかわる権利とされる。ただし、これはその具体的内容を積極的に確定することが難しいため、裁判によってアド・ホックに内容が明らかにされる性質のものだと考えられている。

前述したように、日本国憲法上も13条前段と後段の結びつきにより人格権が導き出されるが、その性質はドイツ法におけるそれと共通したものと見ることができるだろう。その意味で、人格権がいかなる内容であるかは、具体的事件との関係でそのつど内容が確定されねばならない。

(3) 人格権の展開

日本において、比較的早い時期から「個人の尊重」と人格的利益との関係を踏まえた上で主張された権利としては、プライバシー権を挙げることができる。プライバシー権に関するリーディングケースとなった「宴のあと」事件東京地裁判決（東京地判昭和39年9月28日下民集15巻9号2317頁）は、「私事をみだりに公開されないという保障」が、「個人の尊厳を保ち幸福の追求を保障するうえにおいて必要不可欠なものである」との前提に立ち、「その尊重はもはや単に倫理的に要請されるにとどまらず、不法な侵害に対しては法的救済が与えられるまでに高められた人格的な利益であると考えるのが正当であり、それはいわゆる

人格権に包摂されるものではあるけれども、なおこれを一つの権利と呼ぶことを妨げるものではない」と述べてプライバシーの権利性を承認した。ここで述べられているのは、事件の性質上、私法上のプライバシー権であるが、プライバシー権を「個人の尊厳」や「幸福の追求」の保障にとって不可欠としていることからも、13条に基づく憲法上のプライバシー権を視野に入れているということができるだろう。これに対して、プライバシー権の一内容を明確に13条に含まれるものと解した判決が、京都市公安条例違反デモ事件最高裁判決（前掲最大判昭和44年12月24日）である。この判決では、容ぼう等を無断で撮影されないという利益を、13条によって保護されるものと認めている。

　プライバシー権は、19世紀末からアメリカで発展した権利であり、もともとは「ひとりで放っておいてもらう権利」と定義されていた。その後、プロッサーによってプライバシー侵害事例が、①私生活領域への侵入、②私的事実の公表、③誤解を生ぜしめるような表現、④氏名等の他人による営利的利用、の4つに分類され、これが日本の学説および判例に影響を与えた。「宴のあと」東京地裁判決での「私事をみだりに公開されない」権利も②の事例に対する保障と考えることができる。しかし、コンピュータの普及などにより高度情報化が進むにつれ、データベース化された個人情報の乱用の危険性などが生じ、伝統的なプライバシー権理解では対処不可能な事例も増えてきた。そこで、ウェスティンがプライバシー権の概念を再構成し、「プライバシーとは、自己に関する情報を、いつ、どのように、また、どの程度まで、他者に伝達するかを自ら決定する個人、グループまたは組織の権利である」と述べた。この後、プライバシー権は「情報プライバシー権」というかたちで理解されるようになり、収集・取得、蓄積・保有、利用・伝達といった情報の流通過程全体について個人の権利を問題とするものとなった。2003年に成立した「個人情報の保護に関する法律（個人情報保護法）」は、個人情報の取り扱いについて本人同意の原則を定め、個人の自己情報に関するさまざまな権利を保障している点で、こうした情報プライバシー権の理解に大筋で沿っていると見ることができる。

　名誉権も、13条が保障する人格権の一環として承認されている権利である。北方ジャーナル事件最高裁判決（最大判昭和61年6月11日民集40巻4号872頁）は、「人格権としての個人の名誉の保護（憲法13条）」という表現を用いて、名誉権を

憲法上の人格権に包摂されるものと解している。なお、名誉権が保護する領域として、北方ジャーナル事件最高裁判決は「社会から受ける客観的評価」としたが、近時ではこれに「名誉感情」を加えることが増えている（たとえば、「石に泳ぐ魚」事件最高裁判決（最判平成14年9月24日判時1802号60頁））。

　人格権のうち生命・身体にかかわるものとして代表的なのが環境権である。環境権は、一般に、「よい環境を享受する権利」とか「健康で快適な環境の保全を求める権利」などと定義される。このとき、環境権を公権力による侵害排除を本質とする防禦権だと見るのであれば、その根拠として13条を持ち出せば十分だが、それをこえて国家に対する請求権的性格を読み込む場合には、25条をも根拠と見る必要がある。そのため、環境権論の多くは13条と25条の両条項を根拠条文として挙げる（芦部・憲法学Ⅱ362頁以下）。これまで環境権を主張した訴訟は多数あるが、憲法上の権利としてこれを承認した判決は存在しない（わずかに大阪高判平成4年2月20日判時1415号3頁が、「平穏裡に健康で快適な生活を享受する利益」の存在を認め、「憲法13条、第25条がその指針を示すもの」としているにとどまる）。他方、環境権を私法上の人格権として承認し、それに基づいて差止請求などを認める手法が下級審でしばしばとられたが、大阪空港訴訟最高裁判決（最大判昭和56年12月16日民集35巻10号1369頁）がこのような構成を否定して以後は、環境権訴訟そのものが道をふさがれつつある。

3　自己決定権と倫理・科学技術・家族

> **設例**　日本では、2000年に「ヒトに関するクローン技術等の規制に関する法律（クローン規制法）」が制定され、クローンを作成することが禁止されている。この法律によれば、クローン技術は「人の尊厳の保持、人の生命及び身体の安全の確保並びに社会秩序の維持」に重大な影響を与えるおそれがあるということが規制の理由である。このように「人（個人）の尊厳」を理由にクローン作成の自己決定権を制約することは許されるか。

第14章 「人間の尊厳」——人権の「源」

(1) 自己決定権の意義・内容

　自己決定権は、個人がいかに生き、いかに行動するかを他人の干渉を受けずに自ら決めることを保障する権利である。そもそも「自分のことは自分で決める」という考え方は、近代市民社会を成立させる上での前提ともなった考え方であり、政治の世界では国民の自律による政治、すなわち民主制として表現され、社会生活においては私的自治の原則として表現される。自己決定権は、こうした考えを人権面で表現するものである。しかし、日本国憲法は自己決定権を個別の人権としては定めていない。これは、そもそも人権が自己決定権を当然の前提としている（たとえば、表現の自由は「表現行為についての自己決定権」である）という事情によるところが大きいが、近年、個別に規定された人権ではカバーできない自己決定の問題がクローズアップされるにしたがって、新しい人権としての自己決定権の重要性が説かれるようになってきた。こうした自己決定権は、一般に、13条の幸福追求権に含まれると考えられている（芦部・憲法学Ⅱ392頁）。

　自己決定権の内容としては、①リプロダクション（生殖活動）にかかわるもの（妊娠中絶、人工授精など）、②生命・身体の処分にかかわるもの（安楽死、尊厳死など）、③ライフスタイルにかかわるもの（喫煙、飲酒、服装、髪型など）が問題とされることが多い。しかし、自己決定権が一体どのような権利を個人に保障するかについては、幸福追求権を「個人の人格的生存に不可欠な利益を内容とする権利の総体」と理解するか（人格的利益説）、それとも、「あらゆる生活活動領域について成立する一般的な行動の自由」を保障していると理解するか（一般的自由説）によって、大きくその内容が異なる。人格的利益説に立つ場合、自己決定権の内容も「人格的生存に不可欠な事項」という基準によって限定されることになる。これに対して、一般的自由説の場合は、たとえ他人から見れば些細な自己決定であってもその本人にとって重要であれば、それは自己決定権の保障を受けることとなる。この点、人格的利益説から一般的自由説に対しては、「人権のインフレ化」を招くといった批判が示されるが、日本国憲法が「個人の尊重」に最も高い価値を認めていること、とりあえずあらゆる自由を憲法上の権利として措定した上で、現実の保護領域の問題を公共の福祉による制約の問題として理解するほうが裁判上の救済の道を開きやすいことなどからす

れば、一般的自由説が妥当であろう。

(2) 自己決定権と倫理・科学技術・家族

　自己決定権が主張される際、しばしばこの主張は人々の倫理観や社会観、あるいは伝統的な法制度と衝突する。たとえば、治療拒否の自己決定ないし安楽死・尊厳死の自己決定権が主張される場合、それは結局のところ「自ら死を選択する権利（自殺の権利）」を認めることにつながりかねないという理由から、「生命の尊重」という倫理観・社会観と対立することになる。この点、宗教上の理由に基づいて輸血拒否をする権利が問題となった、エホバの証人輸血拒否事件では、第1審判決（東京地判平成9年3月12日判タ964号82頁）が、患者の自己決定権と人の生命の保持という対抗関係を前提とした上で、生命の価値が優位するとの判断を下した。しかし、これに対して控訴審の東京高裁（東京高判平成10年2月9日判時1629号34頁）は、自殺や救急治療といった特別な場合を除いて、患者の自己決定権が尊重されるべきと述べ、また最高裁（最判平成12年2月29日民集54巻2号582頁）も、自己決定権という語を避けたが、宗教上の理由から輸血拒否をする権利を人格権の一内容と見て、その優位性を認めている。このように個人の主観的権利と客観的な法原理とが対立するような場合には、客観的法原理が恣意的に解釈される危険性に鑑みれば、安易にそれを優越させることは避けるべきである。したがって、高裁・最高裁の判断が妥当であろう。

　新たな科学技術の発見ないし進展は、それを利用する個人の自己決定権と結びつくことがある。たとえば、延命技術を用いた臓器移植に関する自己決定権や、人工生殖技術を用いたリプロダクションに関する自己決定権が挙げられる。こうした自己決定権は、【設例】のクローン規制にも見られるように、しばしば法規制の対象となるが、規制にあたっては自己決定権の趣旨を十分考慮する必要がある。

　また、リプロダクションの自己決定権や、とりわけ同性婚などのライフスタイルの自己決定権の主張は、家族制度と矛盾するという反論にさらされることがある。しかし、これは明らかに本末転倒の議論である。家族制度はあくまで憲法上の人権を基礎とする法的制度であり、現行法上の制度形成のあり方を理由として人権が制約されるようなことはない。むしろ、自己決定権を前提として、それに適合した家族制度を形成することが立法に期待されていると考える

第14章 「人間の尊厳」——人権の「源」

べきである。したがって、たとえば同性婚を認める立法がなされたとしても、それが憲法上の問題を生じることはない。

> 【解説】　この設例では、個人の尊重の原理的側面と、個人の尊重の権利的側面に含まれる自己決定権とが対抗・緊張関係を生じている。本来、同一の方向性をもつべき原理と権利とが衝突し、原理が権利制約の根拠とされるような場合、とりわけ高いレベルでの正当化が必要となると考える必要がある（たとえば平等原則と平等権との衝突についても同様である）。
> 　クローン規制法に対しては、一部の論者から、規制の十分な根拠が存在しないとの批判が示されている。クローン規制法が根拠とする「人（個人）の尊厳」との緊張関係については、なぜクローン作成が「個人の尊厳」や「人間の尊厳」に反するのかは明らかではない。「個人の尊厳」に関していえば、そもそもここで問題とされているのはいったい誰の「個人の尊厳」なのか。クローンを作成しようとする者の「個人の尊厳」は、その者が自分の意思でクローンを作成しようとしている場合、問題とならない。クローンとして作成される者の「個人の尊厳」だとしても、それを保護するためにクローンとして生まれること自体を禁止するのは論理矛盾であろう。また、「人間の尊厳」についても、クローンが誕生することがいかなる意味で「人間の尊厳」そのものを脅かすかは明らかではない。「人間の尊厳」は公権力が人間を単なる客体へと貶めることによって侵害されるという考え（ドイツにおける「客体定式」）にしたがったとしても、あらゆるクローン作成が人間を客体化していることにはならないであろうし、それをいうのであれば人工授精なども規制対象にならざるを得ないはずである。結局のところ、クローン規制には憲法上十分な根拠がない。
> 　したがって、クローン規制法は違憲の疑いが強いというべきであろう。

【参考文献】
　ロック(著)、鵜飼信成(訳)『市民政府論』（岩波文庫、1968）
　青柳幸一『個人の尊重と人間の尊厳』（尚学社、1996）
　ドイツ憲法判例研究会編『未来志向の憲法論』（信山社、2001）
　ホセ・ヨンパルト『日本国憲法哲学』（成文堂、1995）
　美濃部達吉『日本国憲法原論』（有斐閣、1948）

> # 第15章　自由・平等・財産 ①
> ——平等と精神的自由

　近代立憲主義の理論的支柱となったJ. ロックの社会契約論は、個人は生まれながらにして生命、健康、自由および財産についての権利をもち、しかもそうした個人は平等かつ独立であることをその出発点としていた。その意味で、基本的人権の論理は近代立憲主義の核心をなすものである。本章では、日本国憲法が定める基本的人権のうち、平等と精神的自由権について論じる。

1　法の下の平等

> **設例**　日本の国会において、あらゆる比例代表制選挙について候補者名簿上の候補者数の25％以上を女性とすることを義務付ける選挙法改正が行われた場合、この改正は憲法14条1項に反しないか。

(1)　平等の意味

　近代立憲主義における平等の意味にとって重要だったのは、J. ロック、J. J. ルソーの思想に示される自然法を根拠とした平等概念であった。自然法を根拠とする平等概念は、人間は生まれながらにして自由かつ平等であるという思想であり、こうした平等概念はアメリカ独立宣言やフランス人権宣言に採用され、近代立憲主義の中心的内容のひとつとなった。

　しかし、ここでいう「平等」が具体的に何を意味するのかは、必ずしも明らかではない。この点、平等を単純に「全ての人間は平等である、従ってみな等しく取り扱われなければならない」という意味に理解し、いかなる例外も許さない概念と考えることも観念上成り立ちうる（絶対的平等）。しかし、人間の個

性や能力は多様なものであり、決してその具体的生活状況は文字通りに等しいわけではない。そのような現実に対して絶対的平等を無理やり当てはめると、かえって不合理な結果が生じる。そのため、平等とはむしろ「等しいものは等しく、等しからざるものは等しからざるように」扱うということを意味すると解される（相対的平等）。したがって、平等とは、いかなる理由によっても異なる取り扱いを許さない概念ではなく、合理的な理由による異なった取り扱いを認めるものである。

　また、憲法で定められた平等の意味を考える場合、それがいかなるレベルにおいて実現されるべきかも重要である。19世紀には平等の問題を主として法的なレベルにおいて理解し、公権力による不当な等しからざる法的取り扱いを禁止し、個人に対して自由な活動を保障するという形式的平等が主張された。形式的平等はあくまで活動の機会を各人に平等に保障するものであり（機会の平等）、そのため現実に存在する不平等を積極的に是正するという方向性をもちえなかった。むしろ、そうした現実レベルでの不平等は、個人の自由な行動の結果として、各人の責任に帰すべきものと考えられていたのである。しかし、資本主義の高度化に伴い、自由競争による社会的格差が拡大すると、形式的平等は結果において個人の不平等をもたらすことが意識された。そこで、20世紀の社会国家・福祉国家においては、現実レベルでの不平等を是正し実質的平等を確保することが平等概念そのものに期待されるようになった。ここでは実質的平等の確保のために、国家の積極的施策が求められ、各人に対して、結果において平等が保障されることが重視される（結果の平等）。

　以上のことから、現代における平等概念とは、相対的平等をその内容としつつ、機能としては結果の平等を志向するものであるということになる。ただし、結果の平等を志向するといっても、それは完全な意味での結果の平等を要求するわけではない。というのも、これが徹底されると、社会全体が均質化され、かえって事実的差異の評価が阻害されるおそれがあるからである。少なくとも自由主義の下では、自由な活動の結果はある程度正当に評価されなければならない。したがって、結果の平等は、たとえば社会権の実現の場面での実質的な平等を確保するために行われる形式的な不平等取り扱いは合理的区別として正当化されるという意味で、消極的に理解されることになる。

なお、結果の平等が現実レベルでの実質的平等の確保を志向するということからすれば、憲法上の平等概念は私人間においても意味をもつべきこととなり、これは人権規定の私人間効力という問題と密接に結びつく。

(2) 憲法14条1項における平等

日本国憲法14条1項は「すべて国民は、法の下に平等であつて、人種、信条、性別、社会的身分又は門地により、政治的、経済的又は社会的関係において、差別されない」と定める。14条1項の解釈において問題となるのは、①「法の下に」平等であることの意味、②ここでいう「平等」の内容、③後段部分「人種、信条……差別されない」に列挙された事項の位置づけである。

(a) 「法の下の」平等

「法の下に」平等であるという部分をそのまま読むと、すでに存在する法律の執行にあたって各人を平等に扱うべしとの命題とも読める（法適用の平等）。それでは、法の適用さえ平等であれば、適用される法の内容は不平等でもかまわないのだろうか。こうした問題提起から、14条1項が法適用の平等のみならず、「法内容の平等」をも意味するものなのか、言い換えれば、14条1項は立法者をも拘束する規範なのかが議論となった。この点、憲法制定初期の学説には、一般意思の表明である法律は憲法によって拘束されるものではなく、それゆえ法の下の平等も法適用の場面でのみ意味をもつとする立法者非拘束説も存在した。しかし、これは、法律に高い信頼を置き、法律に憲法とならぶ地位を認めていた19世紀ドイツの憲法学に影響を受けたものであり、法律に対する違憲審査を認め、人権の不可侵性をうたう日本国憲法についての解釈としては適切ではない。そこで、現在では、14条1項は法内容の平等をも要請しており、法律の定立について立法者をも拘束するとする、立法者拘束説が通説・判例となっている。法の内容に不平等な取り扱いが定められていれば、それをいかに平等に適用しようとも平等は実現できない。実効的な人権保障を実現する上でも、14条1項は法内容の平等を要請し、立法者を拘束すると解するべきである。

(b) 法の下の「平等」

14条1項にいう「平等」については、相対的・実質的な意味での平等を意味するとの理解が学説の多数を占める。したがって、14条1項は不合理な差別を排除するが、合理的な区別は許容する趣旨と理解されることとなる。ここで問

題となるのは、許される合理的な区別と許されない不合理な差別との境界である。この点については、後述する14条1項後段の列挙事項が重要な役割をはたす。また、14条1項にいう「平等」との関連では、それが平等原則を定めたものであるのか、それとも平等権を定めたものなのかが問題とされることがある。これについては、原則と権利との違いを主張し、国家の平等原則違反が問題になる場合と、個人の平等権の侵害が問題となる場面とで訴訟による14条1項違反追及の可否を区別する学説も主張されている。しかし、学説の多数説は、両者を完全に区別するのではなく、原則と権利とが互換的に保障されたものと理解している。そもそも人権規定が、国家に侵害禁止を義務づける客観的法原則の側面と個人に主観的権利を保障する権利的側面とをあわせもつものであることからすれば、14条1項についても原則と権利とが同時に保障されていると解するのが妥当であろう。ただし、この場合、原則違反は即権利侵害を意味するといったように、原則と権利とを単純に同一のレベルで混同するべきではなく、時として原則が権利を侵害するという対立・緊張関係が生じることも考慮しなければならない。これは、とりわけ平等原則の側面において実質的平等の保障が要請され、その結果、権利の側面において不利益な取り扱いを受ける個人が生じる場合に問題となる。こうした対立・緊張関係が存在する例としては、アファーマティブ・アクションの問題がある（【解説】参照）。

　(c)　後段列挙事由

　14条1項後段は、人種、信条、性別、社会的身分、門地を差別禁止事由として列挙しているが、この後段列挙事由の位置づけについては2つの立場が対立している。まず、例示列挙説と呼ばれる立場は、後段に挙げられた事項は、前段の平等原則が適用される事柄を例示的に説明したものであり、平等原則が適用されるのはこれだけには限られない、と解する（宮沢・憲法Ⅱ271頁）。この説によれば、後段列挙事由は重要であるが、これだけを特別視すべきではなく、これ以外にも不合理な差別が問題となる領域は存在すると理解する必要があるとされる。これに対して、特別意味説と呼ばれる立場は、後段に挙げられた事項を単なる例示と捉えるのは妥当ではなく、むしろ後段列挙事由は差別が原則として禁止される事項と解すべきだと主張する（樋口・憲法203頁以下）。この立場は、当初、後段列挙事項以外の差別的取り扱いを容認する趣旨と理解されて

いたが、近時、後段列挙事項をとくに厚く保障すべきとの主張に変化してきている。すなわち、後段列挙事項以外の領域においても不合理な差別がありうることは認めるが、後段列挙事由に基づく異なった取り扱いは原則として不合理なものとみなすという意味をもっている。後段列挙事由が、歴史的にみて、差別の激しい事由であったことを考えれば、これを単なる例示と捉えるべきではなく、憲法上とくに手厚い保護が要求される事由と解すべきであろう。したがって、特別意味説の立場が妥当といえよう。

(3) 14条1項違反の違憲審査基準

相対的平等説に立った上での、何が不合理な差別であり、何が合理的な区別なのか、という問題は、違憲審査基準の問題と密接に関連する。

アメリカの判例理論では、「二重の基準」論を前提に、以下のような審査基準を設定している。①人種・信条等による差別や精神的自由権に関連する事項について平等違反が問題となる場合には、立法目的が必要不可欠で、目的達成手段が必要最小限度のものであることを要求する、厳格な審査基準が妥当する。②性差別や経済的自由権の消極目的規制立法については、立法目的が重要で、目的と規制手段との間に、事実上の実質的関連性があることを要求する厳格な合理性の基準で審査する。そして③経済的自由権の積極目的規制や社会・経済的規制立法に関連する事項について平等違反が問題となる場合は、立法目的が正当で、目的と手段との間に合理的な関連性があればよいとする、緩やかな基準（合理性の基準）が妥当する。

日本では、このような理論を基礎としながらも、①14条1項後段の列挙事由が問題となる場合には、厳格な審査基準を適用し、②それ以外の事項（たとえば年齢や財産など）が問題となる場合については合理性の基準を適用すると考える立場が有力である。この立場は、後段列挙事由についての特別意味説を前提に、後段列挙事由に基づく異なる取り扱いは原則として絶対的に禁止されていると解し、これらについては等しく厳格な審査基準が適用されると理解するものである。14条1項がとくに後段列挙事由を定めていることの意味を考えれば、アメリカの判例理論をそのまま導入すべきではなく、したがって、後段列挙事由については、そのいずれについても厳格な審査基準が妥当すると解すべきである（浦部・全訂108頁）。

第15章　自由・平等・財産①——平等と精神的自由

(4) 平等をめぐる問題

具体的に平等が問題となる事例を、後段列挙事由に従いながら整理してみよう。

(a) 人　種

人種あるいは民族に基づく差別は人類の歴史上非常に深刻な問題であった。アメリカでの黒人差別や、ジプシー問題、クルド人問題、あるいはかつてのナチスによるユダヤ人迫害などがこれにあたる。日本では、とりわけアイヌ人問題や在日朝鮮人・韓国人の問題が重要である。この点、アイヌ人については、1997年にそれまでの「北海道旧土人保護法」が廃止され、アイヌ新法（「アイヌ文化の振興並びにアイヌの伝統等に関する知識の普及及び啓発に関する法律」）が制定されたことで、差別解消の動きが進みつつある。

(b) 信　条

信条とは、宗教上の信仰だけにとどまらず、広く思想的・政治的な個人の主義主張と解される。たとえば思想・信条を理由として公務員となることを認めないような場合にこれについての差別が生じていることになる。また、実質的平等の観点からすれば、私企業が思想・信条による雇用等の差別を行うことも許されないと解される。こうした差別が問題となった事例として、三菱樹脂事件（最大判昭和48年12月12日民集27巻11号1536頁）などが挙げられる。

(c) 性差別

性差別は、戦前日本においてもっとも深刻な差別であった。日本国憲法が14条および24条で両性の平等をうたったことで、女子のみを差別的に取り扱う法制度は大幅に改められた。しかし、現在でも性差別は、法制度上、事実上、慣習上、さまざまな場面で依然として存在している。たとえば、民法における婚姻適齢や女性の再婚禁止期間の規定、刑法における強姦罪規定、企業における女性社員の地位や取り扱いなど、改善すべき点は多い。1985年の女子差別撤廃条約の批准以来、男女雇用機会均等法の制定や男女平等参画社会基本法の制定などを通じて、性差別の解消が図られているものの、現実に効果を挙げているとはいいがたい状況がある。なお、最近では、こうした性差別を生物学的・肉体的差異に基づく差別としてではなく、むしろ社会的・文化的な意味での性差（ジェンダー）の視点から論じる学説が有力となっている（辻村・憲法206頁）。

(d) 社会的身分

　社会的身分にはさまざまな解釈が成立する余地があるが、判例は、人が社会において占める継続的な地位と解する。ただし、この考え方は後段列挙事由を特別意味説で理解する場合、禁止される差別の範囲が広範になりすぎるため、より限定的に、人が後天的に占める地位で、一定の社会的評価を伴うものと解するべきであろう。これに対して、出生によって決定される社会的地位または身分と、きわめて狭く解する立場もあるが、これは門地との違いが不明確にすぎるため採用できない。今日、社会的身分による差別が問題となるのは、非嫡出子差別の問題や同性愛者差別の問題である。

　非嫡出子差別が問題となった判例として、1995年の非嫡出子相続分規定事件（最大決平成7年7月5日民集49巻7号1789頁）がある。この事件では、相続財産につき、非嫡出子（嫡出でない子）の相続分を嫡出子（嫡出である子）の2分の1と定める民法900条4号ただし書が、社会的身分に基づく差別をもたらすのではないかが問題となった。これについて最高裁は、法律婚を尊重するという目的自体は合理的で、また、それを保護する手段として非嫡出子の相続分を2分の1とすることも著しく不合理とはいえないと述べて、合理性の基準に基づき合憲判断を下している。しかし学説からは、この最高裁判決に対して、厳格な基準ないし厳格な合理性の基準を適用すべきといった批判がある。

　また、1973年の尊属殺重罰規定違憲判決（最大判昭和48年4月4日刑集27巻3号265頁）も社会的身分による差別が問題となった事例であった。刑法旧200条が「自己又ハ配偶者ノ直系尊属ヲ殺シタル者ハ死刑又ハ無期懲役ニ処ス」と定め、普通殺人に比べて尊属殺人に重罰を科していたことが社会的身分による不合理な差別に当たらないかが問題とされたのである。最高裁は、尊属殺の重罰自体は14条1項違反にならないとした上で、尊属殺の法定刑が過度に重いことが14条1項違反になると認定し、刑法旧200条を違憲とした。最高裁の目的合憲・手段違憲の判断については疑問が残るが、その後、旧200条は実務上適用されなくなり、1995年の改正で削除された。

(e) 門　　地

　門地とは、家族や血統などによる家柄と理解される。典型的な例は帝国憲法下での華族や士族と一般市民との差別であるが、14条2項が身分制を廃止した

ため問題とならない。この点、かつての華族だというような観点での特別な取り扱いはむしろ社会的身分に当たるといえる。今日これが問題となるのは、とりわけ被差別部落の問題である。

【解説】　設例のような措置は、アファーマティブ・アクション（積極的差別是正措置。以下「AA」とする）と呼ばれる。AAとは、人種や性別による差別が構造的に行われていた場合、それを積極的に是正するため、差別されてきた人を特に優先的に取り扱うように法的に義務づけることを意味する。アメリカでは、被差別人種や少数民族について州立大学への入学を優先処遇するなどの政策的措置がしばしばとられた。また、フランスでは、設例のような選挙法の規定が裁判所によって違憲判決を受けたため、憲法改正によって公職への女性の参加を法律で促進することが義務付けられた（パリテ改革）。

　AAは、平等概念が実質的平等をも要請していると解されることから導き出されるものであるが、「逆差別」を引き起こし、個人の権利の観点で不平等を生じさせるおそれがある。こうした不平等が合理的な範囲内にとどまるのか否かについてはさまざまな議論があるが、とりわけその目的からして、AAは歴史的に形成された差別構造が解消されるまでの一時的・過渡的な妥当性しか有しないことに注意すべきである。すなわち、歴史的差異が解消されてもなおAAが継続されるような場合には違憲状態を生じる。この点、日本国憲法の解釈においては、14条1項が原則としての側面において実質的平等の保障を要請しており、そこにAAを正当化する余地があると解する場合でも、AAの妥当範囲を限定的に解する必要があろう。具体的には、AAが後段列挙事由にかかわって用いられる場合、厳格審査基準によってその合理性を検討すべきである。この点、構造的差別を解消するという目的の重要性から、厳格な合理性の基準での審査を要求する見解もあるが、客観的法原則と個人の主観的権利の対立・緊張関係を可能な限り排除するという観点からも厳格審査基準が採用されるべきであると思われるし、また構造的差別の解消という目的が本当に重要なものと論証できるのであれば、厳格審査基準を採用してもなんら問題はないはずであろう。

2　思想・良心の自由

(1) 思想・良心の自由の意義

　人間の精神活動は、ものごとを認識し、それについて何らかの意見を形成するといった内心領域での活動から始まるといってよいだろう。ひとは内心領域での思想形成を出発点として、それを外部に表明し、コミュニケーションを行う。したがって、内心領域での活動は、表現やコミュニケーションを支える重要な要素である。日本国憲法19条が定める思想・良心の自由は、こうした内心の精神活動を保障する基本的人権（内心の自由）であり、精神的自由権の中でも最も根本的なものである。

　こうした思想・良心の自由は、近代立憲主義においては、とりわけ信仰の自由との関連で保障されてきた。そのため、諸外国の憲法では、内心の自由を信仰の自由や表現の自由と結びつけて保障することが多い。たとえば、ドイツ連邦共和国基本法4条1項が「信仰、良心の自由、ならびに信仰告白および世界観の告白の自由は、不可侵である」（樋口他・憲法集194頁）と定めるのはその典型例である。しかし、日本では大日本帝国憲法下での治安維持法の運用に見られるように、個人の行動から個人の思想信条を推測し、特定の思想・信条に対して弾圧を加えたという事例を多く抱えていたため、日本国憲法は精神的自由権の冒頭に位置する19条でこれをとくに保障したと考えられている。したがって、19条は、信仰の自由に解消されない「思想・良心」についてとくに保護したものとして理解される必要がある。

(2) 思想と良心

　19条の解釈においてはしばしば対立が見られるのが、「思想及び良心」がいかなる関係にあるものなのか、そして両者はいかなる意味をもつのかという点である。

　「思想」と「良心」の関係については、西欧諸国の憲法が「良心」の自由と内面的な「信仰」の自由とを同一視することが多かったため、良心をそのように狭く理解して思想と区別する学説も一部にある。しかし、日本国憲法では20条で信仰の自由を保障していることから、19条の解釈として良心を狭く理解する

のは妥当でないし、またその必要もないため、通説・判例は両者をとくに区別せず一体のものとして理解している（芦部・憲法学Ⅲ102頁以下）。

しかし、「思想及び良心」が何を意味するかについては、学説は2つに分かれる。まず、一方で、思想・良心を世界観や人生観、イデオロギー、主義・主張などの、個人の内面的な精神作用、つまり人の内心におけるものの見方ないし考え方を広く含むと解する立場がある（内心説・広義説）。これに対して、思想・良心を信仰に準ずるような世界観、人生観といった個人の人格形成の核心をなすものに限定しようとする立場も有力に主張されている（信条説・狭義説）。両説は主張の仕方によっては重なり合う部分も多く、具体的事例への当てはめにおいても同じ結論にいたる可能性が高いとされるが、前述したように日本国憲法ではあえて信仰の自由と別個に思想・良心の自由を規定しているのであり、その趣旨からすれば、信条説・狭義説のように限定的に解する必要はないと思われる。むしろ、保障対象の広い内心説・広義説の方が妥当であろう。

(3) 思想・良心の自由の保障内容

思想・良心の自由は、公権力との関係で具体的に次の3つの保障を要求する。

第1に、個人がどのような世界観、人生観、主義、主張をもっていようとも、それは内心にとどまる限り絶対的に自由であると考えられており、大日本帝国憲法下で見られたような、国家による特定の思想の押し付けはいかなる理由があっても許されない。したがって、公権力は特定の思想を禁止・強制してはならない。また、強制にいたらなくとも、特定の思想を援助・助長するような行為も19条に反すると理解されている。この意味で、日の丸への敬礼を強制したり、君が代斉唱を強制したりすることは19条違反の疑いが強い。

第2に、公権力は個人が特定の思想をもっていることを理由として不利益を課したり、差別的な取扱いをしたりしてはならない。それゆえ、大日本帝国憲法下での、いわゆる「思想犯」の観念は日本国憲法上成立する余地はない。また、この保障は、世界観、人生観、主義、主張に基づく差別の禁止を意味しているため、こうした差別があった場合は、14条の信条による差別の問題にもなりうる。

そして第3に、思想・良心の自由は、どのような思想をもってもかまわないという積極的側面と並んで、その思想の開示・告白を求められないという消極

的側面での保障をも含んでいる。公権力は、個人の思想についてそれを開示するよう強制したり、申告を求めたりしてはならない。この保障は「沈黙の自由」とも呼ばれる。たとえば、公権力が天皇制の支持・不支持について国民にアンケート調査を強制することや、9条改正についてのアンケートを強制することなどは許されない。

　これらの保障は、思想・良心が内心の精神作用にとどまる限りにおいて、絶対的な保障だと解されている。つまり、思想・良心の自由については、衝突する他の憲法規定をも含めて、いかなる公的利益との衡量も許されず、どのような理由からであっても思想・良心の自由への介入は正当化されない。したがって、公権力の行為が個人の思想・良心に対する介入と認定された時点で、その行為は違憲と判断される。というのも、たとえ人がいかなる世界観や人生観をもとうとも、それだけで他者の権利・自由を侵害したり、社会に害をなしたりするわけではないため、内心の精神作用には公共の福祉による制約がそもそも想定できないからである。

(4) 思想・良心の自由の限界

　思想・良心の自由が保障する範囲、言い換えればその限界を考える場合、2つの論点が問題となる。

　第1の論点は、思想・良心の自由はあくまで内心の精神的作用を保障しようとするものであるから、個人の世界観・人生観などがいったん行動などを通じて外部に表明されると、それはもはや19条の保障範囲に含まれないということである。外部に表明された思想・良心は、21条の表現の自由などの問題として公共の福祉による制約を受ける。とはいうものの、思想とそれに基づく行動とを完全に切り離すことは困難であり、行動を規制することが結果的に思想に対する弾圧になりかねないことを考えると、安易に行動に対する規制を認めることには問題があるといえるだろう。こうした思想と行動の関連性が問題となった事例として麹町中学内申書事件がある。これは、麹町中学の生徒が「校内において麹町中全共闘を名乗り、機関紙『砦』を発行した」、「大学生ML派の集会に参加している」といった内申書の記載により高校に進学できなかったことについて、学校に対して国家賠償を請求した事件であるが、最高裁は「いずれの記載も、上告人の思想、信条そのものを記載したものでないことは明らかで

あり、右の記載に係る外部的行為によっては上告人の思想、信条を了知し得るものではない」と述べ、19条違反の主張を退けている（最判昭和63年7月15日判時1287号65頁）。しかし、「外部的行為」と思想とを切り離すことは不可能であると思われるし、その意味では「外部的行為」からは思想・信条を了知できないとして安易に19条違反の主張を切り捨てた最高裁の判断には問題がある。

　第2の論点は、思想・良心の自由が絶対的に保障されることとの関係で、内心の精神作用のどこまでが19条の保障対象となるかということである。一般に、権利について絶対的保障が要求される場合、それは結果的に権利の保障範囲をそれにふさわしいものに限定するのが通例である。そのため、思想・良心の意味内容を内心説・広義説のように人の内心におけるものの見方ないし考え方を広く含むと理解した場合でも、たとえば個人の善悪判断や事実認識も絶対的に保障されるべきかどうかは問題となりうる。この点、最高裁は個人の善悪判断や事実認識を19条の保障範囲に含まれないものと解しているように思われる。謝罪広告強制事件で、最高裁は、謝罪広告が「単に事態の真相を告白し陳謝の意を表するに止まる程度」であれば、これを強制することも19条には反しないと判示した（最大判昭和31年7月4日民集10巻7号785頁）。したがって、最高裁は、19条が内心における見方・考え方全般を保障するものとは考えていないこととなろう。しかし、このような最高裁の見解に対して、学説では、謝罪や陳謝を倫理的な意思の公表の問題であると捉え、これを強制することは沈黙の自由に対する侵害ないし思想の強制にあたるとの立場が有力に主張されている（辻村・憲法219頁）。

　また、この第2の論点との関連では、ドイツの憲法が採用する「たたかう民主主義」の考え方を日本国憲法の解釈に持ち込むことができるかという問題もある。「たたかう民主主義」の下では、一定の思想（およびその表明）が民主制にとっての「危険性」のゆえに禁止ないし制約される（たとえば、ボン基本法18条を参照）。ドイツがこうした制度を採用した背景には、ナチズムによる民主制の破壊という経験があるが、民主制にとって危険であるからといって一定の思想を国家が禁止することは、民主制の名の下に民主制の前提である思想の多様性を封じてしまうことになりかねない。その意味でも、日本国憲法上の思想・良心の自由は、たとえ民主主義や人権保障等の日本国憲法の基本原理を否

定ないし破壊するような思想であっても、それが内心にとどまる限りにおいては、やはり絶対的に保障していると解するのが妥当であろう。

3 学問の自由

(1) 学問の自由の意義と内容

日本国憲法23条は学問の自由を保障するが、比較憲法的に見た場合、学問の自由を独自の条項で保障する例は少ない。日本でも、大日本帝国憲法には学問の自由に関する条文がなく、そのため軍国主義のもとでは天皇機関説事件や滝川事件など学問の自由に対する広汎な侵害が行われた。そこで、日本国憲法ではこれを特に保障することで個人の学問の自由および教育機関での学問の自由を実現しようとしたといえる。

学問の自由の内容としては、以下の3つを挙げることができる。

第1に、学問研究の自由が保障される。「研究」は学問的活動の中心に位置するものであり、またその基礎をなすものであるため、とくに自由な立場からの研究が要求される。従来、この学問研究の自由は、内面的な精神活動を意味し、思想・良心の自由の一環をなすものと理解されてきたため、公権力が政府の政策に適合しないことを理由に学問研究に対して介入・干渉を行うことは23条により絶対的に禁止されると考えられていた。しかし、近年では①多くの研究が、単なる内面的活動にとどまらず、実験や調査などの外面的活動を伴うものであること、また②こうした研究活動が、学術データベースの構築によるプライバシー侵害や、原子力実験あるいは余剰胚を利用した実験による人体への危険など、人間の生存や人間の尊厳を脅かす可能性があることなどを理由に、学問研究に対する制約を認める見解が有力に展開されている（戸波・憲法238頁）。

第2に、研究発表の自由が保障される。研究の成果は、それを発表することで社会的意義を獲得する。かりにこれを保障しなければ、学問の自由は外見的な保障に帰してしまう。この研究発表の自由は、直接には表現の自由の一環と考えられるが、以上の理由から23条によっても保障される。

そして、第3に教授・教育の自由が保障される。これは教育機関における研究発表の自由と言い換えることができる。研究教育者は教育機関において、い

かなる教材を用い、いかなる見解をいかに教授するかについて、自由な判断権を有している。ただし、この教授・教育の自由については、学問の自由が伝統的に大学（ないし高等教育機関）を中心に保障されてきたこととの関連で、その保障を大学での教授の自由と狭く解するか、それともあらゆる教育機関での教授・教育の自由と広く解するかで争いがある。かつては大学のみに限定する考え方が支配的であったが、現在では広く解する説が有力となっている（芦部・憲法学Ⅲ218頁）。後者のように広く解する場合、児童・生徒の教育を受ける権利との調整が問題となるため、そこでは完全に自由な判断権は存在しないこととなる（教育を受ける権利を参照）。

(2) 大学の自治

学問の自由の保障は、とりわけ大学での研究・教授などを保障する必要性を導き、結果として「大学の自治」という客観的制度を生み出した。ヨーロッパの伝統に根ざすこの考え方は、大学の内部事項について外部（とりわけ国家の）権力からの干渉を排除することを意味している。大学の自治の法的性格としては、制度的保障と解するのが一般的であり、個人の権利そのものではないとされる（芦部・憲法学Ⅲ223頁）。

大学の自治の内容として重要なのは、人事の自治と管理の自治である。人事の自治は、学長・教授その他の研究者の人事が大学の自主的判断に基づいてなされなければならず、公権力による干渉は許されないことを意味する。管理の自治は、大学の施設および学生の管理についても、大学の自主的判断に基づいて行われなければならないことを意味する。

大学の自治に関する伝統的な見解は、大学ないし教授会の自治を主たる論点としており、必ずしも大学を構成する重要な要素としての「学生」に配慮したものとはいえない。最高裁も東大ポポロ事件（最大判昭和38年5月22日刑集17巻4号370頁）において、学生の地位は大学の管理の対象であり、大学施設の利用者として理解した（営造物利用者説）。これに対して、営造物利用者説を批判し、大学運営に対して要望・批判をする権利が学生にはあるとする学説も有力である（佐藤（幸）・憲法511頁）。学生管理について大学の自主的判断権があるといっても、学生を一方的に管理対象と捉え、学則等によって不合理な権利・自由の規制（たとえば懲戒処分について）を行うことは許されないであろう。

4 信教の自由

> **設例** 信仰上の理由から必修科目の剣道実技授業への参加を拒否したため、原級留置・退学処分を受けた高専の学生Xが、処分がXの信教の自由を侵害していると主張してその取消を求めて訴訟を提起した。これに対して、高専の校長Yは、Xに対して剣道実技以外の代替措置をとることは公教育の宗教的中立性に違反すると主張した。Yの主張は正しいか。

(1) 信教の自由の意義

信教の自由は、人の精神活動の中でも宗教的側面をもつ活動を保障しようとする基本的人権である。西欧では、歴史的に宗教対立や宗教的圧迫が多く生じ、また、宗教を背景とした国家権力による人権侵害が後を絶たなかったため、これを克服しようとして近代的人権が成立・発展したという経緯がある。それゆえ、信教の自由とそれに基づく国家の宗教的中立性は人権理論の中でもとくに重要視されてきた。

こうした理念は日本国憲法上の信教の自由にも受け継がれている。しかし、日本国憲法での保障の重要なポイントは、大日本帝国憲法下が信教の自由を保障していたにもかかわらず、「神社は宗教にあらず」とのスローガンの下に、神社神道（国家神道）が事実上の国教とされ、軍国主義の精神的支柱となったことへの反省にあるといってよいだろう。国家神道の思想は、とりもなおさず他宗教への弾圧を意味していたし、この思想に基づく戦争が礼賛されたことも戦前の日本政治が宗教と強く結びついていたことを示すものである。したがって、日本国憲法20条は、こうした国家神道の思想を払拭し、真の意味での信教の自由を保障する規定と理解されねばならない。

(2) 信教の自由の内容

日本国憲法20条1項は「信教の自由は、何人に対してもこれを保障する」と定めるが、ここにいう「信教の自由」には、信仰の自由、宗教的行為の自由、宗教的結社の自由が含まれると解されている。

信仰の自由は、宗教を信仰する（あるいは信仰しない）自由、および信仰する宗教を選択・変更する自由を意味している。この意味での信仰の自由は、思想・良心の自由と同じく内心の自由に属するものであって、絶対的に保障される。そのため、公権力が個人の信仰（または不信仰）を理由として不利益を課したり、差別的な取扱いをしたりすることは禁止される。また、思想・良心の自由が「沈黙の自由」を保障するのと同様に、信仰の自由は「信仰告白の自由」をも保障している。こうした信仰の自由に反する行為としては、国家がある宗教を信じることを強制あるいは禁止すること、国家が個人の信仰の告白を強制すること、国家が信仰に基づいて個人を差別することなどが挙げられる。

宗教的行為の自由は、自己の信仰に基づいて、礼拝や祈禱などの宗教上の儀式、行事等を行う自由である。ここには宗教的行為を行わない自由、および宗教的行為への参加を強制されない自由が当然含まれるが、このことを20条2項が重ねて強調しているのは、明治憲法下で神社への参拝が強制され、また神道式の国家行事への参加が強制されたという事実があったからにほかならない。この点、公立学校での「国旗・国歌」の強制が、国家神道の強制につながるとの観点から、これを20条違反の問題と捉える立場が有力に主張されている。なお、宗教的行為の自由には、宗教上の教義を宣伝・普及する自由（布教の自由）や親が子どもに宗教教育を受けさせる自由なども含まれると解される。

宗教的結社の自由は、特定の宗教を宣伝したり、共同で宗教的行為を行ったりすることを目的として団体を結成し、それに参加し、または脱退する自由を意味する。また、宗教団体が結社として宗教的行為を行ったり、宗教的教育を行ったりする場合の自由もこれによって保障されると解されている。

(3) 信教の自由の限界

信教の自由の内容のうち、信仰の自由が内心の自由として絶対的に保障されるとしても、宗教的行為の自由および宗教的結社の自由は外面的精神活動である以上、他者の権利・自由を害してはならないという内在的制約に服する。とはいえ、こうした制約は性質上、必要最小限度の制約に限られる。

信教の自由の限界を考える上で注目すべき素材を提供する事例が、加持祈禱事件と牧会活動事件である。加持祈禱中に発生した殺人について起訴された僧侶が信教の自由を主張して争った加持祈禱事件は、典型的な自然犯が問題と

なった事例であり、最高裁は、たとえ宗教行為としてなされたものであっても、他人の生命、身体等に危害を及ぼすような違法な行為については、「憲法20条1項の信教の自由の保障の限界を逸脱したもの」となると判示した（最大判昭和38年5月15日刑集17巻4号302頁）。これに対して、牧師が逃走中の犯人をかくまったとして犯人蔵匿罪に問われた牧会活動事件では、形式上刑罰法規に触れる行為であってもそれが宗教行為であるような場合には、つねに刑罰法規が信教の自由に優越し、宗教行為が公共の福祉に反するものと解するのは妥当ではないとの判断が下されている（神戸簡判昭和50年2月20日判時768号3頁）。この両事件での判断の違いは、問題となった宗教行為の性質の違いや引き起こされた結果の違いに負うところも大きいが、信教の自由に対する制約のあり方を示したものともいえ、注目に値する。信教の自由に対する制約の違憲審査にあたっては、自然犯に触れる場合を除き、規制の目的についても手段についても、厳格審査基準が用いられるべきであろう（芦部・憲法学Ⅲ134頁）。

(4) 政教分離原則
(a) 政教分離原則の意義と内容

国家が国教を定めたり、特定の宗教に特権的な地位を与えたりして、国家と宗教とが密接に結びつくと、それは宗教的差別や圧迫の原因となり、結果的に個人の信教の自由が損なわれる。このため、多くの立憲主義国家は、国家の宗教的中立性を確保し、これによって個人の信教の自由を保障することを目指して、政治と宗教の分離を求める「政教分離原則」を採用している。

日本国憲法でも、20条1項後段・3項および89条で政教分離原則を定める。ただし、日本国憲法上の政教分離のもともとの意義は、憲法制定のいきさつからしても、国家と神社神道（国家神道）との分離の問題にあったといえる。ポツダム宣言が「宗教の自由」の確立を求め、さらに総司令部による国家神道禁止指令、天皇の人間宣言へと続いた一連の流れは、日本国憲法の政教分離の意義を確認する上で重要な意味をもっている。

政教分離原則の内容としては以下のものが挙げられる。第1に、宗教団体が国から特権を受けることや、政治的権力を行使することが禁止される（20条1項後段）。ここにいう「特権」とは、一切の優遇的地位・利益を意味するが、とりわけ国教を定めることは特権の最たるものとして禁止される。また、「政治

的権力」とは、立法権、裁判権など、現在は国または地方公共団体に独占されている統治権力を意味すると解されている。第2に、国およびその機関は宗教教育その他のあらゆる宗教的活動を行うことが禁止される（20条3項）。特定の宗教であれ、宗教一般であれ、これを布教・宣伝ないし排斥する目的で行われる教育は禁止される。「宗教的活動」にはさまざまな見解があるが、後述する政教分離の基準ともあいまって、宗教とのかかわり合いをもつすべての行為を指すのではなく、行為の目的が宗教的意義をもち、かつその効果が宗教を助長ないし抑圧するような行為を意味すると解するのが一般的である。そして、これらを財政面から担保するために、公金その他の公の財産が宗教上の組織・団体の使用、便益もしくは維持のために支出され、またはその利用に供されることが禁止されている（89条）。

(b)　政教分離原則の法的性格

政教分離原則の法的性格については、これを制度的保障と解するのが判例・通説の立場とされる（制度的保障説）。しかし近時では、制度的保障論が人権制約を許容する理論であるとの理解から制度的保障説を批判し、政教分離原則自体に人権としての性格を認める立場も有力となっている（人権説）（浦部・全訂135頁以下）。国家の宗教的中立性を求める客観的法原則である政教分離原則をただちに人権規定と位置づけることには疑問が残るが、政教分離原則が個人の信教の自由と密接に関連する原則であることからすれば、これを安易に制度的保障と解するべきではないであろう。また、近時、エホバの証人剣道実技拒否訴訟（最判平成8年3月8日民集50巻3号469頁）やフランスでのイスラム・スカーフ事件でも問題となったように、信教の自由と政教分離原則とはときに対立・緊張関係を示すことがありうるが、その際、制度的保障説は政教分離原則自体が信教の自由の制約根拠となりうることを認めるため、人権保障の面からも信教の自由と政教分離原則とを同一方向での保障と理解する必要があるといえる。

(c)　政教分離の基準——「目的・効果基準」

以上のように、政教分離が国家の宗教的中立性を求めるものだとしても、あらゆる場面で国家と宗教のかかわり合いを一切認めない趣旨であるとするのは現実的ではない。そのように解すると、宗教団体を母体とする私立学校に補助金を交付するのも、刑務所内で受刑者に教誨活動をするのもすべて違憲となっ

てしまう。そこで問題となるのが、国家と宗教とのかかわり合いが違憲と評価されるのは一体どこからかという政教分離の基準である。

　こうした基準として、津地鎮祭事件最高裁判決（最大判昭和52年7月13日民集31巻4号533頁）は、国家行為が宗教的活動に当たるといえるためには①その行為の目的が宗教的意義をもち、②その効果が宗教に対する援助、助長、促進または圧迫、干渉等になるような行為であることを必要とするという、いわゆる「目的・効果基準」を示した。この基準はアメリカの判例理論として発展したレーモン・テストにならったものであるが、レーモン・テストが上記の2要素に加えて、③宗教との過度のかかわり合いをもたらさないかどうか、を検討するように要求しているのと比べて厳格度が低い。また、津地鎮祭事件最高裁判決が、行為者の主観的な宗教意識の有無まで考慮することで、結果的に宗教的活動の範囲を狭く理解した点には根強い批判がある。しかし最高裁は、自衛官合祀訴訟などでもこの基準を維持し、宗教的活動を狭く解してきた（最大判昭和63年6月1日民集42巻5号277頁）。これに対して、1997年の愛媛玉串料訴訟最高裁判決は、目的・効果基準を採用しつつも、玉串料や供物料の奉納について「その目的が宗教的意義を持つことを免れず、その効果が特定の宗教に対する援助、助長、促進になると認めるべきであり、これによってもたらされる県と靖国神社等とのかかわり合いが我が国の社会的・文化的諸条件に照らし相当とされる限度を超える」として、これを宗教的活動と認める違憲判決を下している（最大判平成9年4月2日民集51巻4号1673頁）。ここでは、目的・効果基準がレーモン・テストに近いかたちで厳格に適用されており注目される。目的・効果基準は適用の仕方によって判断に幅が出る基準であるが、政教分離原則と信教の自由との密接な関連からすれば、これを用いる場合には厳格な適用が求められるだろう。

(d)　政教分離原則と靖国問題

　政教分離原則に関する多くの訴訟が、国や地方公共団体と靖国神社との結びつきを問題視したものであったことでもわかるように、日本国憲法の政教分離原則を考える上での最も大きな問題のひとつが靖国神社をめぐる問題である。その中でも現在問題とされるのが、内閣総理大臣をはじめとする閣僚が公的な資格で靖国神社に参拝すること（公式参拝）である。これが問題となった岩手靖

国訴訟控訴審判決は、内閣総理大臣の公式参拝を相当な限度を超える国と靖国神社とのかかわり合いをもたらすとして20条3項で禁止される行為であると判断した。また、近年では福岡地判平成16年4月7日（判時1859号125頁）および大阪高判平成17年9月30日が同様の判断を下しており、これら2件の判決はともにその判決が確定している。学説においても、かつて国家神道の象徴的存在であった靖国神社への公式参拝は、目的は世俗的であっても、その効果において国家と宗教との過度のかかわり合いをもたらし、違憲であるとする説が有力である（芦部・憲法学Ⅲ199頁）。

【解説】　政教分離原則からは、国公立学校において教育の宗教的中立性が保持されなければならないという考え方が導かれる。したがって、設例においてはXの主張する信教の自由とYの主張する政教分離原則とが対立・衝突していることとなる。

　この問題が争われたエホバの証人剣道実技拒否訴訟において、第1審判決は、剣道実技に代替する措置をとると「公教育の宗教的中立性に抵触するおそれがある」としてYの主張を認めたが、控訴審判決および最高裁判決（前掲最判平成8年3月8日）は、剣道実技に代わる代替措置を検討することなしに退学処分をした校長の措置を、「裁量権の範囲を超える違法なもの」と評価した。最高裁は、生徒が剣道実技への参加を拒否した理由を「信仰の核心部分と密接に関連する真しなものであった」と認め、さらに代替措置をとっても「その目的において宗教的意義を有し、特定の宗教を援助、助長、促進する効果を有するものということはできず、他の宗教者又は無宗教者に圧迫、干渉を加える効果があるともいえない」としてYの主張を退けている。政教分離原則と信教の自由との関連性からすれば、信教の自由に優越性を認めた最高裁の見解が妥当である。

5　表現の自由

設例　有名政治家の長女Xは、自己のプライバシーにかかわる事項が週刊誌に掲載されることを知り、プライバシー侵害を理由に裁判所に対して出版差止めの仮処分を求める訴訟を提起した。裁判所はこれを認めて、出版差止めの仮

処分決定を下した。このような事前差止めは表現の自由を侵害していないか。

(1) 表現の自由の保障意義

日本国憲法21条1項が保障する表現の自由は、思想や信仰といった内心の精神作用を外部に公表する精神活動に関する自由と理解され、19条の内心の自由と並んで精神的自由権の中核に位置する権利とされる。というのも、このような活動は人間の精神生活にとって重要不可欠なものであり、また、内心の精神作用は外部に表現されることで真価を発揮することが多いからである。自分の意思を外部に表明するという行為の重要性は、選挙での投票や契約における意思表示など多くの法的活動がこれを基盤として成り立っていることからもうかがいしれる。

表現の自由の保障意義は、通常次の2つの側面から説明される。第1は、人は自分の考えていることを表現し、他者とのコミュニケーションを行うことで人格的に発展していくという主観的・個人的意義（自己実現の価値）であり、第2は、さまざまな政治的意見が自由に表明されることで政治的意思形成の過程、ひいては民主政そのものが充実するという客観的・社会的意義（自己統治の価値）である。このことから、表現の自由は単に一個人の問題というだけでなく、社会全体の利益の問題にもかかわるものとして、その重要性が強調されることになるのである。

こうした表現の自由が保護するのは、言語、音楽、絵画、映像といった表現方法の種類を問わず、およそあらゆる表現活動である。「言論、出版」といった明文で規定された表現形態だけでなく、憲法制定時には想定されていなかったテレビやインターネットなどの新たなメディアも保障対象に含まれる。

(2) 表現の自由の歴史的展開

表現の自由は近代立憲主義の初期の段階からその重要性が認識されていたが、表現の自由の意味内容は歴史的に変遷している。

初期の近代立憲主義における表現の自由とは、印刷出版の事前抑制に対する批判をきっかけとする言論・出版（プレス）の自由であった。このことは、表現の自由の古典として名高いJ. ミルトンの『アレオパヂティカ』（1644）の副題が「許可なくして印刷する自由のために英国国会に訴ふる演説」であることか

らも明らかである。この段階での表現の自由は、単に表現手段が言論・出版に限定されていたというだけでなく、その形態が「送り手の自由」であったことが重要である。すなわち、表現者がその表現行為（発信行為）について、国家から自由であることが重視されていたのである。こうした「送り手の自由」を中心とした言論の自由の意義を重視する傾向は、アメリカでの「思想の自由市場（free market of ideas）」論にも見られる。「真理の最上のテストは、市場の競争において自らを容認させる思想の力である」とするこの判例理論は、ミルトンと同様に、思想表現は公権力によって制約を受けるべきではなく、自由な論争の中でこそ自然淘汰されるべきだとの基本的立場を示したものといえる。

　しかし、情報化の進んだ現代社会においては、マスメディアの発達により、次第に表現の送り手の地位がマスメディアに独占されるようになり、一般の市民は主としてマスメディアが発信する情報の受け手としての地位に固定されるようになった（情報の「送り手」と「受け手」の分離）。ここにおいて情報の送り手の権利として表現の自由の意味を限定的に解することは、逆に民主主義を支える一般の市民の情報取得に支障をきたすおそれがある。そこで、現在においては表現の自由を「受け手」の側から再構成することが求められ、結果として、表現の自由の一環として「知る権利」が主張されるにいたった。こうして表現の「受け手の自由」である「知る権利」をも含むようになった表現の自由は「情報の自由な流通に関する権利」としてコミュニケーション全般についての自由として理解されるにいたっている（松井・後掲24頁）。

(3) 表現の自由の内容

　表現の自由は、「表現」という保障対象の性質上、多種多様な内容をもつが、以下ではその中でもこれまで議論を呼んだ代表的な内容に限定して論じることとする。

(a) マスメディアの表現の自由

　もともと表現の自由は自然人としての個人に保障されるものであるが、法人も人権の性質の許す限り基本的人権を享受することが一般に認められているため、マスメディアにも21条の保障があると解されている（いわゆる「報道の自由」）。ただし、こうしたマスメディアの表現の自由については以下の2点に留意する必要がある。第1に、国民の情報生活がマスメディアによって提供され

る情報に大部分依存している状況の下では、マスメディアの表現の自由を考える際にも、国民の知る権利をいかに効果的に保障するかが重要な問題となる。そして第2に、かつてはこのようなマスメディアの表現の自由を自然人の表現の自由と同列に論じることが多かったが、近時これらを明確に区別する議論も有力に展開されている。それによれば、ここでいうマスメディアの表現の自由は、マスメディアの表現活動が国民に重要な情報を提供することで国民の知る権利に奉仕することを根拠としており、したがって社会全体の利益実現に向けられたものであるとされる（長谷部・憲法217頁以下）。

　マスメディアが報道などの行為を行う場合、そこでは取材行為が前提とされることが多い。このため、マスメディアの表現の自由には「取材の自由」が含まれていると考えられる。しかし、最高裁は博多駅テレビフィルム提出命令事件において、報道を国民の「知る権利」に奉仕するものと位置づけてその重要性を認め、さらに報道の自由が21条の保障を受けるとしたが、報道の前提たる取材の自由については21条の精神に照らして十分尊重に値すると述べるにとどまっている（最大決昭和44年11月26日刑集23巻11号1490頁）。この点、報道が取材・編集・発表という一連のプロセスによって実現されることからすれば、取材の自由は21条の保障を受けると考えるのが妥当であろう（芦部・憲法学Ⅲ285頁）。

(b)　**名誉毀損的表現・プライバシー侵害的表現**

　言論・表現活動は、その内容によっては、名誉やプライバシーなど他者の利益を害することがある。名誉・プライバシーに関する利益は、一般に憲法13条によって保護されると理解されているため、表現の自由に対する内在的制約の根拠となりうる。具体的には、刑法230条の名誉毀損罪や民法上の不法行為（709条）による保護が行われる。

　ただし、名誉毀損やプライバシー侵害が問題となる事例についても、表現の自由が軽視されてよいわけではなく、法解釈に際しては憲法適合的な解釈が求められる。名誉毀損のケースが問題となった夕刊和歌山時事事件において、最高裁は、名誉毀損について、それが「公共の利害に関する事実」に係るもので「公益を図る」目的でなされた場合、「真実なることの証明ありたるとき」は処罰されないと定めていた旧刑法230条ノ2（1項）を解釈するにあたって、「真実であることの証明がない場合でも、行為者がその事実を真実であると誤信し、

その誤信したことについて、確実な資料、根拠に照らし相当の理由があるときは、犯罪の故意がなく、名誉毀損の罪は成立しない」と述べ、表現の自由に配慮した判断を下している（最大判昭和44年6月25日刑集23巻7号975頁）。また、プライバシー侵害が問題となった「宴のあと」事件で、不法行為の成立要件を論じるに際して、「公共の秩序、利害に直接関係のある事柄の場合とか社会的に著名な存在である場合には、ことがらの公的性格から一定の合理的な限界内で私生活の側面でも報道、論評等が許される」との判断がなされていること（東京地判昭和39年9月28日下民集15巻9号2317頁）も、表現の自由の重要性に配慮したものといえるであろう。

(c) 性　表　現

性表現については、刑法175条がわいせつ文書の頒布・販売・陳列罪を定めていることが、21条に反しないかが争われてきた。かつては、性表現自体が表現の自由によって保障されないという立場も有力であったが、現在では性表現も表現の自由の保障を受けることを前提に、その制約の問題として刑法175条を理解する立場が有力である（辻村・憲法247頁）。

刑法175条でとくに問題となるのは、「わいせつ」概念の不明確性や175条の保護法益の不明確性といった点である。この問題が正面から争われたチャタレイ事件で、最高裁は、「わいせつ文書」とは①いたずらに性欲を興奮または刺激せしめ、②普通人の正常な性的羞恥心を害し、③善良な性的道義観念に反するものである、という「わいせつの三要素」を示した上で、刑法175条を性的秩序を守り性道徳を維持するという公共の福祉のための制限と位置づけて合憲判断を下した（最大判昭和32年3月13日判時105号76頁）。しかし、「わいせつの三要素」によっても何がわいせつで、何がわいせつでないかの判断は明確にはできないし、そもそも「わいせつ」という概念自体が不明確に過ぎ、表現の自由を過度に制約するものであるというべきであろう。また、立法目的についても「性的秩序を守り、性道徳を維持する」という理由はあまりに具体性を欠いており、より実際的な理由が検討される必要がある。

(d)　集会の自由・集団行動の自由

特定または不特定の多数の人間が、共通の目的のもとに一定の場所に集まる一時的な集合体を「集会」と呼ぶ。21条はこうした集会についての自由をも保

障している。集会を行う場所は、通常、公園や広場、公会堂といった固定的な場所が多いが、これだけに限らず場所の移動を伴うデモ行進なども集会に含めて考えるのが一般的である（集団行動の自由）。

　こうした集会の自由は、表現の自由の一形態として、人格的側面・民主主義的側面の両面の価値を備えていると考えられている。とはいえ、集会の自由は一定の行動を伴うことや、集会のための物理的スペースを必要とすることなどから、他者加害の可能性が高く、純粋な表現とは異なる観点で制約を受ける可能性がある。集会の自由に対する特別な観点での規制としては、公共施設の利用制限や公安条例による規制がある。

　集会を行う際にその実施場所として多く用いられるのが、公共の公園施設や公民館などの公共施設であるが、公共施設を利用する際には多くの場合管理権者の許可が必要となる。この点、許可制を定めること自体の合憲性が問題となるが、公共施設の使用目的を維持するために必要不可欠な限度での許可制ならば違憲とはならないと考えられる。しかし、それでもなお、許可制自体が集会の自由を制約することに鑑みれば、利用が許されるか否かについての判断に際しては、管理権者に自由裁量は認められないと考えるべきである。最高裁も、泉佐野市民会館事件において、市民会館条例に定める「公の秩序をみだすおそれがある場合」という不許可事由を、「本件会館における集会の自由を保障することの重要性よりも、本件会館で集会が開かれることによって、人の生命、身体又は財産が侵害され、公共の安全が損なわれる危険を回避し、防止することの必要性が優越する場合」に限定して解することを要求し、その危険性についても、客観的事実に照らして「明らかな差し迫った危険の発生が具体的に予見され」なければならないと判断し、こうした考えを採用している（最判平成7年3月7日民集49巻3号687頁）。

　集団行進や集団示威運動（いわゆるデモ）といった集団行動は、「動く集会」として集会の自由に含まれるが、必然的に一定の行動を伴うため特別の制約に服すると考えられている。こうした集団行動の自由についての制約として特に問題となるのが、地方公共団体の定める公安条例である。とりわけ、多くの公安条例が集団行動について許可制を定めている点が問題とされる。この点、新潟県公安条例事件において最高裁は、一般的な許可制を定めて集団行動を事前

に抑制することは原則として許されず、明らかな差し迫った危険などを理由に条件付許可制や禁止的届出制を定めることを要求した（最大判昭和29年11月24日刑集8巻11号1866頁）。しかし、その後、東京都公安条例事件において最高裁は判断を転換し、許可制の合憲性を安易に認めている（最大判昭和35年7月20日刑集14巻9号1243頁）。その際、最高裁が示した、集団行動は「内外からの刺激、せん動等によってきわめて容易に動員され得る性質」をもち、「時に昂奮、激昂の渦中に巻き込まれ、甚だしい場合には一瞬にして暴徒と化す」おそれがあるという「デモ行進暴徒化論」は学説から強い批判を受けている。学説においては許可制違憲論が主流であり、21条の趣旨からすれば、やはり届出制が原則であるといえよう。

(4) 表現の自由の制約

(a) 二重の基準論

表現の自由は非常に重要な人権として尊重される必要があるが、ただし、この自由は「外部への公表」を本質とする以上、内心の自由と異なり、他者加害の可能性をつねに有する。したがって、この自由については全般的に公共の福祉による制約が予定されていることとなる。こうした公共の福祉による制約のあり方についての重要な理論として「二重の基準」論がある。これは、表現の自由を中心とする精神的自由権を規制する立法の合憲性は、経済的自由権を規制する立法の合憲性よりも厳しい基準によって審査されるべきという理論であり、精神的自由権に対する制約をできるだけ排除しようとする考え方である。

二重の基準論の根拠としては、通常以下の2つがあげられる。第1に、精神的自由権は民主制の過程との結びつきが強く、かりに精神的自由権が不当に制約されるとそれを民主制の過程において是正することが不可能になるということが指摘される。これに対して、経済的自由権への不当な制約は民主制の過程で是正可能であり、その点で精神的自由権は経済的自由権に比べてその制約について厳しく審査されるべきとされる。第2に挙げられるのが、裁判所は精神的自由権を制約する立法についての審査能力において欠けるところはないが、経済的自由権に対する制約は、政治・社会・経済に関する専門知識を必要とする場合が多く、これについての審査能力が不十分であるという点である。それゆえ、経済的自由権の制約については、専門知識を有する政治部門の判断を尊

重する必要性が高く、結果的に政治部門の裁量を広く認めることが求められる。

二重の基準論は、精神的自由権の場合と精神的自由権の場合でその制約立法に対する合憲性判定基準を変えることになるが、具体的には精神的自由権の制約立法に対しては、立法目的の必要不可欠性と目的達成手段の必要最小限度性を要求する「厳格な基準」が妥当し、それに対して経済的自由権の制約立法に対しては、立法目的と目的達成手段について一般人を基準とした合理性があることを要求する「合理性の基準」が妥当する。この両者の間には、合理性の基準が立法府の下した判断に合理性があることを前提としている（合憲性の推定）のに対して、厳格な基準はそのような前提をもたないという違いがある。

(b) 表現の自由制約の審査基準

表現の自由に代表される精神的自由権を制約する立法については、その合憲性を厳格な基準によって審査する必要があるが、厳格な基準といってもその用い方は一様ではない。表現の自由についていえば、表現の自由の制約態様によって、具体的な審査基準が異なる。そこで、以下ではまず表現の自由制約の態様とそれに対応する具体的な審査基準について見ていくこととする。

① 検閲・事前抑制　表現活動を公権力が事前に抑制することを検閲・事前抑制と呼ぶ。表現活動を事前に抑制することは、それが一定の表現が市場に出ることを阻むという意味で、表現の自由に対する最も強力な制約となり、表現の自由そのものの意味をも否定することとなりかねないため、表現の自由の保障には事前抑制の原則的禁止の法理が含まれると解される。こうした事前抑制の中でも「検閲」は21条2項で絶対的に禁止されている。

この点、「検閲」の定義が問題となるが、これについては学説上対立がある。従来の通説は検閲を「公権力が外に発表されるべき思想の内容を予め審査し、不適当と認めるときは、その発表を禁止する行為」と定義してきた。これに対して、㋐検閲の主体を公権力ではなく行政権と限定する、㋑検閲の対象を思想内容に限定せず、表現内容一般に広げる、㋒検閲の時期を発表前ではなく、表現の受領前をも含めた意味での事前と広く解する、といった異論が示されている。この点、㋑㋒については、表現の自由の趣旨からしても、広く解するのが妥当であろう。問題は㋐であるが、21条2項の解釈としては、これを行政権と限定し、この意味での検閲は絶対的に禁止されると解するのが妥当である。た

だし、21条全体が要求する事前抑制の原則的禁止には、行政権によるものだけでなく、たとえば裁判所による事前差止めなども含まれるため、事前抑制の主体は公権力と広く解する必要がある。

最高裁は、税関検査事件で、検閲を「行政権が主体となって、思想内容等の表現物を対象とし、その全部又は一部の発表の禁止を目的として、対象とされる一定の表現物につき網羅的一般的に、発表前にその内容を審査した上、不適当と認めるものの発表を禁止すること」と定義し、㋐～㋒のすべてについて狭く解した（最大判昭和59年12月12日民集38巻12号1308頁）。これに対しては、検閲から外れる対象が多くなりすぎるとの批判が強い。

事前抑制については、北方ジャーナル事件最高裁判決が、裁判所による事前差止の仮処分は「検閲」には該当しないが、事前抑制そのものであるから、「表現の自由を保障し検閲を禁止する憲法21条の趣旨に照らし、厳格かつ明確な要件のもとにおいてのみ許容されうる」と述べ、原則として事前差止めは許されないが、「その表現内容が真実でなく、又はそれが専ら公益を図る目的のものでないことが明白であって、かつ、被害者が重大にして、著しく回復困難な損害を被る虞がある」ときに例外的に事前差止めが認められると判断した（最大判昭和61年6月11日民集40巻4号872頁）。

② 漠然不明確または過度に広汎な規制　表現活動に対して制約対象となる行為や要件が不明確な制約を及ぼしたり、あるいは法文が明確であっても、解釈によって不必要な制約を及ぼす余地を残したりするような場合がこれにあたる。制約の文言が不明確あるいは過度に広汎であると、国民は許される行為と制約される行為との区別がつかなくなり、結局、許される行為まで自制してしまう可能性がある。こうした効果を「萎縮効果（chilling effect）」という。萎縮効果はあらゆる人権についていえるものではあるが、とくに表現の自由でこれが問題となると、社会への情報の流通が阻害されることとなり影響が大きいため、21条は表現の自由に対する制約立法の文言は明確でなければならないとの原則（明確性の原則）を含むこととなる。この原則からは表現の自由制約立法の文面審査にかかわる次の2つの要請が導かれる。

第1に、制約立法の文言が不明確で規制される表現と許される表現の境界がはっきりしていない場合、合理的な合憲限定解釈によって法文の不明確性が除

去されない限り、その規定自体が違憲無効とされる（「漠然性のゆえに無効」の法理）。そして第 2 に、法文が明確であっても、規制の範囲があまりに広汎で違憲的に適用される可能性がある場合、その規定自体が違憲無効とされる（「過度の広汎性のゆえに無効」の法理）。

こうした法文の不明確性が争われた事例としては徳島市公安条例事件がある。デモ行進での蛇行行進が徳島市公安条例 3 条に定める「交通秩序を維持すること」に違反するとして起訴されたこの事件で、最高裁は、刑罰法規が不明確かどうかは、通常の判断能力を有する一般人の理解を基準にすべきであるとした上で、「交通秩序を維持すること」という文言は「抽象的で立法措置として著しく妥当を欠く」としながらも、一般人の感覚からすれば「殊更な交通秩序の阻害をもたらすような行為を避止すべきことを命じているものと解される」ので明確性に欠けるところはないと判断した（最大判昭和50年 9 月10日刑集29巻 8 号489頁）。

③　表現内容規制　　表現の内容規制とは、表現活動に対して、その表現の内容、あるいは伝達するメッセージそのものを理由として規制を及ぼすことをいう。たとえば、政府転覆をせん動する言論を禁止したり、国家秘密事項の公表を禁止することなどがこれにあたる。こうした表現の内容規制に対しては、「やむにやまれぬ公共の利益」の基準ないし「明白かつ現在の危険」の基準といった厳格な審査基準が妥当する。「やむにやまれぬ公共の利益」の基準とは(ア)立法目的がやむにやまれぬ必要不可欠な公共の利益を実現しようとするもので、(イ)規制手段が当該目的を達成する必要最小限度のものとして厳密に設定されていることを要求する基準であり、これらを公権力の側が立証しなければならない。「明白かつ現在の危険」の基準は、表現の自由の制約が許されるのは、(ア)ある表現行為が実質的害悪を引き起こす蓋然性が明白で、(イ)その害悪が極めて重大で、発生が時間的に切迫しており、(ウ)当該規制手段がその害悪を避けるために必要不可欠である場合に限られるとする基準である。泉佐野市民会館事件最高裁判決（前掲最判平成 7 年 3 月 7 日）では、この基準の趣旨が取り入れられている。

④　表現内容中立規制　　表現内容規制に対して、表現の時・所・方法などを規制することを表現中立規制と呼ぶ。たとえば、夜間の騒音制限、一定の場所での広告掲示の禁止などがこれにあたる。こうした規制に対しては、「より

制限的でない他の選びうる手段」の基準（LRAの基準）が妥当する。この基準は立法目的が正当である場合に、規制手段の最小限度性を問う基準である。具体的には、立法目的を達成する上で、より規制の程度の少ない手段が存在しないことを公権力側が証明しなければならない。日本の判例では、公務員の政治活動に関する猿払事件第1審判決などがこの基準を用いているが、表現内容中立規制の分野においてはLRAの基準ではなく、合理的関連性の基準が用いられる傾向が強い。

【解説】　裁判所による事前差止めは表現の自由に対する強力な制約となりうるため、北方ジャーナル事件最高裁判決（前掲最大判昭和61年6月11日）が示したとおり、厳格な要件の下でのみ許容されると考える必要がある。設例のケースが争われた週刊文春事件では、出版社側が異議を申し立てた異議審決定が、週刊誌によるプライバシー侵害の場合、短期間で販売が終了してしまうため、事前差止めを認めない限り救済方法がないと述べ、さらに長女の私的事項が「公共の利害に関する事項」とはいえず、また記事は「専ら公益を図る目的のもの」とはいえないとして事前差止めを是認したのに対して、抗告審決定はXの私的事項が「公共の利害に関する事項」でないこと、記事が「専ら公益を図る目的のもの」ではないことは認めつつも、しかし本件記事には事前差止めを認めなければならないほど、相手方に「重大な著しく回復困難な損害を被らせるおそれがある」とまではいえない、として原決定を取り消し、差止めの仮処分命令を取り消した。抗告審決定は表現の自由を尊重したという意味で注目すべき判断であったが、事件全体としてはプライバシー侵害と表現の自由との対立、さらには事前差止めの許容性判断が微妙な問題であることを示した事件でもあった。

【参考文献】
奥平康弘『なぜ「表現の自由」か』（東京大学出版会、1988）
市川正人『表現の自由の法理』（日本評論社、2003）
辻村みよ子『市民主権の可能性』（有信堂、2002）
樋口陽一・森英樹・高見勝利・辻村みよ子編著『国家と自由』（日本評論社、2004）
松井茂記『マス・メディア法入門　第3版』（日本評論社、2003）

第16章　自由・平等・財産 ②
——財産とデュープロセス

　自由権とは、国家による妨害の排除を求める権利である。これには、前章で見た精神的自由権だけでなく、経済的自由権や人身の自由・適正手続の保障が含まれる。本章では、財産とデュープロセスに関わるこれらの人権について検討する。

1　経済的自由権

(1)　居住・移転の自由

　居住・移転の自由とは、自らの望むところに住所・居所を置く自由、またはそれを変更する自由、および強制的に居住地を変更されない自由を意味する。ここには旅行の自由も含まれる。この自由は、人民を土地に縛りつけ、その職業を身分制的に固定していた「封建制」から、このような場所的・職業的拘束からの解放を前提に成立した「近代市民革命」への移行という歴史的経緯に基づき、憲法上、職業選択の自由とともに保障されている。

　居住・移転の自由は、経済的自由の性質、人身の自由の性質、精神的自由の性質を合わせ持つ、複合的性質の自由であると解するのが一般的である。第1に、既に述べたように、居住・移転の自由が「近代市民社会」、したがって資本主義社会の前提となったことから、経済的自由の性質を有する。第2に、この自由が自己の好むところへ移動する自由を意味する点で、人身の自由としての性質を有する。第3に、これが自由な移動に伴って他者とコミュニケートすることを可能にし、それによって自らの人格形成にとっても必要な条件となるという点で、精神的自由の性質をも有する。

　居住・移転の自由についても制約が認められることがある。現行法上、①破産法上の破産者に対する居住制限（147条・153条）、②長官による自衛官に対す

る居住場所の指定（自衛隊法55条）、③刑訴法上の刑事被告人に対する住居制限（95条）、④特定の病気の患者に対する居住・移転の制限（伝染病予防法7条、結核予防法29条、精神保健法29条）等が定められている。

これらの諸法律の合憲性が問題となる場合、いかなる審査基準に基づいて判断すべきであろうか。その複合的性質を考えれば、それぞれの場合に応じて具体的に考えるとする説が妥当である。すなわち、規制が経済的自由の側面にかかわる場合（先に挙げた①、②の場合）には、職業選択の自由と同じ基準を適用し、規制が精神的自由や人身の自由の側面にかかわる場合（③、④の場合）には、精神的自由に準じて厳格な基準を適用すべきである。

一時的海外旅行の自由（海外渡航の自由）は、憲法上どの条項によって保障されるのか。憲法22条は国内に関する1項と外国に関する2項に区別されうる点、また、憲法が永住のための出国を保障しながら旅行のための出国を認めていないと解することは不合理であるという点から、22条2項に基づいて保障されると解するのが妥当である。

また、海外渡航の自由については、「著しく且つ直接に日本国の利益又は公安を害する行為を行う虞があると認めるに足りる相当の理由がある者」に対する旅券不発給を定める旅券法13条1項5号の合憲性が問題となる。この点、法文中の「行為」を内乱罪、外患罪、麻薬及び向精神薬取締法などの重大な犯罪行為に限るとし、あるいは犯罪行為に限らず「国家の安全保障」という立法目的と合理的に関連する行為をも含むとする等、合憲限定解釈を加える見解が存する。しかし、海外渡航の自由も精神的自由の側面を有することから、不明確な法文による制限として文面上無効と解すべきである。ただし、判例は、「公共の福祉のために合理的な制限を定めたもの」と述べて合憲とした（最大判昭和33年9月10日民集12巻13号1969頁）。

(2) 職業選択の自由

> **設例** 製造たばこの小売販売業につき、距離制限を設けて許可制を採用するたばこ事業法22条及び同法施行規則20条2号の合憲性について、論じなさい。
>
> なお、たばこ事業法22条の趣旨は、たばこ専売法（昭和59年法律第68号により廃止）の下で指定を受けた小売人には零細経営者が多いこと、また、身体障害者

福祉法等の趣旨に従って身体障害者等についてはその指定に際して特別の配慮が加えられてきたこと等にかんがみ、たばこ専売制度の廃止に伴う激変を回避することによって、右小売人の保護を図るため、当分の間に限り、製造たばこの小売販売業について許可制を採用することとしたものであるとされる。

(a) 意味・内容

これは、自己の従事する職業を自ら決定する自由を意味する。職業選択の自由は、職業を「選択」する自由（職業の開始・継続・廃止の自由）と選択した職業を「遂行」する自由（職業活動の内容、態様における自由）を保障内容とする。

ここで、営業の自由の意義及び根拠が問題となる。通常、営業の自由とは、営利をめざす継続的・自主的な活動の自由を意味するとされ、憲法22条の職業選択の自由に含まれると解されている。判例も、「職業選択の自由を保障するというなかには、広く一般に、いわゆる営業の自由を保障する趣旨を包含しているものと解すべき」と述べている（最大判昭和47年11月22日刑集26巻9号586頁［小売市場事件］）。

(b) 規制の類型

職業選択の自由は、絶対無制約の権利ではなく「公共の福祉」に基づく制約を受ける。ただ、精神的自由権の場合とは異なり、消極目的規制と積極目的規制とがありうる（前掲最大判昭和47年11月22日）。

第1に、消極目的規制とは、国民の生命・健康に対する危険を防止・除去・緩和するために課される規制をいい、警察的規制とも呼ばれる。これには、①許可制（風俗営業、飲食業、貸金業等）、②資格制（医師、薬剤師、弁護士、司法書士等）、③登録制（建築業、毒物劇物営業者）、④届出制（理容業等）等による規制がある。

①の許可制については、公衆浴場営業の許可に関わる距離制限（公衆浴場法）の合憲性と、薬局開設の許可に関わる距離制限（薬事法）の合憲性とが問題となる。判例は、公衆浴場法上の距離制限の合憲性に関し、「国民保健及び環境衛生の上から」合憲とした（最大判昭和30年1月26日刑集9巻1号89頁）。他方、薬事法上の距離制限の合憲性については、「適正配置規制は、主として国民の生命及び健康に対する危険の防止という消極的、警察的目的のための規制措置で

あ」るが、「右の配置規制がこれらの目的のために必要かつ合理的であ」るとはいえず、違憲と判示している（最大判昭和50年4月30日民集29巻4号572頁［薬事法事件］）。

　そこで、両事例とも消極・警察目的による規制であり、それ故、後述する「厳格な合理性の基準」に基づいて違憲審査を行うものとするならば、両判決の整合性を維持し得ないのではないかが問題となる。ここでは公衆浴場業が以下の理由から次に述べる「特許」企業的性質を有するものであり、したがって、公衆浴場の適正配置規制は積極目的規制と捉えるべきである。その理由として、①公衆浴場の公共性（自家風呂のない国民には、安価で衛生的な公衆浴場が不可欠であること）、経営上の特殊性（巨額の建設費、施設転用の困難性等）に鑑み公衆浴場を確保するという政策的見地から適正配置規制が設けられていると解されること、②自家風呂の普及に伴い、公衆浴場の経営が難しくなってきていることである（なお、最判平成元年1月20日刑集43巻1号1頁、最判平成元年3月7日判時1308号111頁参照）。

　第2に、積極目的規制とは、福祉国家の理念に基づいて、経済の調和のとれた発展を確保し、特に社会的・経済的弱者を保護するためになされる規制をいう。これには、①国家独占（民営化前の郵便事業、かつての煙草・塩の専売制）、②特許制（電気、ガス、鉄道、バス）、③許可制、④届出制等による規制がある。

　酒類販売の免許制の違憲性が問題となった事件で、最高裁は次のように述べて、合憲と判断した（最判平成4年12月15日民集46巻9号2829頁）。すなわち、「租税の適正かつ確実な賦課徴収を図るという国家の財政目的のための職業の許可制による規制」については、後述する「明白性の原則」に従って判断すべきところ、立法府の判断が「政策的、技術的な裁量の範囲を逸脱するもので、著しく不合理であるとまでは断定し難い」として合憲とした。ただ、税収確保目的は積極目的といえるのか、また、そもそも税収確保目的による規制は、「公共の福祉」に含まれるのか等の点については、学説上の議論がある。

　(c)　違憲審査基準

　経済的自由権の規制立法に関する違憲審査基準は、精神的自由権の場合よりも緩やかなもので足りる（二重の基準）。また、現在では、経済的自由権について消極目的規制と積極目的規制とに分け、異なる基準で判断すべきとされてい

る（目的二分論）。さらに、消極目的規制の場合には、社会生活における安全の保障や秩序の維持に対する危険が問題とされるが、精神的自由権とは異なり立法府の裁量が大幅に認められることから、害悪発生の危険は、原則として抽象的危険で足りると解すべきである。

　まず、積極目的規制の違憲審査基準に関し、最高裁は、「立法府がその裁量権を逸脱し、当該法的規制措置が著しく不合理であることの明白である場合に限つて、これを違憲として、その効力を否定することができるものと解するのが相当である」と述べて、「明白性の原則」を採用した（前掲最大判昭和47年11月22日）。他方、消極目的規制の違憲審査基準について、最高裁は、「重要な公共の利益のために必要かつ合理的な措置であることを要し、また、……よりゆるやかな制限……によつては右の目的を十分に達成することができないと認められることを要する」と述べて、「厳格な合理性の基準」を採用するに至った（前掲最大判昭和50年4月30日）。

　もっとも、後者の判決については、その射程をより狭く見るべきであって、職業の許可制についての、しかも消極目的による規制についての違憲審査基準を示したにすぎないものと見るべきではないかとする見解がある。また、判例や学説が主張する目的二分論については有力な批判も存する（戸波・後掲）。仮に、目的二分論を支持するとしても、積極目的・消極目的の区別は必ずしも明らかではなく、また両目的を含むものも少なからず存在する。そのため、目的二分論は維持しつつ他の視点もあわせて合憲性を判断することとなる。ここで重要な要素が「規制の態様」である。すなわち、①職業選択の自由に対する規制は営業の自由に対する規制よりも厳格に審査されるべきであり、また、②職業選択の自由に対する規制のなかでも、個人の能力とは無関係な要件による規制（競争制限的規制等）の場合にはより厳格な審査が要求されると解される。

【解説】　判例は、たばこの小売販売業の距離制限が積極目的規制であり、「明白性の原則」に従い「目的のために必要かつ合理的な範囲」といえるから合憲と判断した（最判平成5年6月25日判時1475号59頁）。しかし、こうした理解には問題がある。

　まず、立法目的をどのように理解するかが問題となる。本件の距離制限が、弱

者保護という積極目的規制を意味することは間違いない。ただし、激変緩和という意味から、当分の間これを維持し、現状維持を図ろうとした立法趣旨をどのように評価すべきであろうか。この点、先例につき、「裁判所は、社会秩序の積極的形成を目的とするものと、消極的な社会秩序の維持を狙いとするものとに区別し、それぞれに異なる審査基準を示した」と指摘する見解（今村・後掲［1994］240頁）が参考となる。これによれば、本件規制は、社会秩序の維持を目的とする消極目的規制を含むものと解すべきであろう。

他方、本件原判決は、「小売販売業許可制は控訴人主張のように身体障害者等の優遇を直接の目的とするものではない」と述べているが（大阪高判平成3年4月16日訟月37巻11号2087頁）、このことも合わせて考えれば、結局、本件規制は、単に消極目的規制として位置づけるべきではないかとも解される。

(3) 財産権

(a) 内容——憲法29条1項

「財産権」とは、一般的には、財産的価値を有するすべての権利をさす。物権や債権、無体財産権、公法・特別法上の権利等も含む。

憲法29条1項は、「財産権は、これを侵してはならない」とするが、ここでいう「侵してはならない」という文言の意味が問題となる。この点、同条2項の文言から、1項は2項によって法律で定められた内容のものを「財産権」として保障する、とする説も存する（最大判昭和28年12月23日民集7巻13号1523頁の栗山裁判官の補足意見）。しかし、この立場によれば、憲法は法律で規定されたものだけを保障することになり、憲法の最高法規としての意義を喪失することになってしまう。

そこで、1項は、①自由権としての財産権、すなわち国民が現に有する財産上の権利に対する国家の不干渉の保障という側面とを意味すると解する。また、②制度的保障、すなわち、個人の財産権を享有し得る法制度（私有財産制）を保障するという側面をも有するものと解すべきである。後者も含まれるとする理由は、財産権保障は、その前提として財産の帰属と内容に関するルールを必要とすること、その前提的ルールについて憲法に定めがなく、全面的に法律に委ねられているとすれば、憲法で財産権を保障した意味が失われることになること等を挙げることができよう（高橋・後掲218頁以下）。

このように、財産権の保障には2つの側面が含まれていると解される。この場合、「制度的保障」の内容、したがって私有財産制をどう捉えるのかが問題となる。この点については、制度の内容を「生産手段の私有」と考え、これに反する社会主義体制を取り入れるには憲法改正を必要とすると解すべきである。その理由は、①個人の生存に不可欠の物的手段のみを保障する（今村・後掲[1968] 13頁）のであれば、社会主義諸国の憲法と同様にその点を明示したはずである点、②22条1項が「営業の自由」を保障すると解する以上、その前提たる生産手段についても憲法上保障されていると解すべきである点である。

(b) 制限①——憲法29条2項

憲法29条2項は、財産権が公共の福祉による制限を受けることを述べており、一般に財産権制約の根拠を示していると解される。ここには、消極目的規制と積極目的規制とが含まれるものと解される。例えば、①消極目的規制として、生命・健康等に対する危害や災害を防止するための最小限の警察的規制（伝染病予防法、食品衛生法、消防法等）、土地所有権相互間の利用調整や権利濫用の防止などを目的とする相隣関係上の規制（民法209条以下、建築基準法）等が挙げられる。また、②積極目的規制として、私的独占の排除（独占禁止法）、耕作者保護のための規制（農地法）、土地計画法上の土地利用規制、文化財保護のための規制（文化財保護法）、自然環境保全のための規制（自然環境保全法、自然公園法）等がある。

前者の例として、奈良県ため池条例判決がある。最高裁は、ため池堤とうの土地利用制限につき、「ため池の破損、決かい等による災害を防止し、地方公共の秩序を維持し、住民および滞在者の安全を保持するため」の規制とした（最大判昭和38年6月26日刑集17巻5号521頁）。他方、後者の例として、農地所有者の所有権行使を制限する農地法20条の規定、また、土地賃貸借契約の更新拒絶に正当事由を必要とする借地法4条1項の規定について、自作農の地位の安定向上や借地権者の保護という積極目的規制とした判決がある（最大判昭和35年2月10日民集14巻2号137頁、最大判昭和37年6月6日民集16巻7号1265頁）。

財産権の規制立法に対する違憲審査についても、職業選択の自由について述べたところと同様に、目的二分論が妥当すると解すべきである。したがって、財産権の消極目的規制に対しては「厳格な合理性の基準」が、積極目的規制に

対しては「明白性の原則」が妥当すると解される。しかし、判例は必ずしも目的二分論を採用していない。森林法の共有者に対する分割請求権の制限規定（森林法186条）の合憲性が争われた訴訟において、最高裁は目的二分論のアプローチを採らなかったのである（最大判昭和62年4月22日民集41巻3号408頁）。すなわち、判決は、本条の立法目的が「森林の細分化」の防止による「森林経営の安定」、ひいては「国民経済の発展」にあるとした上で、本条の規制は、「立法目的との関係において、合理性と必要性のいずれをも肯定することのできないことが明らかであつて、……憲法29条2項に違反し、無効というべきである」と判断した。ここでは、立法目的を積極目的だとした上で、規制手段の必要性・合理性につき厳格に審査する「厳格な合理性の基準」を採用したと見るべきである。

(c) 制限②——憲法29条3項

憲法29条3項にいう「公共のために用ひる」とはいかなる意味か。この点、一般には、①公共事業（病院、学校、鉄道、道路、公園、ダムなど）のために私有財産を収用し（公用収用）、または制限する（公用制限）こと、のみならず、②「公共の利益」のために私有財産を収用・制限し、特定の個人に供されることを含むと解している。したがって、戦後の自作農創設を目的とする農地買収や団地造成による宅地分譲（都市計画法12条1項2号・3号、69条等）のように、私有財産を特定の私人に売渡される場合も「公共のために用ひる」に該当するものと解される。

このことは、財産権が、社会権の実現ないし経済的、社会的弱者の保護のための政策により制限されるものであり、必要があれば、直接公共の用に供する場合だけでなく、特定の者の財産権を剥奪したり、それと同視しうるような強度の制限を加えることも可能という点から説明され得る。したがって、29条2項の「公共の福祉」による制限の場合であっても、3項の「公共のために用ひる」に該当し、補償を要することもあり得ると解すべきである（2項・3項結合説。最大判昭和27年1月9日刑集6巻1号4頁、最大判昭和28年12月23日民集7巻13号1523頁、最判昭和29年1月22日民集8巻1号225頁参照）。

このように「公共のために用ひる」の意味を広義に解する場合には、補償の要否の判定基準が問題となる。公法上の損失補償は、適法な公権力の行使に

よって課せられる特別の犠牲に対し、これを調節し全体の負担に転嫁するための法技術的手段として認められる制度である。そのため、一般には、私有財産の制限に対し補償が必要とされる根拠を、「特定の個人に対して特別の犠牲を強いること」に求めている。補償が必要とされるのは「特別の犠牲」を課す場合ということになる。そこで「特別の犠牲」とは何かが問題となる。

　この点、通説は、①形式的要件（制限が一般的か一部の者についてか）と②実質的要件（制限が本質的に強度のものか否か）によって判断している。他方、実質的要件のみで判断すべきとする考え方が有力に主張されている。この立場は、①規制が財産権を剥奪し、またはその本来の効用の発揮を妨げる程度のものである場合、補償は必要、②その程度にまで至らない場合、(イ)規制が財産権に内在する社会的拘束の表れであれば補償は不要（建築基準法による建築制限等）、しかし、(ロ)規制が当該財産権の本来の社会的効用とは無関係に、偶然に課せられる制限であれば、補償は必要（重要文化財の環境保全のための制限、国立公園内の自然風物の維持のための制限等）という基準を主張する。その理由として、第1に、私有財産に対する一般的制限・特定的制限の区別は相対的であること、第2に、土地所有者の受認すべき社会的拘束と考えられる度合いが強まり、従来の警察的規制（補償不要）・公用制限（補償必要）の区別は有用性を失ったこと、第3に、「公共のために用ひる」の方法が多様になったことを挙げている。

　具体的には、①公用収用・公用制限の場合、②積極目的規制の場合、③消極的規制の場合それぞれにつき、補償の要否が問題となる。まず、①の場合に補償が必要であることについては問題はない。②の場合には、通説によれば、一部の者にのみ負担を課し、または財産権の剥奪もしくは剥奪するような結果になるものにつき、補償が必要とされる。③の場合には、法律で特別の補償措置が講じられている場合（結核予防法31条、消防法29条3項、水防法21条2項等）を除いて、一般に補償は不要と解すべきとされている。

　判例は、消極目的によるため池堤とうの土地利用制限の合憲性が争われた事件で、損失補償を要しないと判断した（前掲最大判昭和38年6月26日）。また、河川附近地における砂利採取等の行為を知事の許可制とする規定の合憲性が争われた事件で、「河川管理上支障のある事態の発生を事前に防止するため」の消極目的による本件規制については、損失補償を要しないとした。ところが、その

一方で、河川の「堤外民有地の各所有者に対し賃借料を支払い、労務者を雇い入れ、従来から同所の砂利を採取してきた」被告人については、「特別の犠牲を課したものとみる余地が全くないわけではなく、……本件被告人の被つた現実の損失については、その補償を請求することができるものと解する余地がある」と判断した（最大判昭和43年11月27日刑集22巻12号1402頁）。

　ここで、ともに消極目的規制が問題とされた両判決を、整合的に説明することができるのかが問題となろう。整合的には説明できないとする見方は、ため池条例の規制も同様に強度なものであること、また、「既得権」の侵害であるとする点でも共通であることなどから、結論を分ける理由は存しないと主張しうる。しかし、第1に、「形式的要件」における違い、すなわち、ため池条例判決では、本件ため池および周囲の堤とうが当該町居住農家の「共有ないし総有」であったが、河川附近地制限令判決では、侵害の対象が特定の者に限られていたということ、第2に、「実質的要件」における違い、すなわち、ため池条例判決では、当該規制は、他者の生命・健康等の利益を保護するという意味での内在的制約であるだけでなく、財産権者自身の利益をも保護するという意味でも内在的な制約であったという事情、その意味で、ため池条例事件は、「制約の必然性」が強調されるべき事案であったことを指摘することで、両判決の整合性を説明することができるように思われる。

　「正当な補償」の内容については、①補償対象たる財産の客観的な経済価格とする完全補償説（移転料や営業上の損失等、付帯的損失も含む）、②完全な補償である必要はなく、制約目的や制限の程度等を考慮して合理的な金額であればよいとする相当補償説、③原則として完全補償を要するが、既存の財産権秩序を構成するある種の財産権に対する社会的評価が変化したことに基づき、その財産権が公共のために用いられるという例外的な場合には、相当補償で足りる場合を認める説（今村・後掲［1968］74頁）等がある。この点、損失補償制度が、適法な公権力の行使による損失を個人の負担ではなく、国民の一般的・平等的負担（14条参照）に転嫁させることを目的とするものであることから、原則として完全補償が必要であるが、常に完全補償を要するとしたのでは一定の目的を達成できない場合もあり得ることから、③説が妥当であろう。したがって、農地改革や国有化・社会化などの社会改革としてなされる財産権の制限について

は、相当補償で足りると解される。判例は、農地改革判決において、相当補償で足りるとした（最大判昭和28年12月23日民集 7 巻13号1523頁）。しかし、土地収用法における補償額が問題となった事件では、完全補償を要すると述べた（最判昭和48年10月18日民集27巻 9 号1210頁）。これは、原則として完全補償を要し、例外的な場合においてのみ相当補償で足りるとする説と同じ立場にあるものと理解できよう。

　完全補償を要するとされる場合、収用される財産の客観的価額や付帯的損失のみで十分か、金銭補償以外にも、何らかの現物補償や生活再建措置が必要ではないかが問題となる。この生活権補償は、財産権補償の観点からは29条 3 項の「正当な補償」には含まれないが、生存権保障（25条）および法の下の平等（14条）の観点から補償を要すると解すべきである。したがって、生活権補償は、政策上の要請ではなく、憲法上の要請と解される。

　「正当な補償」が必要であるにもかかわらず、法律上補償規定が欠けている場合、憲法29条 3 項に基づいて損失請求できると解される。判例も、「直接憲法29条 3 項を根拠にして、補償請求をする余地が全くないわけではないから」、当該法令の規定を「直ちに違憲無効の規定と解すべきではない」と判断している（前掲最大判昭和43年11月27日）。

2　人身の自由・刑事手続上の権利

(1)　人身の自由の意義と内容

　人身の自由とは、不当に身体の拘束を受けない自由を意味する。憲法は、人身の自由として次の諸規定を定めている。①奴隷的拘束・苦役からの自由（18条）、②適正手続の保障（31条）、③不法な逮捕・抑留・拘禁からの自由（33条・34条）、④不法な捜索・押収からの自由（35条）、⑤拷問・残虐刑の禁止（36条）、⑥公平な裁判所の迅速な公開裁判を受ける権利（37条 1 項）、証人審問権・証人喚問権（同条 2 項）、弁護人依頼権（同条 3 項）、⑦不利益供述強要の禁止（38条 1 項）、自白の証拠能力の制限（自白排除法則、同条 2 項）、自白の補強証拠の要求（自白補強法則、同条 3 項）、⑧遡及処罰の禁止・二重の危険の禁止（39条）である。

(2) 適正手続の保障内容

憲法31条は、「法律の定める手続によらなければ」生命・自由を奪われたり、刑罰を科されないと規定するが、本条の保障内容については次のように学説が分かれている。(i)手続の法定のみを意味するとする手続法定説、(ii)手続の法定とその内容の適正性を要するとする適正手続説、(iii)手続と実体との法定を要するとする手続・実体法定説、(iv)手続と実体の法定及び手続のみの適正性を要するとする適正手続・実体法定説、(v)手続・実体の法定及び適正性を要するとする適正手続・適正実体説の5説である。

手続の法定は明らかであるので、手続内容の適正性、実体要件の法定、その適正性それぞれの内容が何かが問題となる。①手続内容の適正性とは、告知・聴聞・防御の機会の実質的保障を意味する（最大判昭和37年11月28日刑集16巻11号1593頁）。②実体要件の法定とは、罪刑法定主義を意味する。③実体の適正性とは、刑罰規定の明確性、罪刑の均衡、刑罰の謙抑主義を意味する（野中他・憲法Ⅱ378頁）。

そこで、どの学説が妥当かという点を明らかにする必要があるが、ここでは、第5説を妥当とする。その理由は次の3つである。第1に、どんな手続でも法律で規定しさえすればよいというのでは、人権に対する不当な侵害を阻止することができない（「①手続内容の適正性」を要求する根拠）。第2に、遡及処罰の禁止（39条）や政令による罰則規定の制限（73条6号）からは罪刑法定主義は当然の前提とされており、あえて31条を持ち出す必要はない、とする立場もあるが、このような重要な原則が憲法上黙示的にしか定められていないという解釈には疑問が残る（「②実体要件の法定」を要求する根拠）。第3に、実体要件の適正性の問題が全て他の憲法条項によって規定されているとは断定し得ない（「③実体の適正性」を要求する根拠）。

(3) 行政手続との関係

(a) 適正手続の保障（31条）と行政手続

憲法31条による適正手続の保障が行政手続にも保障されるかについては争いがある。同条の文言が、「その他の刑罰を科せられない」となっているからである。この点については、①31条を適用すべきとする説、②31条を準用あるいは類推適用すべきとする説、③13条に求める説、④13条と31条に求める説等があ

る。

　31条は、「刑罰」との関係で定められているため、行政手続の適正手続保障の根拠は13条に求めるべきであろう。ただし、行政手続のなかにもその性質から31条を準用すべき場合があると解される。例えば、精神保健法上の知事による入院措置のような身体の自由を奪う行政処分、あるいは、「刑罰」としての罰金・科料と実質的に同視しうる秩序罰や執行罰としての「過料」である（佐藤（幸）・憲法449頁、590頁参照）。

　いわゆる成田新法に基づく不利益処分の取消しが争われた事件で、最高裁判所は、31条の適正手続の保障が、刑事手続以外にも適用されうることを認める一方、告知・弁解・防御の機会を常に与えることを必要とするものではなく、利益較量により決すべきとし、命令の相手方に対し事前に告知・弁解・防御の機会を与える旨の規定がない本法については、31条の法意に反するものということはできない、と述べた（最大判平成4年7月1日民集46巻5号473頁）。行政手続法が制定されたことで、不利益処分に際しての告知・聴聞の機会の保障が原則とされた。しかし、同法自体が適用除外規定を置いており、法律による手続保障が及ばない領域が存在する状況は変わっていない。その限りでは、依然として本判決の先例としての意義は失われてはいないものと解される。また、本判決の趣旨は、侵害処分以外の行政行為についても適用があるかが問題となる。最高裁は、申請許可手続に関し、①原子炉設置許可処分手続に関する判決（最判平成4年10月29日民集46巻7号1174頁）、および、②教科書検定手続に関する判決（最判平成5年3月16日民集47巻5号3483頁）において、成田新法判決にならった判断を示している。

　(b)　**住居の不可侵（35条）・不利益供述強要の禁止（38条1項）と行政手続**

　行政庁が行政に必要な情報を収集するために、他人の家屋に立ち入ったり、検査を行うという行政調査を行うことがある。この場合にも、35条・38条1項の規定が適用、または、類推適用ないし準用されることにより、行政権力の恣意的行使から個人を保護すべきと考える。

　この点、最高裁は、税務署職員による質問検査に抵抗・拒否した行為に刑事罰を科す旧所得税法の合憲性が争われた川崎民商事件で、35条および38条1項の保障を認めつつ次のように述べている（最大判昭和47年11月22日刑集26巻9号

554頁)。①収税官吏の検査は、もっぱら行政目的によるものであり、刑事責任の追及を目的とする手続ではない（目的）、②右検査が、実質上、刑事責任追及のための資料の取得収集に直接結びつく作用を一般的に有するわけではない（刑事手続との関係）、③強制の態様は、実質上、直接的物理的な強制と同視すべき程度にまで達してはいない（強制の程度）、④その目的、必要性からして、右の程度の強制は、実効性確保の手段として不均衡、不合理なものとはいえない(均衡・合理性)、したがって、⑤裁判官による令状を要件とせず、不答弁をも罰するとしても、35条・38条１項には違反しない。

しかし、判例のいう基準では、憲法が行政手続に適用される余地はほとんどない。行政調査によって得た資料の使用は、行政目的のためにのみ認められ、刑事責任追及のためには認められないと解するのが妥当であろう（野中他・憲法Ⅰ396頁、高橋・後掲235頁）。

【参考文献】
　安念潤司「憲法が財産権を保護することの意味――森林法違憲判決の再検討」長谷部編・リーディングズ138頁以下
　今村成和『損失補償制度の研究』（有斐閣、1968）
　今村成和『人権論考』（有斐閣、1994）
　浦部法穂『違憲審査の基準』（勁草書房、1985）
　高橋和之『立憲主義と日本国憲法』（有斐閣、2005）
　戸波江二「職業の自由」芦部信喜編『憲法の基本問題』（有斐閣、1988）242頁以下
　矢島基美「経済的自由の違憲審査基準論」徳山大学論叢36号（1991）293頁以下

第17章　参政権・国務請求権
——人権確保のための権利

　人々がより実効力のある人権保障を確保するには、私たちが、国家に対しそのための積極的な行動を取ることが必要となる。どのようなアプローチを取るかはその行動の性格により異なるが、これに関連する権利としては、大きく分けて、①私たちが自分たちの住む国（地域）を、自ら作り上げていくために、政治に参加するための能動的な地位に立つための権利としての「参政権」と、②国家の制度の利用を求め、国に積極的な作為を要求する権利としての「国務請求権」とが存在する。

1　参政権

(1)　参政権の内容

　日本国憲法は、国民を主権者としながら、主に代表者を通じて国政を運営する代表民主政に立脚している。こうした政体のもとで、国民は、議会の議員を選挙し、または自らが議員となるために立候補するなどして、政治に参加する。これら選挙権と被選挙権とを、通常、狭い意味での参政権とする。これに加えて、国民は、公的組織の中で公権力を行使することで、国家の行為を能動的に行う主体となりうることからも、国や地域の公務員になる権利（権限・能力）である「公務就任権」もまた、参政権の1つとする場合がある。ただしこの公務就任権は特に、人々の職業選択の自由の問題にも関わることからも、その自由権的な側面も無視することができない。

　憲法15条1項は、「公務員を選定し、及びこれを罷免することは、国民固有の権利である」と定める。これは、公務員の任免に関して、国民が本来的権利を持つことを示しているとされる。しかし、この権利については、公務員選定の終局的権威が国民にあるにすぎず、国民がすべての公務員の任免を具体的に

実行しうる力（権限）ではないと通常、理解されている。

憲法や他の法律により、国民が直接に公務員を選定する場合として設けられているのは、国会議員の選任（43条1項）、地方公共団体の長・議会議員の選任（93条2項）、罷免する場合としては、国民審査に基づく最高裁判所裁判官の罷免権（79条2項）、地方公共団体の長・議会議員の解職請求に基づく住民投票（地方自治法80条・81条）などが挙げられる。

(a) 選 挙 権

選挙権とは、選挙人団が公務員を選定する行為である選挙に、選挙人団の一員として参加する権利のことをいう。この選挙権の法的性格の理解をめぐっては、日本の憲法学説の中で対立が見られる。選挙権の本質をめぐっては、①その行使を、公務員の選定作業に参加するという有権者の公務として見る考え方と、②主権者としての権利であるとする考え方がある。これについて現在の日本での学説は、選挙権には①と②の両側面があるとする権利・公務二元説と、②の側面のみで理解すべきとする権利一元説とに、概ね二分される。通説は、権利・公務二元説とされる。

こうした議論の対立がある背景には、選挙権をめぐる歴史的展開がある。つまり、公務説という考え方は、制限選挙を正当化する機能を歴史的に有してきたのであり、普通選挙が当然要請される国民主権のもとでは、こうした公務説的発想は問題であると権利一元説からは主張されることとなる。しかし、現在の権利・公務二元説は、選挙権が通常の人権や権利に比べてもその公共性は否定できず、また、自由権的な権利等と比べると、制度とのかかわりがきわめて強いことから、通常の人権や権利とはその性格が異なる点があることを認めるに過ぎないのであって、権利性をことごとく否定するものではない。選挙権の性格をめぐるこうした対立は、理論的な対立に加え、投票価値、公民権停止、棄権の自由といった実際の憲法解釈・運用上の差異が生じるとされる。

(b) 被 選 挙 権

被選挙権とは、選挙人団による選挙によって、当選人になる権利または資格のことをいう。選挙で選ばれなければならない権利ということではない。しかし、こうした被選挙権は同時に、「立候補する権利」としての側面も有する。この立候補する権利の憲法上の根拠については、明記されているわけではないも

のの、13条・15条1項・44条を根拠とする説が見られる。

被選挙権については、法律による制限として、公職選挙への公務員の立候補の制限などに加え、最近では、公職選挙法において、選挙関係者により選挙犯罪が行われた場合に本人の当選を無効とする連座制や、本人の立候補を5年間禁止する規定などが設けられている。

(2) 選挙制度

> **設例** 参議院の独自性を出すために、選挙区選挙に関して、現在の地域代表制に代わり、職能代表制（選挙人を各職域に分類し、その職域を1つの選挙区とし、そこから代表者を選出する方法）を導入することは、憲法上可能であろうか。

世界各国の選挙制度を見ると、様々な選挙制度が採られていることがわかる。では、選挙にはどのような方法があり、そのうちのどれがより憲法適合的なのであろうか。これを答えることは非常に難しいものの、伝統的には、次のような代表方法とそれに対応する具体的な制度を提示し、分類するのが一般的といえる。

(a) 種 類

① 少数代表と大選挙区制　少数代表とは、選挙区内の少数派にも当選の可能性を与える代表法とされる。こうした可能性を重視した場合、1つの選挙区からは多数の当選者が生まれることが期待される。この期待を達成する選挙区制として考えられるのが、大選挙区制である。この制度は、選挙区内での1位だけではなく、2位や3位も当選させるという制度である。日本の地方議会のうち、市町村議会の議員選挙がこの方法を採用している。

② 多数代表と小選挙区制　多数代表とは、選挙区内の多数派のみが当選できることを念頭とした代表法である。これを重視した場合、1つの選挙区での多数派がその選挙区を独占的に代表することが期待される。そこで、通常採られるのが、1選挙区で1人の当選人だけを出す小選挙区制である。

③ 比例代表と比例代表制　比例代表制とは、政党などの団体が立候補名簿を作成し、その名簿の下で、その政党（ないしはその政党の作成する名簿上に名前のある者）へ向けられた投票数に比例して、当選議席の数が決まる代表法で

ある。

　④　それぞれの代表法／代表制の長所と短所　　以上の代表法にはそれぞれ長所・短所があるといわれ、特に大選挙区制と小選挙区制とのそれは表裏一体の関係にあるといえる。例えば、少数者の意見も反映された代表者が生まれる点を重視するのであれば、少数代表に基づく大選挙区制のほうがよいとされる。一方で、偶然的な当選を防ぎ、地域に対する議員の責任の重さを重視すれば、多数代表に基づく小選挙区制がよいとされる。また、比例代表制の長所としては、大選挙区制の長所の1つと同じように、少数者の投票も忠実に議席数に反映されるという点が挙げられる。しかし一方で、比例代表制の導入により小党が乱立し、連立政権などによらなければ政権を維持できない場合が多く、政局が安定しないといった批判もされることがある。

　⑤　現在の日本の国政選挙制度　　憲法43条1項には、「両議院は、全国民を代表する選挙された議員でこれを組織する」とあるが、47条で「選挙区、投票の方法その他両議院の議員の選挙に関する事項は、法律でこれを定める」とあるように、具体的な選挙制度のありようについて憲法は、立法権の裁量を認めている。こうした憲法規定を受けて、選挙の詳細は公職選挙法という法律に定められ、国政レベルの選挙については、衆議院と参議院、それぞれ別の選挙制度が採用されている。

　45条は、「衆議院議員の任期は、4年とする。但し、衆議院解散の場合には、その期間満了前に終了する」と定めている。衆議院はかつて、1つの選挙区から複数(3～5名)の当選者を出す選挙制度(これは大選挙区制に分類されるが、「中選挙区制」と呼ばれていた)を採用していた。しかし1994年以降、選挙制度改革が行われ、定員480名のうち小選挙区制の下で300名を選出し、残りの180名については、全国を11選挙区に分け、その定員をそれぞれに配分し、各ブロック内での拘束名簿式比例代表制により選出する制度となり、現在に至る。

　一方の参議院について46条は、「参議院議員の任期は、6年とし、3年ごとに議員の半数を改選する」と定めている。参議院はかつて、各都道府県を1つの選挙区として議員を複数選ぶ「地方区」と、全国を1選挙区とした大選挙区制である「全国区」を採用していた。しかし、とりわけこの「全国区」が「残(銭)酷区」などと揶揄されたように、選挙費用がかかりすぎるなどといった点

が問題となり、「全国区」に代えて拘束名簿式比例代表制が採用された。しかし、その後、この拘束名簿式は非拘束名簿式に変更されている。

　以上のような国政レベルでの選挙制度をめぐっては、それが憲法の諸規定・諸原則に反する部分があるのではないかとの疑問も呈されることがある。ここでは例として、衆参両議院議員選挙で採用される比例代表制の合憲性について述べる（衆議院小選挙区・参議院選挙区での議員定数と投票の価値をめぐる平等原則については後ほどふれる）。まず、衆議院の拘束名簿式比例代表制については、後に述べる直接選挙原則との関係で問題となる。これにつき最高裁は、「投票の結果すなわち選挙人の総意により当選人が決定される点において、選挙人が候補者を直接選択して投票する方式と異なるところはない」（最大判平成11年11月10日民集53巻8号1577頁）としている。一方、参議院の非拘束名簿式は、各政党が候補者名簿を事前に作成し、選挙人はその政党名か名簿登載者の氏名を記入して投票し、各政党の当選人数がその合計得票数で決まり、当選は名簿中の得票の多い人から決まるという制度である。この制度については、候補者個人に入れた投票が政党の投票になってしまうといった点や、当選させたくない候補者を当選させるための票になってしまうことからも、選挙人の投票意思を歪めて代表者への意思の反映を阻害するとして15条に反するという考え方や、直接選挙を保障するとされる43条1項に反するのではないかとの意見もある。しかし、この選挙制度が、政党の提出する名簿を前提とするものであるとすれば、人々はそのことを前提に投票行動を取ることになろう。つまり、いかなる選挙制度においても、その制度を前提とした投票行動があるのであって、「絶対的に正しい」選挙制度に絶対的民意を見出すことはできないともいえる。そうした観点から見た場合に、この制度が、明らかに民意逸脱の制度であるということは難しいともいえる。また、直接選挙にしても、間接選挙が憲法上禁止されているのかということに争いがある上、仮に禁止されているとしても、この制度が、通常われわれが認識する間接選挙と違い、普通選挙の下での選挙人総意の結果により当選者が輩出される点で、ただちに直接選挙違反とはいえないともいえる。

　(b)　選挙制度と「全国民の代表」

　「選挙制度」というと、われわれは通常、比例代表などを除き、地域ごとに議

員を選ぶ制度であって、その議員には地域を代表して国政で活躍してもらうことを念頭におくであろう。こうした代表観はそれを実際の現象としてみた場合に、必ずしも否定しえない。しかし、憲法規範との関係で見た場合、注意すべき問題が生じるのが、議員の「全国民の代表」性である。「全国民の代表」については、すでに本書の第3章・第6章で見た。その意味からすると、各議員は一定の選挙区の下で選出されてきてはいるものの、一度選出されれば（一部の代表ではなく）全国民の代表として国政を遂行することが憲法上要請され、選挙制度もまたその趣旨に沿うよう構築されなければならない。

> 【解説】「全国民の代表」の視点から選挙制度の構築の方法を見た場合、この「全国民の代表」性を維持することができるのであれば、必ず地域代表制・比例代表制と取らなければならないという必然性はない。そこで、これら以外の選択肢として、職能代表制を採用することは可能であるかが問題となる。
> 　こうした代表制を採る場合、憲法との関係では、第1に、こうした選挙区の中で選ばれた代表が、その集団の特定意思に法的に拘束されないことが憲法上クリアされる必要がある。第2に、多元的な国民意思が議会へ反映されることを憲法が要請していると見るならば、この制度が多元的な意思の反映しえる制度であるかどうかという点がクリアされる必要がある。実際の選挙をした場合に、一部の職業者団体が多くの議席を独占してしまうとすれば、それは多元的な意思を反映したといえない。第3に、職業団体に分類することのできない市民の投票がどのように確保されるのか、といった問題である。これらの点が憲法との関係からクリアされれば、職能代表制の導入もまた、合憲になる可能性はある。
> 　なお、かつて最高裁が参議院選挙をめぐるある判例の中で、参議院の独自性を提示するにあたり、「事実上ある程度職能代表的な色彩が反映されることを図」っていると判示したが、これはあくまでも「事実上」のものにすぎず、厳密な意味での職能代表とはいえない。

(c) 選挙制度と二院制

すでに見たように、日本の国会は二院制を採用しているが、それぞれの院が実際に採る選挙制度は、選出の方法にあまり大きな差が見られない。そこで、特に参議院の独自性を見出すために、参議院で（必ずしも人口比などに縛られる

ことのない）独自の選挙制度を設けることは、憲法上認められるであろうか。

この点については、最近の憲法論でも、政策的な側面からも多様な参議院のあり方を考えることができるし、また、憲法解釈の視点からも、議員の選出方法につき、衆議院議員選挙については、直接選挙制といった選挙原則が、下院としての地位にあるという点から要求されるものの、参議院については、そういった原則が必ずしも要求されないとする考え方も提起されている。しかし一方で、参議院の代表者構成に関する特殊性を積極的に認める憲法規定があるというわけでもなく、その場合、あらゆる選挙上の諸原則（特に、直接選挙、平等選挙）は参議院にも当然該当するといえる。そこで、こうした原則を超える大きな変更は憲法上難しいとする考え方も成り立つ。

(3) 選挙をめぐる諸原則

(a) 普通選挙

普通選挙とは、一定の納税額、財産、身分、教育などで選挙資格を制限する制限選挙の対概念として用いられ、そういった要件によらずに一般的に広く認められる選挙原則のことをいう。ただし、15条3項では、成年者による普通選挙を保障するとしている点で、未成年者による選挙について憲法上制限を設けている。これに関して、日本では、成年者がいかなる年齢であるのかについて法律に定めており、現在の選挙権は20歳以上とされているが、近年18歳にそのラインを下げるべきとする主張も多く見られる。

(b) 秘密選挙

秘密選挙とは、選挙人の投票内容を本人以外に分からないようにすべきとする選挙原則である。15条4項には、「すべて選挙における投票の秘密は、これを侵してはならない」とあり、これは、選挙の自由と公正を確保することを目的としているといってよい。

(c) 平等選挙

① 概説　平等選挙とは、人々が選挙権を享有するにあたり、その票の数や内容に差を設けることができないとする原則である。この原則は、14条の法の下の平等の一般原則や、同44条但書などに読むことができる。こうした平等選挙の意義としては、まず、投票の数的または機会の平等を挙げることができる。つまり、同一選挙で、ある人には2票を与え、ある人には1票しか与えな

いとする選挙制度はこうした原則に反する。これに加えて、投票価値の平等もこの原則に含まれるとされる。

　②　議席配分不均衡訴訟　　投票価値の平等に関連する憲法上の重要な論点として、議席配分の仕方により1票の影響力が選挙区ごとで異なるような議席配分の不均衡の問題を挙げることができる。

　選挙区選挙の場合には、どのくらいの人口や有権者の数に対して1人の議員を選出するのかを考えて選挙区を設定し人口の変化によりそれを変えていく。しかし、日本では、戦後の当初に比べて、農村部から都市部への人口移動が急激に起こったにもかかわらず、実際には、行政区画などを全く無視するような選挙区の設定は行われていないことからも、それに対応して選挙区を（中選挙区制の時代には、定数配分も）大幅に改変するということは行われなかった。これにより、戦後初期には、概ね1対2未満であった1票の格差が、より広がる事態になったのである。そこで、こうした議席配分の下での選挙の無効を確認する訴訟が起こるようになった。

　この問題について最高裁は、参議院議員選挙を中心に、当初、それを立法政策の問題として考えており、消極的な対応であった（表⑨、⑩、⑪）ものの、衆議院選挙をめぐる1976年の最高裁大法廷判決において、選挙権の平等原則を憲法上の要請とし、そのなかに投票価値の平等も含まれるとして、最大格差1対4.99の不均衡を違憲とした。

　このように衆議院議員選挙をめぐって最高裁は、その後も格差に関しては、1対3以上を違憲または違憲状態とする一方（表②、③、⑤）、3倍未満については合憲としている。このことから、裁判実務としては合憲違憲の基準として1対3であると考えられている。しかし、学説の多くは、こうした1対3の合理的理由はないとして、1対2未満を基準とすべきとする考えと、限りなく1対1が憲法上の要請とする学説とが大半である。なお、表の①や③判決では違憲判断が下されていながらも、行政事件訴訟法31条の事情判決制度に見られる「事情判決」の法理を用い、平等原則に反した選挙そのものは違法でありながらも当該選挙の効力そのものは有効とする判決を下している。また、②、⑤の判決では、そこに現れる格差を違憲状態としながらも、前回の公職選挙法を改定して格差是正してからまだあまり時間が経っていない（「合理的期間内」である）

1 参政権

表　最高裁判所・定数訴訟判決

衆議院（1999年判決以前は中選挙区、以降は小選挙区）

判決年月日（法廷）	選挙人間最大格差（選挙年月日）	判　断
①1976年4月14日（大）	4.99倍（1972年12月10日）	違憲（事情判決）
②1983年11月7日（大）	3.94倍（1980年12月18日）	違憲状態
③1985年7月17日（大）	4.40倍（1983年12月18日）	違憲（事情判決）
④1988年10月21日（二小）	2.92倍（1986年7月6日）	合憲
⑤1993年1月20日（大）	3.18倍（1990年2月18日）	違憲状態
⑥1995年6月8日（一小）	2.82倍（1993年7月18日）	合憲
⑦1999年11月10日（大）	2.31倍（1996年10月20日）	合憲
⑧2001年12月18日（三小）	2.47倍（2000年6月25日）	合憲

参議院

判決年月日（法廷）	選挙人間最大格差（選挙年月日）	判　断
⑨1964年5月31日（大）	4.09倍（1962年7月1日）	合憲
⑩1966年5月31日（三小）	4.09倍（1965年7月4日）	合憲
⑪1974年4月25日（一小）	5.08倍（1971年6月27日）	合憲
⑫1983年4月27日（大）	5.26倍（1977年7月10日）	合憲
⑬1986年3月27日（一小）	5.37倍（1980年6月22日）	合憲
⑭1987年9月24日（一小）	5.56倍（1983年6月26日）	合憲
⑮1988年10月21日（二小）	5.85倍（1986年7月6日）	合憲
⑯1996年9月11日（大）	6.59倍（1992年7月26日）	違憲状態
⑰1998年9月2日（大）	4.97倍（1995年7月23日）	合憲
⑱2000年9月6日（大）	4.98倍（1998年7月12日）	合憲
⑲2004年1月14日（大）	5.06倍（2001年7月29日）	合憲

として、合憲判決となっている。

　これに対し参議院議員選挙の場合、これまで1回、違憲状態の判決が出されたことはあるものの（表⑯）、違憲判決が出されたことはない。最高裁は、参議院についてはこれまで、半数改選であることや（衆議院議員とは異なる）参議院議員の地域代表的性格などを論拠に、衆議院よりも緩やかな基準を設定してきたといえる。しかし、近年、人口格差4.79倍、選挙人格差5.06倍について争われた裁判（表⑲）で、最高裁大法廷は、構成員15人中、6人が違憲であるとし、4人が、今回は合憲であるとしても次回の選挙でもこのような状態が続くのであれば違憲判断となる可能性が十分あるとしたように、こうした格差について是正することを求める裁判官が多くなっていることが注目されよう。

③ 在外国民の選挙権　選挙権の平等付与などをめぐり近年注目された判決として、海外に住む国民（在外国民）の国政選挙権が長いこと認められてこなかったことをめぐる2005年9月14日の最高裁大法廷判決（判時1908号36頁）が挙げられる。この事件で最高裁は、在外国民であることを理由に選挙権が行使できないことについては、15条1項および3項・43条1項・44条但書に反するとした。

(d) 自　由　選　挙

> **設例**　選挙運動における戸別訪問を禁止する公職選挙法138条は憲法に違反するか。

　自由選挙には、有権者の投票の際の自由な選択や棄権の自由に加え、立候補の自由、選挙運動の自由などが含まれる。自由選挙の原則は、憲法上、明文化されてはいないものの、「立候補する権利」という意味での被選挙権を保障する点で重要といえる。一方、自由な選挙を展開する上で、候補者間や政党間で、不公平・不公正が生じないようにということから、日本では、選挙運動に関するルールが詳細に公職選挙法で定められており、その中には、選挙運動の期間や、方法などの厳しい規制が見られる。こうした規制が選挙原則である自由選挙に違反しないかが問題となる。

　これまで最高裁は、文書図画頒布の制限（同法142条・143条）や事前運動の禁止（同法129条・239条）について、合憲と判断してきた（前者について最大判昭和30年4月6日刑集9巻4号819頁、後者について最大判昭和44年4月23日刑集23巻4号235頁）。その制限の正当化理由も、「公共の福祉」により必要かつ合理的であるとされてきた。近年では、こうした選挙規制の合憲の理由づけは、よりきめ細かくなってはいるものの、合憲とする最高裁の考え方に変化は見られない。

> **【解説】**　選挙運動における戸別訪問は、一般に欧米各国では認められているものの、日本では認められておらず、これが自由選挙原則や、憲法21条の表現の自由などを侵すことになるのではないかといった疑義が生じる。
> 　こうした規制について最高裁は、一貫して合憲であるとしてきている。その

理由として、戸別訪問の一律禁止は、意見表明そのものを制約するものではなく、不正行為（買収など）の温床となったり、選挙人の生活の平穏を乱したりといったことになるので、禁止によって得られる利益は高いなどとしている。また、47条により、選挙のルールは、特段の事情がない限り、国会の立法裁量に委ねられているとする意見も提示される（最判昭和56年7月21日刑集35巻5号568頁での伊藤正巳裁判官補足意見）。しかし憲法学説では、こうした戸別訪問の禁止が、結果的には意見表明そのものに着目して規制していることからも、極めて厳しい基準でその合憲性が語られなければいけないといった意見や、選挙運動を主権行使の一様と見て立法裁量の抑制を試みる意見から、一律の戸別訪問禁止を違憲とみるものが多い。

2　国務請求権

(1) 請願権

　憲法16条には、「何人も……平穏に請願する権利を有し、何人も、かかる請願をしたためにいかなる差別待遇もうけない」と規定する。この権利を請願権といい、市民が国や地方公共団体などに対して自らの希望を伝える権利のことをいう。請願の手続等に関しては、請願法、国会法79条～82条、地方自治法124条・125条などに定められている。

　この権利は、もともと、絶対王政に対する国民の政治的主張の手段として大きな役割を果していたが、民主主義と議会制、表現の自由などの発達により、その意義は相対的に減少しているといわれている。また、請願については「官公署において、これを受理し誠実に処理しなければならない」（請願法5条）とされているが、その内容を各機関が実施する義務はないことからも、その制度的意義が揺らいでいるともいえる。しかしその一方で、この権利を参政権的な権利として捉え、国民の直接民主主義的な権利行使手法として評価したり、日本において参政権を持たない外国人にとっての政治的主張の方法として意義があるとする考え方も有力である。近年では、各地方公共団体が市民の声を広く聞くための「市長（町村長）への手紙」といった制度や、国レベルでは、若干趣旨は異なるものの、国の行政を進めるにあたってのパブリックコメント制度

が整備されるなど、市民の声を直接に聞く制度が浸透してきている。こうしたことからも、請願権の現代的意義をより積極的に捉えることも可能といえる。

(2) 裁判を受ける権利

憲法32条には、「何人も、裁判所において裁判を受ける権利を奪はれない」と規定する。この権利を「裁判を受ける権利」といい、すべての人が、政治権力から独立した裁判所により、公平な裁判を受ける権利を平等に享受すること、そして、こうした手続を経なければ刑罰等を受けないことを定めている。このことからも憲法には、特別裁判所を禁止し（76条2項）、刑事における迅速公平な裁判の保障（37条1項）が明記される。また、82条の「裁判の対審及び判決は、公開法廷でこれを行ふ」との規定も、こうした権利を実質的に保障するために必要なものといえる。

裁判を受ける権利に関して問題となるのは、簡易審理で民事上の紛争を解決するいわゆる「非訟事件」の扱いである。最近増加しているこうした非訟事件では、対審は非公開で、職権主義（当事者主義ではない）の要素を持っている。そこで、これが32条や82条などに反しないかが問題となる。これに対し判例では、32条の「裁判」や82条の「公開の原則の下における対審及び判決によるべき裁判」は、純然たる訴訟事件の裁判に限られるとして、非訟事件における審判を裁判と区別している（最大決昭和35年7月6日民衆14巻9号1657頁）。しかし学説では、批判も強い。

なお近年では、純然たる訴訟事件についても、非公開とする動きが顕著である。2004年4月より施行されている人事訴訟法では、婚姻や離婚、子の認知、養子縁組などに関する無効・取消しの訴えなどに関する手続きを民事訴訟法の特例として、その22条に、私生活の保護などを理由として「尋問を公開しないで行うことができる」旨定めている。こうした動きは、国民のプライバシー・個人情報保護等の権利意識の高まりと関連があるといえるものの、憲法上の原則としての公開裁判の根本的な意義（「権力機構」としての裁判所に対する国民の監視機能）を思い起こした場合に、非公開がより拡大していくことには慎重である必要があろう。

(3) 国家賠償・刑事補償請求権

憲法17条には、「何人も、公務員の不法行為により、損害を受けたときは、

法律の定めるところにより、国又は公共団体に、その賠償を求めることができる」と規定し、40条には、「何人も、抑留又は拘禁された後、無罪の裁判を受けたときは、法律の定めるところにより、国にその補償を求めることができる」と規定する。前者を国家賠償請求権と言い、後者を刑事補償請求権と言う。これらの権利は明治憲法には明文規定はなく、日本国憲法で明記されたものである。かつて「王は悪をなさず」という国家が無謬であるとの思想から、こうした国家による賠償・補償は認められないとする考え方が、日本に限らず（特に英米において）存在していたものの、こうした考え方を転換し、国が行うことにも間違いがあり、それをきちんと賠償・補償していこうとする考え方がそこには存在する。

　国家賠償請求権に関していえば、憲法に「法律の定めるところにより」とあるように、この規定を受けて、国家賠償法が制定されている。そこでは、公権力の行使に関する公務員の不法行為責任についての国（公共団体）の賠償（同法1条）と、公の営造物の設置・管理の瑕疵に関する国の無過失責任（同法2条）とを定めている。

　国家賠償に関する裁判として近年注目されるのが、郵便法違憲判決である。この事件で最高裁は、郵便配達に関する国の損害賠償責任の一部を免除または制限していた（旧）郵便法68条・73条について、「特別送達郵便物について，郵便業務従事者の故意又は過失による不法行為に基づき損害が生じた場合に，国の損害賠償責任を免除し，又は制限している部分は」憲法17条に反しており違憲無効であるとした（最大判平成14年9月11日民集56巻7号1439頁）。

【参考文献】
　芦部信喜「裁判を受ける権利」同『人権と議会政』（有斐閣、1996）
　大隈義和「議員定数問題判決と地域代表制論」ジュリ934号（1989）101頁
　岡田信弘「演習―憲法2」法教191号（1996）84頁
　辻村みよ子『「権利」としての選挙権』（勁草書房、1989）
　野中俊彦『選挙法の研究』（信山社、2001）

第18章　社　会　権

　社会権は国家の不介入や自由放任を基本としてきた近代自由主義国家の人権の修正として必要とされるに至った諸権利である。これらの権利は、国家の積極的作為を求めることを内容とする点で共通する。社会権の基礎にある理念は個人の尊重と結びついた社会正義や福祉＝幸福の実現であり、国家がこのために必要な施策をなすべき義務を負うことが確認されなければならない。他方で、たとえば教育権に関する問題におけるように、国家による必要以上の介入も個人の尊厳の観点から厳しく吟味されなければならない。個人の尊重を究極の価値とする日本国憲法においては、この国家の介入への要求と制限のバランスの見極めが肝要となる。

1　総　　論

　日本国憲法の25条から28条に保障されている諸権利は、一般に社会権と称されている。これら社会権は、18世紀市民革命が実現した市民的自由の保障を中心とした近代自由主義の国家のもとでは個人は真に自由ではなく、人格的生存もおぼつかないということが認識されるにいたって保障されるようになった諸権利である。

　近代自由主義の国家は、思想的には私的所有を神聖不可侵とするロックの自然権思想によって支えられ、資本主義の発達とともに19世紀のベンサム流の功利主義思想をよりどころとした自由主義経済の中で国家の不介入、自由放任の名のもと、経済的自由を絶対的に保障されるものとしていた。このような国家の中での人間像は、さまざまな経済的・社会的前提条件の前に置かれた生身の具体的な存在としてではなく、具体的諸条件から切り離された、能力や情報その他の条件に関して異なることはない「理念型としての抽象的人間」としてと

らえられていた。ここでは国家の任務は、社会の最小限の秩序維持と治安の確保といった最小限の任務を果たすべきとされるにすぎないものであった。しかし、実際には経済的・社会的前提条件は人によって異なり、これらの条件が異なるときには各個人の努力によっても越えがたい差異を生じ、この差異は財産獲得の自由や獲得された財産の保障によってさらに拡大再生産され、いっそう克服しがたい条件の差異をもたらす。こうして拡大再生産された条件の差異は現実の社会で与えられる自由それ自体の不平等をもたらす（このような状況をL.キャロルは「豚に空を飛ぶ自由を与えるようなもの」と表している）。ここで劣悪な自由しか与えられなかった者は、結果的に人間たるにふさわしい生存すらも保障されないこととなる。社会権の保障は、国家の不介入や自由放任を基本としてきた近代自由主義国家の人権保障の補正として、必要であると考えられるようになった。

憲法上の社会権保障の先駆けとしては、ワイマール憲法がよく知られるところである。ワイマール憲法は、その「経済生活」の章で、経済生活の秩序は「人に値する生存」の保障を目的とする正義の原則に適合するものでなくてはならないとし（151条）、また所有権が公共の福祉に役立つべき義務を伴うとして（153条3項）、国家の社会的・経済的弱者保護のための積極的作為義務と、この義務と裏腹に財産権が制限されうることをしめした。この財産権すなわち経済的自由が「公共の福祉」の名で社会権実現のために制限されるという社会権保障の基本的図式がここで明らかにされた。

通常日本国憲法の社会権保障もワイマール憲法の流れを受けついだものと説明されるが、実際にはアメリカのニューディール期で展開された経験と成果を取り入れて規定されるに至ったという指摘もある。日本国憲法が31条で「何人も、法律の定める手続によらなければ、その生命若しくは自由を奪はれ、またはその他の刑罰を科せられない」と規定したのは、合衆国憲法の修正第5条の"due process of law"を受け継いでいることは一般に認められているところである。ただ、修正第5条で保障されることになっている「財産」は日本国憲法の31条には触れられていない。それには以下のような理由がある。1930年代後半のアメリカでは、国家の社会経済過程への介入の必要性が肯定され、政府による雇用契約の制限や独占価格の規制などの財産権制限立法が連邦憲法裁判所の

第18章　社　会　権

判決でも支持されるようになった。こうして社会政策的な観点からの財産権制限が当然になされうるという理解がアメリカでは確立した。このアメリカの理解が日本国憲法制定の際に影響を及ぼし、憲法に "due process" 保障の対象として、ことさら財産を列挙しておくべきではないと考えられたので、31条の規定の文言から「財産」を取り除くとともに、財産権の制限とセットとしての社会権保障が明記されるようになったということである。いずれにしろ日本国憲法は社会権の保障のための国家の積極的作為義務を定め、その過程での財産権の制限が許容されるという仕組みを取り入れたものと考えられる。そして25条から28条の諸規定のみならず、22条や29条の経済的自由に対する格別の「公共の福祉」の制限や31条も、そういった社会権保障あり方を示しているのである。

　20世紀の諸外国の憲法は程度の差こそあれ、自由を実質的に保障するための、あるいは実質的平等を実現するための前提条件の整備を国家に義務づけている。しかし、これをいかにして実現するかについて方法は異なる。福祉政策の先進性で有名なイギリスは憲法ではなく、通常の法律によって社会・福祉政策を実現する方法を採っている。イギリスは実質的意味の憲法をもっていないのであるから、憲法上にそのような規定を求めるのは無理であるから当然といえば当然であるが、実質的意味の憲法をもっているアメリカも憲法上、社会・福祉政策に関する明示的な規定はもっておらず、社会・福祉政策や社会権の実質的な保障は、法律やこれを支持する判例を通して行われている。これらに対してドイツは、ワイマール憲法や現行基本法をとおして憲法上に明示的な社会国家的義務規定を置くという方法を採った。しかし社会国家的義務に対応する「権利」としての保障は見送った。日本国憲法はこのドイツともさらに異なり、憲法に社会国家的作為義務に対応する主観的権利を明示するという方法を採っている。アメリカやイギリスが憲法上の保障ではなく、政治的次元での保障の方法を選んだこと、ドイツが権利として保障しなかったことを重視して、これらの国々がそのようにしなかったのは社会権が本来的に主観的権利としての保障、すなわち司法的な実現にはなじまないものであると考えたからであるとする指摘がある（松井・日本国憲法528頁以下参照。）。

　日本国憲法の、そのようにして権利として保障された生存権以下の諸権利は、人権の分類では自由権と区別される請求権的権利であるとされ、このことがそ

れら諸権利の特徴となっている。しかし、これら社会権の諸規定は請求権的内容にとどまらず、それぞれの求める請求内容が国家の積極的な介入によって侵害されるときには、そのような侵害を排除するといった内容ももっている。すなわち、社会権は自由権的保障も求める権利なのである（なお、25条から28条までの諸人権は国家に対して積極的な作為を請求することを内容とする点で共通するが、それ以上にこれらがはたして社会権として総称されるべき必然的理由があるか疑問であるという意見がある。これら諸権利が何らかの意味で「社会」的性格を有していると説明するのは困難だというのである）。

　社会権は、主としてこれが人権として保障されるべきとされた経緯から、社会的弱者の人間的生存を保障するための物質的・経済的前提条件を国家に対して要求するものとして位置づけられてきた。一方、最近では家族、教育、労働の諸分野で女性の法的地位の問題がしきりに議論される中で、女性の構造的な社会的劣位やこれを積極的に改善するべき社会改革の必要性が唱えられている。この議論の中では、「社会的弱者」としての女性、このような女性の人格的生存を保障するための「社会」政策が問題となっている。当初、社会権の保障の当事者たる社会的弱者の例として、女性が触れられてきたときには、たとえば労働条件や賃金における差別の問題のように、主として物質的・金銭的な面が問題となっていた。しかし、最近社会的弱者としての女性が語られるときには、そういった物質的側面だけでなく、人格的側面が問題の中心となっていることが多い。これを「社会」権の中の問題として対処していくか、第25条以下の諸規定はあくまでも物質的側面のみを対象としているとして、そのような問題については他の憲法規定に（たとえば、人格権侵害として第13条に、不当な性差別として第14条に）任せるという方法を採るか、今後の社会権と憲法上の人権の射程を探っていく中で、問題となってくるのではなかろうか。

　社会権保障は、社会政策や福祉政策によって実現されるとされるように、社会正義や福祉＝幸福の実現を求める権利である。この場合の社会正義とは全体としての社会そのものが健全であるということではなく、社会を構成する個人にとって正義が実現されている状況をさす。社会権保障の理念は恩恵や憐憫・同情ではなく、あらゆる個人の価値の崇高性にある。福祉＝幸福も、社会の中での個々人が可能な限り尊重された状況で人生を全うできるという状況をさす。

そしてこのような状況に置かれていない社会的弱者は、固定的なものではなく、誰でもそのような立場に置かれることがありうる。そのような互換的な窮状を想定して誰でも不安のない社会で幸福な人生を全うできるようにするというところに、憲法上の社会権保障の目的がある。

2 生存権

(1) 日本の生存保障

憲法25条は「すべて国民は健康で文化的な最低限度の生活を営む権利を有する」とし、この権利は一般に生存権と呼ばれている。さらに第2項は「国は、社会福祉、社会保障及び公衆衛生の向上及び増進に努めなければならない」として、国家の生存権保障の実現のために努力すべき義務を規定している。この25条はそういった生存権とこの保障のための国の義務を定めるものというだけではなく、日本国憲法の社会権規定の総則的位置を占めるものとされている。

日本の生存保障に関していえば、大日本帝国憲法はワイマール憲法に先立って制定さており（1889年）、また外見的立憲主義の憲法であるプロイセン憲法を手本としていたことから、個人を基本とした生存のための諸権利の保障などは到底望むべくもなかった。ここでは自由権は少なからず保障されていたが、これらの権利はあくまでも臣民の権利の保障であり、法律の留保が付せられていたため、自由権の保障としても不完全なものであった。社会権が自由権保障を実質的なものにするための権利である以上、自由権保障すら不完全な憲法では社会権の保障が必要であると考えられるはずもなかった。ただ、大日本帝国憲法の下でも、社会・経済的弱者救済のための立法は存在したが（1874年の恤救規則や1932年の救護法など）、これらは国策や国家による恩恵の考え方に基づくものであり、国民の権利から構成された国家の義務の履行と考えられていなかったため、救済の対象は限定されていたし、財政や他の政策の都合で簡単に縮減しうるものであった（日本国憲法の社会権保障は恩恵ではなく、人として当然に求めうるものであるはずであるが、いまだ生活保護者に対する行政窓口の態度は恩恵や施しの対象と見ているかのようなものが少なくなく、このような態度の背景には戦前のそういった恩恵的救貧政策の伝統があるように思われる）。

ポツダム宣言受諾後の憲法制定にあたって、当初の政府案では現行憲法の25条2項の国の義務規定のみが予定されていたが、のちに日本社会党の提案によって1項の国民の権利としての保障が付け加えられることとなった。日本国憲法の制定に先立って成立していた生活保護法が、憲法25条の制定を受けて1950年に改正され、不服申立て制度も導入されるなどして、戦前の国策的・恩恵的救貧法制から現在の国民を主体とした権利の保障としての生存保障のための制度へと転換した。

(2) 第1項と第2項の関係

憲法25条は第1項と第2項からなる。これら2つの条項の関係については、一般には、第1項を生存権保障の目的や理念を、第2項はそれを達成するための国の責務を定めたものと解されている。

これに対して、第1項と第2項の定める国の責務に差を認め、第1項が救貧施策をなす国の責務（と場合によっては、これに対応する最低限の生活を求める権利）を定め、第2項は防貧政策をなす国の責務（と場合によっては、これに対応するより快適な生活を求める権利）定めたもので、それぞれが別の施策を国家に対して義務づけたものであるという考え方がある（このような説をとるものとして「堀木訴訟」第2審判決大阪高判昭和50年11月10日行集26巻10＝11号1268頁。この判決は、第2項を「国の事前の積極的防貧施策をなすべき努力義務のあること」を定めたものとし、一方第1項は「第2項の防貧施策の実施にも拘わらず、なお落ちこぼれた者に対し、国は事後的、補足的かつ個別的な救貧施策をなすべき責務のあること」を定めたものとする）。実際になされている施策について、生活保護法による公的扶助に関しては救貧施策、国民年金法による障害福祉年金や母子福祉年金、児童扶養手当法による児童扶養手当などは防貧施策であるとされ、救貧施策については最低限度の生活という絶対的基準の確保を直接の目的とした施策をなすべきことが求められるが、防貧施策については国家に広い裁量の余地を認めうるとする。

この説に対しては、そのような救貧施策と防貧施策の間の区別が明確ではなく、防貧施策として扱われているものも救貧施策として働くこともありうるので、妥当ではないという批判がなされている（野中他・憲法Ⅰ452頁）。

第1項と第2項の関係がそれぞれ救貧施策と防貧施策を個別に定めたもので

あるかはともかく、両規定の文言の性格には違いがある。第1項では明らかに「権利」として言及され、最低限の生活という比較的明確な基準が示されているのに対し、第2項は「努めなければならない」といった努力義務規定として表現されており、法的効果の面で違いがあると考えることはそれほど不自然なことでない。救貧・防貧施策二分説が帰結するように立法裁量の程度に差を生ずるとか、第2項を根拠とした国家の作為義務の主張はできないが、第1項が存在するがゆえに国家の積極的作為を求める主観的な請求権を認める可能性がでてくるなどの論理の基本となりうる。

(3) 生存権の法的性格

生存権が自由権的側面を有することは、一般に認められている。国民が健康で文化的な最低限度の生活のために行っている営為や前提を国が妨害したり奪ったりしたときには、介入や妨害の排除権としてはたらく。この自由権的側面が裁判規範性を有することについても概ね異論はない。しかし、請求権的側面については、その法的効果や裁判規範性に関して諸説がある。

(a) プログラム規定説

この説は、25条1項が「権利」としているにもかかわらず、同条はあくまでも国民の生存を保障するために国の積極的に施策を講ずる努力をすべき方針を明らかにしたにすぎず、国民になんら具体的な権利を保障したものではないとする（我妻・後掲231頁以下）。

この説には、25条に全く法規範性を認めず、真の意味での政治的プログラムや指針を示したにすぎないというものと、国に対して何らかの法的義務は認めるが、この履行を求める国民の裁判上の請求権は認めないという異なった2つの立場が含まれる。

この説の論拠は、具体的な生存権保障のためには財政的裏付けが必要であるが、これは国会の自由な審議で決定されるものであること、個別の請求に対応するような社会的前提が形成されていないこと（日本は資本主義国家であること）、裁判上の請求権を認めることは権力分立原理に反することになるといったところにある。また、諸外国が生存権保障を憲法上の「権利」とせず、政治の問題とするか憲法上の国家目標ないしは国家への委託の形を採用したことが、傍証として挙げられる（「プログラム規定」の名称は、ドイツのワイマール期の社会権規

定の性格を表すときに用いられた概念である。なお、基本法下でのプログラム規定は「国家目標」規定（Staatszielbestimmung）、「憲法の委任」規定（Verfassungsauftrag）などと対置して、あるいは混同して用いられている。これらはいずれも、憲法が国家に一定の作為を義務づける規範の呼称として登場するが、その義務づけの程度がどのようなものであるかについては、日本の生存権規定の法的性格をめぐる議論におけると同様、さまざまな見解がある）。

(b)　抽象的権利説

国民は立法権に対して生存権実現のための立法を要求する「法的」権利を有し、国はこのような立法を行う「法的」義務を負うとする。しかし、これらの「法的」権利や義務は抽象的なものであり、権利侵害や義務の不履行を裁判上争うことはできないとする。ただし、25条が立法によって現実的な請求権として具体化されたときには、この請求権が国によって侵害された場合にこの請求権侵害を裁判上争うことができるようになる。この説は、25条は国に対してその権利の内容にふさわしい立法を義務づける現実的な命令規範としては認められておらず、結局プログラム規定とほとんど変わらないとして、積極的なプログラム規定と呼ばれることもある。

この説は、憲法上権利として明示的に規定されていることを全く無視したプログラム規定説に対する修正、批判としての意味をもち、25条に何らかの法的内容をもたせようとするものである。25条に基づいて制定された法律に、同条と一体化させて憲法上の地位を与えようという説であるともいえる。そうすると、25条はいったん法律で実現された内容の水準を後退させることを許さない規定であるということになる（後退禁止規定）。けれども、25条が具体的権利とされない理由は主として生存権保障のための施策が立法府その他の政府の判断にかなりの程度委ねられざるを得ないというところにあったはずであり、いったん立法がなされた後に状況の変化で法律の保障の程度を後退・縮小せざるを得なくなることもあり得るはずである。25条がこのような場合にも後退禁止を命ずるものであるとすれば、国に対して強制されない法的義務をいうことの論拠と矛盾することになるのではないか。

なお、この抽象的権利説に対しては、立法によって保障された請求権侵害を争うときに法律違反ではなく、憲法違反を主張することになるが、このことに

第18章　社　会　権

どのような意味があるのか明確ではないとの疑問も提示されている。
　(c)　具体的権利説
　25条に「権利」という文言が示されていること、またこの規定が示す権利の主体、内容、名宛人がかなり具体的であるということからして裁判上訴求できる権利ととらえられる。この規定における国の作為義務は行政による特定の給付を義務づけるほどには明確ではなく、他方で立法と司法を拘束するには十分な明確性をもっている。給付に際しては法治行政の原理から法律の根拠が必要であることもあり、立法に対して国民はそのように十分明確な作為（立法）義務を果たすことを請求する具体的な権利を有する。立法府がそのような義務の履行を怠ったときには、国民は司法に対して義務の履行を訴えることができる。具体的権利説は以上のように考えて、国の法的な立法義務とこの不履行の際の裁判上の具体的請求権を認め、国が立法を怠ったときには立法不作為の違憲確認訴訟が可能であるとしている。
　(d)　判　　例
　憲法25条の規範内容については、まず「食糧管理法違反事件」最高裁判決（最大判昭和23年9月29日刑集2巻10号1235頁）が挙げられる。この事件はいわゆるヤミ米の購入・運搬が同法違反にあたるということが問われた事件であった。ここでは生存権の社会権的側面ではなく、同法による規制が被告の生活を積極的に侵害するものであること、すなわち同法による生存権の自由権的側面が問題となっていた。こういった限定的な文脈ではあるが、最高裁は、25条1項は国家の責務を宣言したにとどまり、個々の国民はこの規定によって具体的・現実的権利を有するものではないとし、プログラム規定説の立場を示した。
　生活保護法に基づく厚生大臣の保護基準が問題とされた「朝日訴訟」最高裁判決は、生存権侵害を主張した当事者の死亡のため訴訟終了としたが、その傍論で保護基準についての厚生大臣の広汎な裁量（「合目的的な裁量」）を認めた。この判決は、行政府との関係で生存権の具体的権利性を否定しており、立法府に対する請求権に関しては直接には言及していない。ただ、「現実の生活条件を無視して著しく低い基準を設定する等憲法および生活保護法の趣旨・目的に反し、法律によって与えられた裁量権の限界をこえた場合または裁量権を濫用した場合には、違法な行為として司法審査の対象となることをまぬかれない」

として、25条の生存権保障のための施策が不履行であったり不十分であった場合には、違憲審査で争うことのできる具体的請求権が認められうる余地があることを示している。

児童扶養手当法（1973年法改正前）の児童福祉手当と障害福祉年金の併給禁止規定の違憲性が争われた「堀木訴訟」最高裁判決では、憲法25条の解釈を本論としてあつかい、生存権実現のための立法政策について広汎な裁量を認めながら、立法政策の選択決定が「著しく合理性を欠き明らかに裁量の逸脱・濫用と見ざるをえないような場合」の違憲審査の可能性を示している。

判例の立場は、結果として生存の具体的権利性（＝裁判規範性）を認めていないので、プログラム規定説に立つものだとの評価もあるが、実際には限定された場合ではあるが生存権の具体的権利性とこれにともなう違憲審査の可能性を認めているものであるといえる。

生存権の実現はやはり第一義的には立法府その他政府の政策的決定に委ねられるべきであり、その結果の当否については政治的プロセスを通して国民が判断すべきである。

他方で、日本国憲法が生存権を「権利」として明定した事実と意義は見逃されるべきではない。第25条は国家の社会・福祉政策に対する積極的な対応責任を明確にしており、これを怠った政府に対しては国民が断固として政治責任を追及すべきことも示している。さらに国家がそのような責務を果たすことを怠り、そのために人間としての最低限度の生活が侵されることが明白な場合には、裁判所をとおしてそのような責務の履行を求めることができると解すべきであろう。いいかえれば、原則として第25条は国家に対して法的に詳細に義務づける規定ではないが、非常に限定された場合において（日本の判例では「裁量権の逸脱・濫用」があった場合であり、ドイツの例では「憲法の委任の明白な侵害の侵害」（1972年の「大学定数判決」（BVerfGE 33, 303）参照）があった場合である。）立法の不作為を争う司法審査の根拠となるという限度で、具体的権利規定となるということである。

3 教育権

(1) 教育権の内容と国の責務、義務教育の無償

　教育を受ける権利は、第1に、子供の権利として把握される（子供の学習権説。「旭川学力テスト事件」でも第26条の背後にある観念としてこの権利が存在するとしている）。子供は自己の人格、人間性を将来において十分に展開するために必要な学習をする生来の権利とその学習の必要に対応する教育の給付を要求する権利をもっているが、個々におかれた経済的、社会的条件において十分に保障されないことがありうるため、すべての子供にそのような学習の権利が保障されるように配慮する国家の義務も内容とされる。第26条は、教育の保障が社会生活を健康で文化的なものとすることにつながるという意味と、そのような教育の機会が均等に保障されるよう国家に対して請求できるという意味で、生存権を中心とした社会権保障規定に含まれるとされる。

　教育家の内容としては他に、民主国家の存立と発展を担う次代の主権者としての能力や資格を培うための権利（「主権者教育説」永井憲一『国民の教育権』（法律文化社、1973年）227頁）とする説もあるが、主権者たる資格・能力とは何か、またこれを規定することで教育に特定の価値観を注入することになりはしないか等の疑問や危惧があるため、教育の（価値）中立性を重視する立場からは支持し難いであろう。

　最近では「生涯教育」といって子供だけではなく、一般成人の教育の重要性も認識されてきており、たとえば子供のときに教育を十分に受けられなかった等その他の理由で大人になってから学校での教育を希望する者が、そのような教育を受けられるような設備、環境を整えること（たとえば仕事をしながら学習するための保障等に関する制度の整備など）を求める権利として、教育権が主張されることもありえる。ただし子供の教育権は親の教育を受けさせる義務（26条2項）に対応するが、そのような場合には親の教育を受けさせる義務は対応しない。

　憲法26条2項は「普通教育を受けさせる義務」として親等の保護者の子供の教育を受ける権利を実質化させる義務を定め、また国家に対しては義務教育制

度の整備義務を課している。そしてこの義務教育を実質的に確保するために、義務教育の無償を定めている。この義務教育の無償の範囲に関しては、もっぱら法律に委ねられているとする説、教育の対価たる授業料の無償を定めたものとする説、授業料の他教科書代や学用品費その他教育に必要な一切の費用の無償を定めたものとする説がある。判例（最大判昭和39年2月26日民集18巻2号343頁）では授業料無償説をとっている。

(2) 教育の自由と教育権の所在

教育権の保障における問題性は請求権的側面の実現の問題ではなく、最近では教育内容の決定権の所在の問題、すなわち自由権的な議論の中で高まっている。

公教育の要請と個人的な教育の自由は歴史的に見ても、一定の緊張状態をはらんできた。欧米ではとくに親の信教の自由と国家の政教分離の対立という形で、国家による宗教的に中立の公教育の推進と親の宗教的信条に基づいた教育の自由がぶつかってきた。

日本の場合、戦前は欧米とは異なり、むしろ政教（国家神道と天皇を中心とした統治）の統合のもとに、近代的な権利＝人権意識を阻止するために公教育が構成された。「教育勅語」を基準として教育の淵源を天皇制の国体に求め、天皇の臣民としての徳性を養うことが教育の目的とされた。教育は天皇の大権事項とされ、学校の教師はそれを根拠とする教育勅語等の勅令に基づいて国家（＝天皇）の教育権を執行する立場にある者とされた（「教師の活動それ自体が権力の働きだとされたのだ。」田代他・後掲196頁参照）。戦後、国民主権と国民の基本的人権が尊重される憲法が制定されるにいたって、教育の地方分権化と地方教育行政の一般行政からの独立すなわち国家権力という「不当な支配」からの独立が法定された（教育基本法10条）。このときに日本でははじめて公教育の中立性が実現したが、欧米のようにそれに対立して宗教的信条を理由とした自己の子供に対する教育の自由を主張しようとした者はまれであり（まれな例としては、たとえば宗教上の理由で日曜参観を拒否する親の主張が扱われた「日曜参観事件」東京地判昭和61年3月20日行裁例集37巻3号347頁）、戦前の反省もあって、むしろ人権派からは歓迎された。

その後、教育内容を誰が決定できるかという意味での教育権の所在が法廷で

争われる。教科書検定訴訟では、教科書の検定をめぐってこれを違法とする側からは「国民の教育権」（親と親の委託を受けた教師による教育内容の決定）が主張され、検定を正当化する国の側からは「国家の教育権」が主張された。「旭川学力テスト事件」において最高裁は、これら2つの主張をいずれも極端であるとし、親の自由、私学教育の自由、教師の教育の自由を一定程度認めながらも、他方で教育内容に対する国の正当な理由ある合理的決定権を認めた。ただしその際、「子供が自由かつ独立の人格として成長することを妨げるような国家的介入」は憲法26条に反することを付け加えている。学説の多くはこの最高裁の判断を支持している。

　最近になって政府与党を中心に教育基本法改正が企てられているが、ここでは郷土・国家・民族の伝統・文化に対する誇りの育成、宗教的情操の涵養など、国民教育としての重要な側面が強調されている。戦後国家神道や天皇制から独立して中立性を確保された公教育を、再び郷土や国家、民族といった国家主義的価値に結びつけようとする傾向が見える。この傾向は、既に地方の教育委員会による各校への教師に対する処分をともなう命令によって実行されている国旗・国歌の強制にも見ることができる。一方で、文部科学省の教育行政は一見かなりの面で自由化していく方向にあり、教育現場に各自の自主性を保障しながら、事後の評価によって公教育をコントロールする方法を採っているように見える。教育基本法の改正や国旗・国歌強制は直接的には公教育内容の中立性を侵し、さらには憲法の基本にある個人の尊重や価値の多様性に反することは疑いないが、他方で国家は公教育を社会権として保障することを定めた憲法の趣旨にしたがわなければならないのであり、すくなくとも能力に応じた教育がすべての国民に保障されるように努力しなくてはならない。教育を受ける意欲のある者に対する教育環境の整備は憲法上課せられた国家の義務である。いたずらに「自由化」することは許されない（国家の教育助成義務）。

　なお、教育権は他の社会権と同じように請求権であるが自由権的側面も重視されなければならず、教育を受ける権利が保障されると同時に、受けたくない教育を受けない自由も保障されなくてはならない。

4　労働権

(1)　勤労の権利

　憲法27条1項は勤労の権利と義務を規定している。これは勤労の義務と権利を併置するとによって、自分自身の勤労によって生活するという自己責任を原則とし、このような責任を果たす意欲があるにもかかわらず就業の機会が与えられない者に対しては、そのような機会が与えられるような国の施策を求めうる権利が保障されるということを意味する。就業ための機会の保障と失業の際の保険制度等の整備を求めうるという意味で、勤労の権利は社会権に加えられる。勤労の自由権的側面は、22条1項の職業選択の自由で保障される。

　通説ではこの権利は国家に対して具体的な就業を請求することのできる具体的権利とは解されておらず、労働市場を完全に把握することが許されない資本主義国家のもとではそのような保障は不可能であるということが理由として挙げられている。ただ就業の機会が保障されないときにはこれに代わる保護を受けることを国家に請求できる権利であるとの理解もあり、このように解すれば、国家が市場を把握していなくとも請求に対応しうる余地はでてくる。なお、この権利を使用者との関係で問題とし、使用者に対する雇用の請求権や解雇権の制限法理の基礎として効力を持たせるべきとの説もある。

　勤労条件の基準を法律で定めることを定めた憲法27条2項は、財産権の保障を基礎とする契約の自由の制限を意味する。社会権的な理念のなかで、労働力の売り手（労働者）と買い手（使用者）の間の契約について契約自由の原則を制限して、国家の介入による一定の労働・賃金水準を維持することを図ったものである。この規定に基づいて労働基準法、最低賃金法などの法律が制定されている。

　第3項は「児童は、これを酷使してはならない」としている。労働条件改善については、既に2項で規定されているが、それにもかかわらず、特にこのような規定がおかれたのは、初期資本主義期において児童の労働条件が著しく劣悪だったという沿革に由来する。

(2) 労働基本権

憲法28条が特に労働者に対して保障している団結権、団体交渉権、団体行動権（争議権）は通常労働三権と呼ばれ、またさらに労働基本権と総称される。

労働基本権は労働者が使用者との関係で実質的に平等の地位を獲得することを保障し、このことによって人間たるにふさわしい生活の前提を手にすることができる。具体的には、労働者が自分たちの労働条件について使用者との間で対等の立場に立って決定することができなければならない。基本的に不利な立場にある労働者が個別的に使用者と交渉するのでは、そのような決定をなすことは不可能で、対等な決定権を可能とするためには、労働者は団結して（労働組合の組織）、団体交渉の主体となり、交渉を進める際の手段として労働力の提供を集団で拒否できなくてはならない。このそれぞれの局面に対応するのが、団結権、団体交渉権、団体行動権（争議権）である。

これらの権利は経済的自由の保障を第一とする初期の近代市民社会においては否定されており、使用者、労働者ともに団結は刑罰でもって禁止されていた。その後、1864年法によりフランスが団結の自由と争議行為の刑事免責を認め、イギリスは1871年の労働組合法で団結権、1875年法で争議行為の自由を認めるようになった。日本においては、明治憲法下では一般に労働運動は結社の自由に対する弾圧とも関連して厳しく取り締まられていたため、第１次大戦後の大正デモクラシー期などに一時期高揚したことはあったものの、団結権は全般的に保障されていなかった。日本で労働基本権が保障されるようになるのは、戦後になってからである。

日本国憲法で労働基本権が保障されるようになったことをうけ、労働組合法は、労働基本権の行使に関連して、刑事免責（１条２項）、民事免責（８条）、不当労働行為の制度（７条）などを定めている。このほか、法律によるものではないが、団結権を実質的に強化するためにユニオン・ショップやクローズド・ショップによって組合加入と雇用を結びつけるという制度が行われている。

団結権の保障は何らかの程度での団結強制の要素を含み、このような強制がなければそもそも団結権の保障自体が無意味になるという面がある。このことに関しては、憲法21条に結社の自由がすでにあるにもかかわらず、さらに団結権を憲法が保障したのは、この加入強制を内容とするところに意味があるとし

て、多くの学説や判例は団結しない自由を認めない。ただし、団結する自由を否定するものとなってはならず、この点「三井倉庫港運事件」（最判平成元12月14日判例時報1336号40頁）では、ユニオン・ショップ協定による組合加入強制は労働者の組合選択の自由および他の労働組合の団結権を侵す場合には許されないとしている。団結権がこのように強く保障される以上、組合員の行動に対する組合の統制権も強く保護されなければならないが、このことについては「三井美唄労組事件」（最大判昭和43年12月4日刑集22巻13号1425頁）において、労働組合がその統制に反して公職の選挙に立候補した組合員を処分することは、統制権の限界をこえるものとして違法であるとされている。

(3) 公務員の労働基本権

現行法上日本では、海上保安庁または監獄に勤務する職員、警察・消防の職員や自衛隊員については労働三権ともに否認され、非現業の公務員については、団体交渉権と争議権が否定され、現業公務員、地方公営企業および（旧）公社の職員については、争議権が否定されてきた。しかし、憲法上明示的な公務員の労働基本権否定の規定はなく、他面で労働基本権が人間らしい生存を確保するための社会権の1つとして保障されるもので、公務員といえども労働者である以上、概括的に保障を否定されることには問題がある。そこで、これらの法規制の憲法適合性がさまざまなところで問題とされた。

最高裁は当初、公務員が単純に「全体の奉仕者」（15条2項）であることを理由に労働基本権制限を合憲であるとしていた（「政令201号事件」最大判昭和28年4月8日刑集7巻4号775頁）。これに対して最高裁は「全逓東京中郵事件」（最大判昭和41年10月26日刑集20巻8号901頁）において「全体の奉仕者」による単純な正当化を放棄し、労働基本権の尊重の必要性と国民全体の利益の維持増進の必要性を比較衡量すること、その際の労働基本権制限は必要最小限のものであるべきこと、違反に対する刑事制裁も必要やむをえない場合に限られるべきこと、制限がやむを得ない場合にはこれに見合う代償措置が講じられていることなどと述べ、労働基本権の制限や刑事制裁を科す場合を個別的に検討して必要最小限にとどめるべきという見解を示し、公務員の労働基本権への配慮の姿勢を示した。さらにこの姿勢は「都教組事件」（最大判昭和44年4月2日刑集23巻5号305頁）に受け継がれ、地方公務員法の争議行為禁止規定（地公法37条1項）と罰則

規定（同61条4号）を憲法28条の趣旨に合わせて限定的に解釈し、とくに違法性の強い争議あおり行為だけが処罰されるとした（いわゆる「二重のしぼり論」）。

しかしこのような公務員の労働基本権に対する配慮の姿勢はさらに変更され、再び刑罰による争議行為禁止が合憲とされることとなる。ここで最高裁は「都教組事件」の合憲限定解釈を、犯罪構成要件の保障機能を失わせその明確性を要請する憲法第31条の適正手続に反するものであるとして破棄し、また公務員の勤労条件は国会の法律、予算によって決まるのであるから、公務員が政府に対し争議行為をすることは的外れであって、国会の議決権を侵すことになるという、国会法定主義や財政民主主義といった原理を根拠として公務員の争議行為に対する規制を正当化した（「全農林警職法事件」最大判昭和48年4月25日刑集27巻4号緒547頁。また「全逓名古屋中郵事件」最大判52年5月4日刑集31巻3号182頁）。

現在の最高裁の立場は、以上のように国会法定主義や財政民主主義を根拠として公務員に対する労働基本権（とくに争議権）の概括的な規制を正当化している。このような態度に対しては、憲法73条4号と83条を根拠とする国会法定主義は公務員の労働条件がすべて国会によって決定されることを意味するのではなく、あくまでも人事行政の民主的コントロールを意図したものであり、したがって国会が公務員の労働条件を自由に決定できるということにはならないという批判がある（浦田・全訂259頁）。

【参考文献】
田代菊雄・松山忠造・葛生栄二郎・真鶴俊喜『平和と人権〔改訂版〕』（法律文化社、2004）
我妻栄「新憲法と基本的人権」『民法研究Ⅷ』（有斐閣、1965）

事 項 索 引

あ行

旭川学力テスト事件 …………………310
朝日訴訟 ………………………………308
芦田修正 …………………………………90
新しい人権 ………………………218, 236
アファーマティブ・アクション ……246
アフリカ人権憲章 ……………………219
アムステルダム条約 ……………………50
アモン ……………………………………5
安保再定義 ………………………………98
イェリネック ……………………………40
違憲確認判決 …………………………180
違憲審査 ……………………………27, 57
違憲審査基準 …………………………276
違憲審査制 ……………………………165
違憲審査性（私権保障型） ……………34
意思行為説 ………………………………17
萎縮効果 ………………………………177
泉佐野市民会館事件 ……………220, 267
「板まんだら」事件 …………………147
一元主義的議院内閣制 ………………133
一元的内在的制約説 …………………218
一国平和主義 ……………………………87
一般意思 …………………………………45
一般的効力 ……………………………181
一般的自由説 …………………………240
イニシアティブ（国民発案） …………71
委任命令 ……………………………60, 129
イラク復興支援特別措置法 ……………99
岩手教組学テ事件 ……………………224
ヴァージニア権利章典 ………………197
ヴェーバー …………………………10, 41
ウェスティン …………………………238
「宴のあと」事件 ………………228, 237
訴えの利益 ………………………………92
浦和事件 ………………………………117
上乗せ条例 ……………………………192
永住資格者 ……………………………213
永住市民 ………………………………214
エールリッヒ ……………………………15
閲読の自由 ……………………………226
恵庭事件札幌地裁判決 ………………175
エホバの証人剣道実技拒否訴訟 ……260
エホバの証人輸血拒否事件 …………241
欧州連合 …………………………………50
王は悪をなさず ………………………299
大阪空港訴訟 …………………………239
大津事件 ………………………………154
沖縄問題 ………………………………101
押しつけ憲法論 ……………………27, 81
オッカム …………………………………7
親の教育を受けさせる義務 …………310

か行

海外渡航の自由 ………………………276
戒厳大権 …………………………………75
外見的立憲主義 …………………………25
解　散 …………………………………141
解散権の濫用 …………………………141
解釈学説 …………………………………11
概念法学 …………………………………15
外部監査制度 …………………………194
下院 ……………………………………108
科学学説 …………………………………11
科学学派 …………………………………14
学問の自由 ……………………………255
かけがえのない個人 …………………232
加持祈禱事件 …………………………258
「過度の広汎性のゆえに無効」の法理

事項索引

……………………………………271	近代立憲主義的価値 ………………20
カロリーヌ判決 ……………………220	欽定憲法 ……………………………74
環境権 ………………………………239	勤労し搾取されている人民の権利の宣言
慣習法 …………………………22, 32	……………………………………198
官制大権 ……………………………75	勤労の権利 …………………………313
間接適用説 …………………………228	具体的権利 …………………………201
間接民主制 …………………………69	具体的権利説 ………………………308
カント、I. …………………………230	具体的事件性の要件 ………………146
カントロヴィッツ …………………15	国の交戦権 …………………………91
議院規則制定権 ……………………115	熊本ハンセン病訴訟 ………………173
議院自律権 …………………………114	クローン規制法 ……………………239
議院内閣制 ………………58, 74, 132	グロチウス …………………………7
議会制民主主義 ……………………228	軍国主義思想 ………………………135
議会統治(議会支配)制 …………59	軍事的公共性 ………………………101
機会の平等 …………………………244	君主制 ………………………………55
機関委任事務 ………………………185	経済的自由権 ………………………273
貴族院の二院制 ……………………76	警察法改正無効事件 ………………149
規則制定権 …………………………157	警察予備隊 …………………………91
基本権の客観法的側面 ……………204	警察予備隊違憲訴訟 ………………97
基本権保護義務 ……………………203	警察予備隊訴訟 ……………………147
基本法 ………………………………33	形式的意味の行政 …………………141
義務教育制度 ………………………310	形式的意味の憲法 …………………21
救貧施策 ……………………………305	形式的意味の法律 …………………32
教育基本法改正 ……………………302	形式的平等 …………………………244
行政監察 ……………………………193	形式的法治国家原理 ………………46
行政裁量 ……………………………149	刑事補償請求権 ……………………299
行政手続 ……………………………284	警備隊 ………………………………91
行政立法 ……………………………60	結果の平等 …………………………244
共同体主義 ………………………8, 201	ケルゼン …………………………4, 46
共同防衛 ……………………………100	ゲルバー ……………………………40
共和制 ………………………………55	検閲 …………………………………269
居住・移転の自由 …………………273	厳格な合理性の基準 ……221, 277, 279
切り札としての権利 …………200, 233	厳格な(審査)基準 …………220, 269
緊急勅令 ……………………………75	権限―権限 …………………………50
均衡本質説 …………………………133	現実主義的解釈理論 ………………17
近代市民革命 …………………25, 273	憲政の常道 …………………………76
近代自由主義 ………………………300	限定されたパターナリスティックな制約
近代的・立憲的意味の憲法 ……23, 24	……………………………………217

事項索引

憲法改正 …………………………111
憲法改正発議権 …………………111
憲法改正論議 ………………20, 27
憲法学の法律学化 …………………9
憲法慣習 ……………………34, 143
憲法習律 …………………………34
憲法制定権力 ……………………18
憲法訴訟 …………………………169
憲法尊重擁護義務 ………………32, 35
憲法秩序構成要素説 ……………222
憲法調査会 ………………………28
憲法典 ……………………………33
憲法の二元性 ……………………75
憲法判断回避の準則 ……………175
憲法保障 ……………………20, 34
権利一元説 ………………………288
権利・公務二元説 ………………288
権利章典 …………………………199
権利請願 …………………………199
権力的契機 ………………………67
権力分立 …………………………56
公教育の宗教的中立性 …………262
公共財 ……………………………53
公共性 ……………………………51
公共のために用ひる ……………280
公共の福祉 ………………………218
合憲限定解釈 ………………16, 176
皇室典範 ……………………15, 75
麹町中学内申書事件 ……………253
控除説 ……………………………142
控除説（消極説）………………122
硬性憲法 ……………………22, 37
拘束名簿式比例代表制 …………290, 291
後段列挙事由 ……………………246
公的オンブズマン制度 …………194
公的自由 …………………………203
幸福追求権 ………………………235
公務員の選定罷免権 ……………63

公務就任権 ………………………212
合目的的な裁量 …………………308
公用収用 …………………………280
公用制限 …………………………280
小売市場事件 ……………………220
功利主義 …………………………8
合理性の基準 ……………220, 269
合理的関連性の基準 ……223, 272
五箇条の誓文 ……………………73
国際貢献 …………………………99
国際人権規約 ……………………198
国際連合憲章 ……………………198
国際連合平和維持活動等に対する協力に
　関する法律（PKO協力法）……99
国事行為 …………………………141
国政調査権 ………………………116
国政に関する権能 ………………141
国　籍 ………………………15, 208
国籍法 ……………………………208
国体明徴 …………………………77
国民主権 ……………………30, 67
国民内閣制 ………………………134
国民の教育権 ……………………312
国民の司法参加 …………………161
国民の代表機関 …………………106
国務大臣 …………………………126
国連中心主義 ……………………99
個人主義 …………………………51
個人主義原理 ……………………231
個人情報保護法 …………………238
個人の尊厳 ………………………31
個人の尊重 ………………………230
国会開設 …………………………73
国会期成同盟 ……………………73
国会法 ……………………………115
国会乱闘事件 ……………………119
国家からの自由 …………………203
国家緊急権 …………………37, 61

319

国家三要素説 …………………… 40
国家神道 …………………………257
国家同視説 ………………………228
国家と国民の二項対立関係 ……29
国家による自由 …………………203
国家の教育権 ……………………312
国家賠償請求権 …………………299
国家への自由 ……………………203
国家有機体論 ……………………40
国家連合 …………………………48
国旗・国歌の強制 ………………312
国権の最高機関 …………………106
子供の学習権説 …………………310
子どもの権利条約 ………………198
個別的効力 ………………………181
固有権説 …………………………186
固有の意味の憲法 ………………23
根本規範 …………………………6

さ行

在外国民選挙権制限訴訟 ………173
最高裁判所裁判官の国民審査 …159
最高責任地位説 …………………107
最高法規 …………………………5
財産権 ……………………………278
財政監督権 ………………………114
在宅投票制度廃止訴訟 …………173
再入国の自由 ……………………216
裁判員制度 ………………………161
裁判員法 …………………………161
裁判官の職権の独立 ……………154
裁判官の身分保障 ………………158
裁判の公開原則 …………………160
裁判の傍聴の自由 ………………160
裁判を受ける権利 …………146, 298
サヴィニー ………………………14
猿払事件 …………………………223
猿払事件第1審判決 ……………180

サレイユ …………………………14
参議院不要論 ……………………110
参審制 ……………………………161
参政権 ……………………………287
三矢研究 …………………………102
シェイエス ………………………23
自衛戦争 …………………………89
自衛戦力許容説 …………………89
自衛隊 ……………………………97
自衛隊の海外派兵 ………………27
ジェニー …………………………14
塩見訴訟 …………………………214
私擬憲法草案 ……………………73
始源的憲法制定権力者 …………47
自己決定権 ………………………239
自己制限説 ………………………45
市場の失敗 ………………………53
事情判決 ……………………181, 294
自然権 ……………………………197
自然主義ファラシー ……………4
自然状態 …………………………197
自然法的憲法理論 ………………39
自然法の再生 ……………………8
自然法論 …………………………6
事前抑制 …………………………269
思想の自由市場 …………………264
思想・良心の自由 ……………209, 251
自治事務 ……………………186, 190
執行権 ……………………………61
実効的人権保障 …………………167
執行命令 ………………………60, 129
実質的意味の憲法 ………………21
実質的平等 …………………244, 302
実質的法治国家原理 ……………46
実証主義的憲法理論 ……………40
実証主義的国家人格論 …………40
執政権 ………………………61, 124
司法行政権 ………………………157

司法権	145	主権論	67
——の独立	154	取材の自由	265
司法消極主義	167	首相公選制	135
司法積極主義	167	シュタール	40
司法の自律	157	出国の自由	216
市民的自由	300	シュミット	50, 205
事務の監査請求	193	準公共財	54
社会契約	26	純粋公共財	53
社会契約論	43, 197	上　院	108
社会権	300	消極国家	198
社会国家	198	消極目的規制	221, 275
社会国家的義務規定	302	少数代表	289
社会国家的公共の福祉	218	小選挙区制	289
社会主義	201	承認説	187
社会連帯主義	201	承認のルール	6
謝罪広告強制事件	254	情報公開制度	36
自由委任	70	情報プライバシー権	238
集会の自由	266	条約	32, 137, 171
週刊文春事件	272	——の修正権	139
衆議院の解散権	16, 134	——の承認権	138
衆議院の優位	110	——の締結権	137
住居の不可侵	285	条約承認権	114
集権的単一国家	48	条約締結の承認権	137
自由国家の公共の福祉	218	条約法に関するウィーン条約	139
自由選挙	296	将来効	182
集団行動の自由	266	条　例	32, 191
集団的自衛権	92	昭和女子大事件	228
集団の権利	202	職業選択の自由	274
一七条憲法	21	職能代表制	289
周辺事態	98	食糧管理法違反事件	308
周辺事態法	28	助言と承認	141
自由法運動	15	女子差別撤廃条約	198
住民監査請求	194	女帝	209
自由民権運動	73	知る権利	16, 264
住民自治	186	新ガイドライン	98
住民投票	195	人格権	236
主　権	41, 66	神学的国家論	40
主権者教育説	310	人格的利益説	240

人格の自由な発展の権利 ……………237
審級制度 ……………………………152
信教の自由 …………………………257
新固有権説 …………………………187
人事院規則 …………………………130
人種 …………………………………15
人種差別撤廃条約 …………………198
人身の自由 …………………………283
人身保護法 …………………………199
神道指令 ……………………………79
人民主権 ……………………………45
吹田黙禱事件 ………………………155
砂川事件 …………………………100, 138
生活保護法 …………………………305
請願権 ………………………………297
税関検査事件 ………………………270
正義の基底性 ………………………51
政教分離原則 ………………………259
政治的義務 …………………………35
政治的責任 …………………………36
政治的中立性 ………………………51
政党 …………………………………64
正当性の契機 ………………………67
政党内閣制 …………………………76
正当な補償 …………………………282
制度的保障 ………………………256, 279
制度的保障説 ………………………187
制度的保障の理論 …………………205
政府の失敗 …………………………53
成文法 ………………………………32
性別 …………………………………15
政令 …………………………………129
政令201号事件 ……………………315
世界人権宣言 ………………………198
責任本質説 …………………………133
積極国家 ……………………………198
積極説 ………………………………122
積極的なプログラム規定 …………307

積極目的規制 ……………………221, 275
絶対君主制 …………………………42
絶対的憲法概念 ……………………205
絶対的平等 …………………………243
絶対平和主義 ………………………96
絶対無制約の権利 …………………275
選挙権 ………………………………288
全国民の代表 ………………………292
全司法仙台事件 ……………………225
戦争限定放棄説 ……………………88
戦争全面放棄 ………………………89
全体の奉仕者 ………………………222
全逓東京中郵事件 ………………219, 315
全逓名古屋中郵事件 ……………224, 316
全逓プラカード事件第1審判決 …180
全農林警職法事件 ………………224, 316
全面戦力否認説 ……………………90
戦力 …………………………………91
荘園制 ………………………………42
相対的憲法概念 ……………………205
相対的平等 …………………………244
相対的免責特権 ……………………119
相対平和主義 ………………………96
相当の蓋然性 ………………………227
遡及効 ………………………………182
尊属殺重罰規定違憲判決 …………249

た行

退位の自由 …………………………208
大学の自治 …………………………256
大臣同格制 …………………………125
大選挙区制 …………………………289
大統領制 ……………………………58
第2次教科書検定訴訟第1審判決 ……180
大日本帝国憲法 ……………………21
大陸型違憲審査性（憲法保障型）……34
滝川事件 ……………………………255
多元的民主主義 ……………………31

事項索引

多数決主義的民主主義 ……………31
多数代表 ……………………………289
たたかう民主主義 …………37, 254
多文化主義 …………………………202
単一国家 ………………………48, 56
弾劾裁判所設置権 …………………112
弾劾制度 ……………………………140
団結権 ………………………………314
男女雇用機会均等法 ………………199
団体交渉権 …………………………314
団体行動権（争議権）……………314
団体自治 ……………………………186
ダントレーヴ ………………………39
地域圏国家 …………………………48
治者と被治者の同一性 ……………31
地方自治法 …………………………185
地方分権 ………………………36, 48
地方分散 ……………………………48
チャタレイ事件 ……………219, 266
註釈学派 ……………………………13
抽象的違憲審査制 …………………165
抽象的権利説 ………………33, 307
抽象的審査 …………………………147
朝鮮戦争 ……………………………97
直接公選制 …………………………189
直接適用説 …………………………228
直接民主制 …………………………68
沈黙の自由 …………………………253
通約不可能 …………………………52
強い個人 ……………………………201
抵抗権 …………………………37, 44
定住外国人 …………………………213
適正手続の保障 ……………………284
適法性の原則 ………………………46
適用違憲 ……………………………179
テロ対策特別法 ……………………99
テロ特措法 …………………………27
天皇機関説 …………………………77

天皇機関説事件 ……………………255
天皇主権主義 ………………………75
天皇大権 ……………………………75
天賦人権思想 ………………………76
東京都公安条例事件 ………………268
統帥権の独立 ………………………75
当然の法理 …………………………212
東大ポポロ事件 ……………………256
統治契約 ……………………………26
統治行為 ……………………………150
「統治行為」の法理 ………………177
統治行為論 ……………………17, 92
投票価値の平等 ……………………294
投票の自由 …………………………212
都教組事件 …………………225, 315
都教組事件最高裁判決 ……………176
徳島市公安条例事件 ………192, 271
特別永住者 …………………………213
特別区 ………………………………188
特別権力関係 ………………………221
　——の理論 ………………………221
特別地方公共団体 …………………188
特別の犠牲 …………………………281
独立行政委員会 ……………………123
独立権能説 …………………………116
独立宣言 ……………………………197
独立命令 ………………………75, 129
富山大学事件 ………………………150
トリーペル、H. ……………………65
トロペール、M. …………………5, 18

な行

内閣 …………………………………125
　——責任 …………………………140
　——総辞職 ………………………140
内閣総理大臣 ………………………125
内閣総理大臣指名権 ………………112
内閣府 ………………………………126

323

事項索引

内閣不信任決議権 …………………134
内閣法 ………………………………125
内在・外在二元的制約説 …………218
内心の自由 …………………………251
長沼ナイキ訴訟 ………………………92
長沼ナイキ訴訟第1審判決 ………176
夏島草案 ………………………………75
難民の地位に関する条約 …………198
新潟県公安条例事件 ………………268
二院制 …………………………36, 108
二元主義的議院内閣制 ……………132
二重の基準 …………………………276
二重の基準論 ……………179, 219, 268
二重のしぼり論 ……………… 222, 316
日米安全保障条約 …………88, 99, 137
日米安保共同宣言 ……………………98
日米安保体制 …………………………98
日米相互防衛援助協定 ………………97
日米防衛協力のための指針（いわゆるガイドライン）…………………98
日曜参観事件 ………………………311
日産自動車事件 ……………………229
二風谷ダム判決 ……………………202
入国の自由 …………………………216
人間の尊厳 …………………… 204, 231
認識行為説 ……………………………17
ノージック ……………………………8

は行

ハート …………………………………6
背景的権利 …………………………201
陪審制 ………………………………161
博多駅事件 …………………………211
「漠然性のゆえに無効」の法理 ……271
パターナリズム ……………………205
八月革命説 ……………………………84
反植民地主義 ………………………201
半代表制 ………………………………70

半直接民主制 …………………………70
比較衡量 ……………………………315
被選挙権 ……………………………288
非嫡出子相続分規定事件 …………249
必要最小限度の実力 …………………94
人および市民の権利宣言 …………197
批判的峻別論 …………………………11
秘密選挙 ……………………………293
百里基地事件 ……………………95, 229
表現の自由 …………………………262
平等選挙 ……………………………293
平賀書簡事件 ………………………156
フェミニズム ……………………8, 201
複合国家 ………………………………48
付随的違憲審査制 …………………165
不逮捕特権 …………………………120
普通選挙 ……………………………293
普通地方公共団体 …………………188
「部分社会」論 ……………………150
不文法 …………………………………32
普遍主義 ………………………………51
プライバシー権 ……………………237
プライバシー侵害 …………………265
フランス人権宣言 ……………………23
ブランダイス・ルール ……………174
フリーライダー ………………………54
不利益供述強要の禁止 ……………285
ブルンチュリ …………………………40
プロイセン憲法 ………………………25
プログラム規定説 …………………306
プロッサー …………………………238
分権的単一国家 ………………………48
文民 …………………………………135
文民統制 ………………………… 86, 135
米州人権条約 ………………………199
平和的生存権 …………………………94
ヘック、P. ……………………………15
ベンサム ……………………………300

片務条約 …………………………100
保安隊 ……………………………91
「法規的判決」の禁止 ……………13
法源 ………………………………32
封建制度 …………………………42
法実証主義 ………………………6
法治行政 …………………………308
法治国家論 ………………………46
法治主義 …………………………216
法定受託事務 ……………186, 190
法廷メモ事件（レペタ事件）…161
法的権利 …………………………201
法適用の平等 ……………………245
報道の自由 ………………………36
法内容の平等 ……………………245
法の支配 …………………………145
法の下の平等 ……………………243
防貧政策 …………………………305
法律議決権 ………………………112
法律実証主義 ……………………13
法律上の争訟 ……………………146
法律の留保 ………………76, 205
法令違憲 …………………………179
牧会活動事件 ……………………258
補助的権能説 ……………………116
ポストノーティス命令 …………211
ボダン、J. ………………………43
ポツダム宣言 ……………………79
ホッブス …………………………7, 43
北方ジャーナル事件 ……238, 270
ポパー ……………………………52
堀木訴訟 …………………………305
堀木訴訟最高裁判決 ……………149

ま行

マーストリヒト条約 ……………50
マグナ・カルタ …………24, 199
マクリーン事件 …………………213

マスメディアの表現の自由 ……264
マッカーサー3原則 ……………80
Marbury v. Madison 事件判決 …170
三井倉庫港運事件 ………………315
三井美唄労組事件 ………………315
三菱樹脂事件 ……………………228
南九州税理士会事件 ……………212
身分制議会 ………………………24
身分的自由 ………………………24
ミル、J. S. ………………………232
ミルトン、J. ……………………263
民権派 ……………………………74
民主主義原理 ……………………30
民主制論 …………………………67
無政府資本主義 …………………53
明確性の原則 ……………………270
「明白かつ現在の危険」の基準 …271
明白性の原則 ……………………277
明白の原則 ………………………221
名誉権 ……………………………238
命令委任の禁止 …………………70
免責特権 …………………………118
目的・効果基準 …………………261
目的二分論 ………………………277
森川キャサリーン事件 …………216
モンテスキュー …………………13

や行

薬事法違憲判決 …………………178
薬局事件 …………………………219
八幡製鉄事件 ……………………210
「やむにやまれぬ公共の利益」の基準
　………………………………271
唯一の立法機関 …………………107
有権的解釈 ………………………17
有事法制 …………………27, 102
ユートピア的合理主義 …………52
郵便法違憲判決 …………………299

325

ヨーロッパ人権条約 …………………199
抑制と均衡（チェック・アンド・バランス） ………………………………56
よど号新聞記事抹消事件 ……………226
「より制限的でない他の選びうる手段」の基準（LRA の基準） ……………272

ら行

ラーバント …………………………40
ラズ …………………………………52
利益衡量論 …………………………219
リコール ……………………………63
立憲政体の詔 ………………………73
立候補する権利 ……………………296
立法権 ………………………………59
立法裁量 ……………………………149
立法事実 ……………………………178
立法者意思 …………………………11
立法者意思説 ………………………16
立法不作為 …………………………171
立法不作為の違憲確認訴訟 ………308
リバタリアニズム …………………8

リベラリズム ……………………8, 51
ルソー ……………………43, 204, 243
ルミュー ……………………………53
レーモン・テスト …………………261
歴史法学派 …………………………14
レファレンダム（国民表決） ……71
レント・シーキング ………………53
連邦国家 …………………………48, 56
労働基準法 …………………………313
労働基本権 …………………………314
労働組合法 …………………………314
労働権 ………………………………313
労働三権 ……………………………314
ロールズ ……………………………8
ロシア社会主義連邦ソビエト共和国憲法
　…………………………………198
ロッキード事件 ……………………127
ロック、J. ………………43, 197, 230

わ行

「わいせつ」概念 …………………266
ワイマール憲法 ………………198, 301

【著者紹介】

新井　誠（東北学院大学法学部准教授）　3章、6章、7章、11章、17章

高作正博（関西大学法学部教授）　序章、2章、8章、12章、13章、16章

玉蟲由樹（福岡大学法学部准教授）　9章、10章、14章、15章

真鶴俊喜（藤女子大学文学部教授）　1章、4章、5章、18章

憲法学の基礎理論

2006年5月15日　第1版第1刷発行
2008年4月15日　第1版第2刷発行

Ⓒ著者　新井　　誠
　　　　高作　正博
　　　　玉蟲　由樹
　　　　真鶴　俊喜

発行　不磨書房
〒113-0033　東京都文京区本郷 6-2-9-302
TEL 03-3813-7199／FAX 03-3813-7104

発売　㈱信山社
〒113-0033　東京都文京区本郷 6-2-9-102
TEL 03-3818-1019／FAX 03-3818-0344

Printed in Japan, 2006　　　　印刷・製本／松澤印刷
ISBN 978-4-7972-9286-2 C3332　　　9286-0102

不磨書房

■導入対話シリーズ■

導入対話による民法講義（総則）【第3版】　■ 2,900円（税別）
橋本恭宏（中京大学）／松井宏興（関西学院大学）／清水千尋（立正大学）／
鈴木清貴（帝塚山大学）／渡邊力（関西学院大学）

導入対話による民法講義（物権法）【第2版】　■ 2,900円（税別）
松井宏興（関西学院大学）／鳥谷部茂（広島大学）／橋本恭宏（中京大学）／
遠藤研一郎（獨協大学）／太矢一彦（東洋大学）

導入対話による民法講義（債権総論）　■ 2,600円（税別）
今西康人（関西大学）／清水千尋（立正大学）／橋本恭宏（中京大学）／
油納健一（山口大学）／木村義和（大阪学院大学）

導入対話による刑法講義（総論）【第3版】　■ 2,800円（税別）
新倉 修（青山学院大学）／酒井安行（青山学院大学）／髙橋則夫（早稲田大学）／中空壽雅（獨協大学）／
武藤眞朗（東洋大学）／林美月子（立教大学）／只木 誠（中央大学）

導入対話による刑法講義（各論）　★近刊 予価2,800円（税別）
新倉 修（青山学院大学）／酒井安行（青山学院大学）／大塚裕史（岡山大学）／中空壽雅（獨協大学）／
信太秀一（流通経済大学）／武藤眞朗（東洋大学）／宮崎英生（拓殖大学）／
勝亦藤彦（佐賀大学）／安藤泰子（青山学院大学）／石井徹哉（千葉大学）

導入対話による商法講義（総則・商行為法）【第3版】　■ 2,800円（税別）
中島史雄（高岡法科大学）／神吉正三（流通経済大学）／村上 裕（金沢大学）／
伊勢田道仁（関西学院大学）／鈴木隆元（岡山大学）／武知政芳（専修大学）

導入対話による国際法講義【第2版】　■ 3,200円（税別）
廣部和也（成蹊大学）／荒木教夫（白鷗大学）共著

導入対話による医事法講義　■ 2,700円（税別）
佐藤 司（元亜細亜大学）／田中圭二（香川大学）／池田良彦（東海大学）／佐瀬一男（創価大学）／
転法輪慎治（順天堂医療短大）／佐々木みさ（前大蔵省印刷局東京病院）

導入対話によるジェンダー法学【第2版】　■ 2,400円（税別）
浅倉むつ子（早稲田大学）／相澤美智子（一橋大学）／山崎久民（税理士）／林瑞枝（元駿河台大学）／
戒能民江（お茶の水女子大学）／阿部浩己（神奈川大学）／武田万里子（金城学院大学）／
宮園久栄（東洋学園大学）／堀口悦子（明治大学）

導入対話によるスポーツ法学　■ 2,900円（税別）
井上洋一（奈良女子大学）／小笠原正（東亞大学）／川井圭司（同志社大学）／齋藤健司（筑波大学）／
諏訪伸夫（筑波大学）／濱野吉生（早稲田大学）／森浩寿（大東文化大学）

〈提言〉学校安全法　★子どもと学校を守る安全指針
喜多明人（早稲田大学教授）・橋本恭宏（中京大学教授）編　■本体 950円（税別）

◆既刊・新刊のご案内◆

gender law books
ジェンダーと法
辻村みよ子 著 (東北大学教授)　■本体 3,400円 (税別)

導入対話による
ジェンダー法学【第2版】
監修：**浅倉むつ子** (早稲田大学教授)／阿部浩己／林瑞枝／相澤美智子／
山崎久民／戒能民江／武田万里子／宮園久栄／堀口悦子　■本体 2,400円 (税別)

比較判例ジェンダー法
浅倉むつ子・角田由紀子 編著

相澤美智子／小竹聡／今井雅子／松本克巳／齋藤笑美子／谷田川知恵／
岡田久美子／中里見博／申ヘボン／糠塚康江／大西祥世　　　　[近刊]

パリテの論理
男女共同参画へのフランスの挑戦

糠塚康江 著 (関東学院大学教授)
待望の1作　■本体 3,200円 (税別)

ドメスティック・バイオレンス
戒能民江 著 (お茶の水女子大学教授)　A5変判・上製　■本体 3,200円 (税別)

キャサリン・マッキノンと語る
ポルノグラフィと買売春

角田由紀子 (弁護士)
ポルノ・買売春問題研究会
9064-1　四六判　■本体 1,500円 (税別)

■スポーツ法■
導入対話による スポーツ法学　9108-7

小笠原正 (東亞大学)／井上洋一 (奈良女子大学)／川井圭司 (同志社大学)／齋藤健司 (筑波大学)／
諏訪伸夫 (筑波大学)／濱野吉生 (早稲田大学)／森浩寿 (日本大学)　■ 2,900円 (税別)

小笠原正・塩野宏・松尾浩也 (編集代表)

スポーツ法学
の学習に必携

スポーツ六法
事故防止からビジネスまで
■ 3,200円 (税別)

【編集委員】浦川道太郎／菅原哲朗／高橋雅夫／道垣内正人／濱野吉生／守能信次

不磨書房

日本の人権／世界の人権　横田洋三著　■ 1,600 円 (税別)

導入対話による 国際法講義【第2版】
廣部和也（成蹊大学）／荒木教夫（白鷗大学）共著　■本体 3,200円 (税別)

講義国際組織入門　家　正治編　■本体 2,900 円 (税別)

みぢかな 国際法入門　松田幹夫編　■本体 2,400 円 (税別)

みぢかな民事訴訟法【第3版】　石川 明編　■本体 2,400円

◆はじめて学ぶひとのための　法律入門シリーズ◆　［学部・LS 未修者に］

プライマリー 法学憲法
石川明・永井博史・皆川治廣 編
■本体 2,900 円 (税別)

プライマリー 民事訴訟法　石川明・三上威彦・三木浩一 編

プライマリー 刑事訴訟法　椎橋隆幸（中央大学教授）編
■本体 2,900 円 (税別)

早川吉尚・山田　文・濱野　亮 編

ADRの基本的視座
根底から問い直す "裁判外紛争処理の本質"

1　紛争処理システムの権力性と ADR における手続きの柔軟化
　　　　（早川吉尚・立教大学）
2　ADR のルール化の意義と変容アメリカの消費者紛争 ADR を例として
　　　　（山田　文・京都大学）
3　日本型紛争管理システムと ADR 論議　（濱野亮・立教大学）
4　国による ADR の促進　（垣内秀介・東京大学）
5　借地借家調停と法律家　日本における調停制度導入の一側面
　　　　（髙橋　裕・神戸大学）
6　民間型 ADR の可能性　（長谷部由起子・学習院大学）
7　現代における紛争処理ニーズの特質と ADR の機能理
　　　　（和田仁孝・早稲田大学）
8　和解・国際商事仲裁におけるディレンマ
　　　　（谷口安平・東京経済大学／弁護士）
9　制度契約としての仲裁契約　仲裁制度合理化・実効化のための試論
　　　　（小島武司・中央大学）
10　ADR 法立法論議と自律的紛争処理志向　（中村芳彦・弁護士）

Ａ5判　336 頁　定価 3,780 円（本体 3,600 円）

不磨書房